电网企业培训开发与管理

赵春源　主编

DIANWANG QIYE PEIXUN
KAIFA YU GUANLI

中国电力出版社
CHINA ELECTRIC POWER PRESS

内 容 提 要

本书较为全面地介绍了电网企业培训开发与管理相关知识与方法。全书共分六章，内容包括企业人才培育新理念、企业人才评价与培训体系建设、培训课程开发、技能培训方式与创新、培训业务运营和培训方式新趋势。

本书旨在系统论述电网企业培训的最新实践与探索，可为从事教育培训开发、管理、实施、评估等人员提供参考与借鉴。

图书在版编目（CIP）数据

电网企业培训开发与管理 / 赵春源主编. —北京：中国电力出版社，2019.6
ISBN 978-7-5198-3302-2

Ⅰ. ①电… Ⅱ. ①赵… Ⅲ. ①电力工业–工业企业管理–职工培训–中国 Ⅳ. ①F426.61

中国版本图书馆 CIP 数据核字（2019）第 118489 号

出版发行：中国电力出版社
地　　址：北京市东城区北京站西街 19 号（邮政编码 100005）
网　　址：http://www.cepp.sgcc.com.cn
责任编辑：刘丽平（010-63412342）
责任校对：黄　蓓　郝军燕
装帧设计：张俊霞　左　铭
责任印制：石　雷

印　　刷：三河市百盛印装有限公司
版　　次：2019 年 7 月第一版
印　　次：2019 年 7 月北京第一次印刷
开　　本：787 毫米×1092 毫米　16 开本
印　　张：10.75
字　　数：244 千字
印　　数：0001—1500 册
定　　价：48.00 元

本书编委会

主　编　赵春源

副主编　顾建明

编　委　李　伟　宋　勤　姚　珺　张　笑
张　媛　王佳培　陈金红　陈　雯
徐洪伟　卢　瑛　章晓锘　卢忠华
李迅雷　任志强

前　言

目前企业培训行业正逐渐向着战略化、系统化、专业化、社会化的方向发展。随着互联网的发展，大数据、云计算、物联网、人工智能又使培训出现了碎片化、移动化、社区化的发展趋势。企业对培训职能的要求已经超越了单一课程或项目形式，而变为对员工职业发展全过程的主动性、数字化管理，原来以被动满足企业客户需求为核心的培训工作任务思维已无法适应当前行业需求新趋势。为了切实提高企业培训的质量和效果，以更好支撑新时代下企业战略目标的实现，国网浙江省电力有限公司培训中心总结多年来培训工作经验，积极探索增加培训供给侧设计和开发，打造以企业绩效结果为目的、岗位胜任力为基础、能力提升和绩效支持为手段的绩效改进生态系统，即本书描述的企业发展新时代下的“新培训”。

本书第 1 章从各类教育培训机构或业务的历史沿革和发展出发，引入培训发展的新理念；第 2 章以人才开发和培训体系为基础，提出人才评价、培训业务、培训资源体系建设的主要思路、框架和方法；第 3 章结合现代、融合传统，扩展课程开发和教学技术的内涵和外延，为培训开发者提供一套较为完善的开发方法及工具辅助；第 4 章着重以数字仿真、虚拟现实技术为背景，提供现代技能实训发展的新趋势，开阔实训类培训师融合虚拟技术开展实操训练项目的实训思路；第 5 章试图以培训需求分析、培训业务运营和培训效果评估为主题，展示现代培训项目运营的关键技术；第 6 章以实际案例为主，试图通过多种新型培训方式或产品介绍，给大家在开拓业务或迭代产品中予以启示，特别是针对互联网、大数据、移动化和个性化的培训产品模式。

本书可作为各类教育培训机构、企业大学等开展培训和人才开发的参考读本，可供企业培训师、培训管理人员、培训资源开发人员等相关培训从业者进行学习参考与借鉴。因为知识能力和业务水平有限，必有不当之处，敬请批评指正。本书在编制工作中，得到过相关领导、专家和同行的大力指导帮助，文中无法直接言表，在此一并致谢。

编　者
2019 年 6 月

目　录

前言

第 1 章　企业人才培育新理念 …… 1

1.1　企业对人才需求的转变 …… 1
1.2　培训供给的升级 …… 4
1.3　培训从业者的转型 …… 9

第 2 章　企业人才评价与培训体系建设 …… 12

2.1　人才评价体系 …… 12
2.2　培训业务体系 …… 20
2.3　培训资源体系 …… 30

第 3 章　培训课程开发 …… 38

3.1　培训课程开发的一般方法 …… 38
3.2　ADDIE 课程设计开发模型及其实际运用 …… 46
3.3　当前课程开发领域的变化趋势 …… 55
3.4　企业常用教学方式 …… 61
3.5　课程的评估与评价 …… 67

第 4 章　技能培训方式与创新 …… 71

4.1　技能培训方式的发展趋势 …… 71
4.2　数字仿真的应用现状与发展 …… 76
4.3　虚拟现实技术的应用前景 …… 84
4.4　管理技能实训的开发与实现 …… 95

第 5 章　培训业务运营……105

5.1　培训需求分析……105
5.2　培训业务运营……111
5.3　培训效果评估……127

第 6 章　培训方式新趋势……133

6.1　“互联网 + ”培训……134
6.2　培训模式的升级……137
6.3　培训产品创新案例……143

附件 1　课程内容设计案例——《先进典型选树》（节选）……148

附件 2　“调度自动化运维”核心模块分析表……149

附件 3　班组长胜任力模型定义（节选）……153

附件 4　培训需求分析应用案例……154

附件 5　培训实施管理流程……155

附件 6　基于问题导向的培训模式……156

附件 7　培训效果评估实施样表……157

参考文献……161

企业人才培育新理念

中共经济工作会议提出了以新发展理念为主要内容的习近平新时代中国特色社会主义经济思想，强调了党对经济工作的集中统一，指出了我国经济发展进入新时代的基本特征就是由高速增长阶段转向高质量发展阶段。企业人才作为服务社会发展、经济发展的重要战略资源，其培育也需要有新的理念。

然而，目前企业培训行业面临着不小的挑战：企业的培训机构未来去向何处；如何使培训工作贴合企业对人才需求的转变；如何整合各种先进的教育技术、培训方式，升级培训供给，实施真正有效的培训；培训工作者如何转型，以应对千变万化的业务部门实际需求的挑战。只有克服这些瓶颈，企业培训机构才能创新发展。

1.1 企业对人才需求的转变

习近平中国特色社会主义思想中指出：建设知识型、技能型、创新型劳动者大军，弘扬劳模精神和工匠精神，营造劳动光荣的社会风尚和精益求精的敬业风气。优先发展教育事业，建设教育强国是中华民族伟大复兴的基础工程。必须把教育事业放在优先位置，加快教育现代化，办好人们满意的教育；完善职业教育和培训体系，深化产教融合、校企合作；办好继续教育，加快建设学习型社会，大力提高国民素质。

《国家中长期人才发展规划纲要（2010—2020 年）》中提出，到 2020 年，我国人才发展的总体目标是：培养和造就规模宏大、结构优化、布局合理、素质优良的人才队伍，确立国家人才竞争比较优势，进入世界人才强国行列，为在本世纪中叶基本实现社会主义现代化奠定人才基础。

随着国家快速发展，企业需求人才的专业方向逐渐开始由主营业务核心技术领域，扩展至基础性、前瞻性、重大关键共性技术和战略性新兴技术领域，人才需求呈现多样化的趋势。

1.1.1 技术进步和产业升级给人才需求带来的变化

中国制造向中国“智”造转变，离不开一批高素质的技能从业人员。长期以来，我国技能人才队伍为社会经济发展提供了有力支撑，但在劳动力市场中依然存在技能人才短缺的结构性矛盾。2018 年国务院常务会议中指出，推动经济转型升级和高质量发展，既要有先进装备做基础，又要有劳动者素质和技能提升做支撑。国务院印发的《关于推行终身职业技能培训制度的意见》（国发〔2018〕11 号）中明确要求，要以习近平新时代中国特色社会主义思想为指导，全面深入贯彻党的十九大和十九届二中、三中全会精神，坚持以人民为中心的发展思想，适应经济转型升级、制造强国建设和劳动者就业创业需要，推行终身职业技能培训制度，大规模开展职业技能培训，着力提升培训的针对性和有效性，建设知识型、技能型、创新型劳动者大军。以提高专业水平和创新能力为核心，以高层次人才和紧缺人才、骨干人才为重点，进一步扩大专业技术人才队伍培养规模。构建分层分类的专业技术人才培养体系，加快实施专业技术人才知识更新工程。

近三年，国务院持续发文，在国家层面集中取消一大批岗位职业资格许可和认定，对国务院部门设置实施的没有法律法规依据的准入类职业资格，以及国务院部门和全国性行业协会、学会自行设置的水平评价类职业资格一律取消；仅保留若干有法律法规依据，且与国家安全、公共安全、公民人身财产安全关系密切的岗位采用岗位资格认定制度。因此，企业技术技能人员的继续教育将从原来以职业资格等级认定体系，向岗位胜任力评价体系转变。这势必要求各大型企业或行业协会，根据自身企业实际情况，制定切实有效的岗位能力评价体系，围绕提升员工岗位绩效开展务实高效的针对性培训和考核，考证型职后教育培训将成为历史。

随着人工智能、新能源、物联网等新技术的不断发展，在当前新的国际国内环境下，加大技术创新力度，更是企业增强发展能力、应对市场竞争的必然选择。例如，国家电网有限公司推进“三型两网”建设，加快打造世界一流能源互联网企业。教育培训工作也应当紧跟形势，为国家电网有限公司培育出新时代下的高素质技能人才。

1.1.2 体制改革和市场化对人才需求带来的改变

对国内大部分行业而言，随着一轮大规模建设发展和升级改造，生产规模和方式已趋向稳定，技术技能的水平或状态已基本稳定，今后的发展将围绕体制改革，特别是市场化机制的不断融入，将对承担国计民生的国有企业提出新的要求，除了担当“共和国长子”的社会责任外，还要肩负对市场经济的开放和引领。

从新一轮国资国企改革来看，习近平总书记在党的十九大报告中强调，要“深化国有企业改革，发展混合所有制经济，培育具有全球竞争力的世界一流企业”。将“以管资本为主加强国有资产监督”放在改革的重要位置，以混合所有制改革为突破口，促进企业经营机制转变，激发企业活力；以资本回报和效率提升为考核导向，引导企业和资本更多向强、优方向发展。体制改革和市场化促使企业全方位强化管理、降低成本、提升效率、向社会释放改革红利，同时也导致人才竞争和人工成本上升压力巨大。因此，企业更青睐具有市场开拓性精神、危机意识、竞争意识、创新能力强的员工。

特别是企业管理人员还应具备经营意识、市场意识、法制意识和创新意识等现代企业的管理素质，而不仅仅局限在政治意识、执行意识、大局意识等“传统干部”的基本素养。更具挑战的是，这些能力素质的培训方式与技术技能人员有较大差距，我们所熟悉的程式化、标准化方式并不适合，管理人员的培训应更注重复合型、创新型能力培养，发现问题、解决问题技能的强化，因此，对培训机构而言，这项任务将会非常艰巨。

1.1.3 科技创新、国际化战略给人才需求带来的改变

科技高速发展、企业国际化战略的不断深化加大了对创新型科技人才的需求。围绕提高自主创新能力、建设创新型企业，以高层次创新型科技人才为重点，努力造就一批世界水平的科技领军人才、工程师和高水平创新团队。通过创新人才培养模式，建立国内培养和国际交流合作相衔接的开放式培养体系，探索并推行创新型教育方式方法，加强领军人才、核心技术研发人才培养和创新团队建设。

重点专业急需紧缺专门人才。产业的转型升级，急需研发人才和紧缺技术、管理人才的培养力度。要大规模开展重点领域专门人才知识更新培训，必须建设一批工程创新训练基地，建立和完善与国际接轨的专业人才认证认可制度，提高专业人才职业化、国际化水平。

探索国内培训机构与国外专业人才论证评价机构的合作，推动人才评价标准与国际接轨，部分领先领域甚至引领国际，像电力行业的特高压技术人才等，要在整个国际化视野中，跟踪国家创新科技水平，对新型人才培养体系有一个更加合理、科学的布局规划。

1.1.4 促进企业人才开发工作的新要求

作为国有企业的人才开发，应该尽早适应内外部环境的变化，积极探索采用现代人力资源理念和手段，全方位对人才培养从体系、结构、机制、手段上进行探索。要求现代企业的人才开发工作要着力打造企业人才发展的“生态圈”，持续优化促进人才发展的体制机制，充分发挥教育培训在人才培养中的作用。国网浙江省电力有限公司在人才开发工作中，始终走在国内同行的前列，这也为培训机构实施更加有效的培训工作提供最为重要的依托环境和需求空间。近年国网浙江公司提出的企业人才开发工作新思路，具有以下基本特征：

（1）建立形成层次清晰、结构合理的各级各类人才管理体系，包括经营、管理、技术、技能等人才，形成在人才的储备、选拔、培养、使用、考核、激励等方面的全面空间和全过程通道。

（2）做优做强各类人才平台，让人才能够充分发挥才干与专长。探索建立专家工作站、科研团队、技术决策和咨询虚拟机构、虚拟项目法人、实体项目法人等平台，实行人才负责制，为人才配备专业助手，确保人才在核心价值领域发挥关键作用。

（3）进一步强化开发力度，让人才能够持续获得发展与提升。建立专家人才的培养体系。对人才进行分类分级后，要对应匹配不同的培养内容，建立人才成长的知识、能力和业绩阶梯、培养计划等。

（4）完善促进人才发挥作用的保障措施。主要包括：

1）健全组织领导体系，完善组织保障，坚持党管人才工作格局，建立人才工作目标责任制；

2）优化人才激励机制，实现人才价值最大化，提高人才的经济待遇和政治待遇，给予人才在评优评先、职务晋升等方面的优先权；

3）完善人才制约退出机制，实现人才能进能出，充分发挥用人主体在人才进入、人才考核、人才退出方面的自主权；

4）开发人才管理信息系统，树立人才管理的大数据思维，探索“互联网+人才”管理模式，实现人才价值链全过程信息化管理；

5）保障人才发展资金投入，满足科研经费需求，根据人才和团队引进、培养、扶持、激励等实际需要，实行专款专用；

6）围绕企业发展目标，立足业务发展实际，建立相应的人才贡献率分析模型和评价体系，量化人才作用。

1.2 培训供给的升级

与工业化和工业革命的发展同步，职业教育或企业培训起源自西方工业国家。总体趋势是从松散到系统，再到战略。

1.2.1 西方国家企业职业教育（培训）的发展规律

西方企业，特别是像 SIMENS、MOTOROLA 等大企业，它们的培训发展过程几乎重复了整个社会组织培训的几个阶段。虽然不是所有的企业都经历了每个阶段，但大多数企业的培训都经历了相似的过程。

第一阶段：原始培训与师徒帮带。

当企业刚刚成立时，也许只有几十个人，这时的培训处于原始阶段，熟悉技术的人去带那些新来的人。员工在工作中学习，没有什么培训组织，没有什么培训规划，只有岗位的角色学习。

如果企业规模不进一步发展，可能一直会停留在这一阶段，如由老板自己管理的小企业等，这类企业的培训工作将一直处于这一阶段。一旦这些企业要进行连锁发展，就必须进行培训的革命，超越原始培训和师徒帮带阶段。

第二阶段：技能普及培训。

当企业度过了创业初期，规模迅速扩大，员工人数迅速增加，原始培训和师徒帮带已经不能满足发展的需要，这时企业就需要建立培训组织，组织形式可能是人力资源部下属的培训部，有时是培训中心，有时是一个专职培训人员。

这一阶段的培训将主要精力集中在一线员工的技能培训方面。一线员工既包括生产一线的操作工，也包括销售一线的业务人员。这些培训对企业运作发挥了很大作用，但这一阶段培训往往有以下缺陷：

（1）培训的系统性不强。培训属于应对问题式，甚至是救火式的，没有针对不同层级、不同专业的员工设计对应的培训课程。

（2）培训课程体系设计没有建立在公司核心战略能力和核心价值观基础上，没有将培训课程与企业的胜任能力体系联系起来，前瞻性不够。

（3）培训资源分散，公司内部各个部门、各个分子公司甚至各个班组、车间都有自己的培训计划和自己的培训人员，部门之间没有做到资源共享。一个部门有非常有效的培训做法，其他部门却不知晓，更谈不上共享。

（4）培训以员工的技能训练为主，主要集中在基础或者作业层面。对于各类高级专业人才和管理人员的培训，如领导力和创造性思维能力的培训比较欠缺。

（5）培训形式比较单一，以教室上课为主要形式，没有综合使用各种培训手段。

由于传统技能培训阶段存在的种种缺陷，企业培训到了技能普及性阶段后，就需要对培训进行变革，或者说来一次培训革命。

第三阶段：管理培训。

企业一般都是先开展技能培训，等技能培训发展到一定阶段，企业会发现管理能力成为企业进一步发展的瓶颈，这时才会开始对管理人员进行培训。有的企业开始建立“企业商学院”或领导力开发学院。

第四阶段：全价值链培训。

企业规模进一步扩大，这些企业认识到，企业在市场竞争中的生存和发展不仅仅取决于企业内部因素，而且受企业外部因素的制约越来越大。特别是企业上游的供应商和下游的客户，都对企业的竞争力产生重大影响。

对上游供应商的培训，可以提高供应链的运作效率，提高供应商的工作质量，达到协同商务的效果。对客户及潜在客户的培训，则对公司战略性市场的开拓非常有利。

在这一阶段，企业可以考虑建立比较综合性的企业大学。

第五阶段：全面优化培训。

在建立了以企业大学为核心的培训体系后，随着公司的发展、公司知识资产的积累，企业可以比较从容地优化自己的培训项目，不断推出新培训项目，对原有培训项目进行更新。

1.2.2 国内大型企业职业教育（培训）的发展历程

对于国内的大型企业，职业教育历史较长的一般均为国有企业，民营企业的职业教育起步较晚，两者的历程完全不同。大型国企一般均经历从职业学校到企业培训中心的转变，其主要的变革是将学历制教育功能不断向社会转移，而企业职后培训则得到大规模的发展，目前很多企业的培训机构都在研究今后的发展趋势，将打造一流的企业大学作为自己的愿景。

第一阶段：企业办学缓解人才断层（1978～2000）。

从20世纪70年代末起，也就是我国逐步将工作重点转变为以改革开放、经济发展为中心，全民企业的生产和发展也逐步走入正规。随之出现的就是专业人才的高度断层和专业教育资源奇缺，靠社会教育资源根本无法解决，企业办学的高潮就此出现，较大的国企一般至少拥有技工学校和职工大学各一所，特大型企业或行业则拥有多所技工学校、中专学校或干等专科学校。

该时代的学校接受社会教育部门（提供土地等政策性资源及教育质量监管）和企业的双重领导（学校建设及日常管理），采取满足企业发展需求的招生就业和专业学历教育体系，在20世纪90年代社会生源文化素质普遍提高的基础上，更加突出校企合作、实训教学和顶岗实习。

这个时代，除了学历教育，一般企业化学校也举办少量的职后培训班、行业职业资格论证等培训。企业职业学校办学和管理功能如图 1－1 所示。

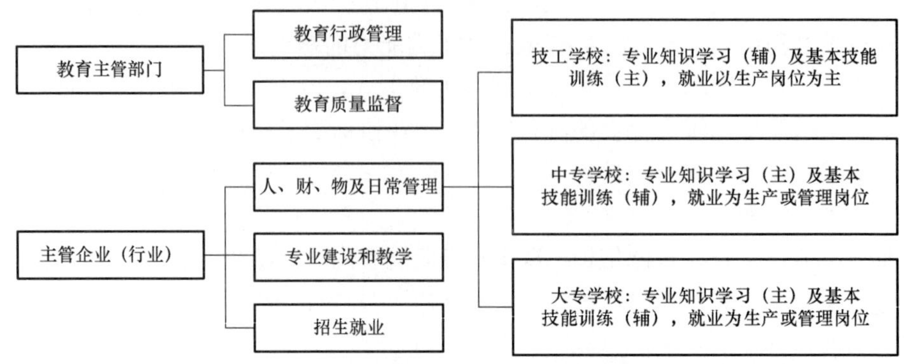

图 1－1　企业职业学校办学和管理功能

从形式上看，当时企业对教育的投入热情并不亚于今天的企业大学，只是当时企业办学就是为了提高技术管理岗位人员的文化知识和基本技能。很多企业当时打下的校园江山历经变革，已发展成企业培训中心，乃至企业大学的雏形。

原来企业承担的学历教育资源和职能，少量升级转型为社会高校，部分以高等职业技术学院形式继续保留原有模式至今，大部分因社会教育资源整合优化已停止学历制教育，转变成企业培训中心。

第二阶段：整合为企业培训中心（2000～）。

从 2000 年左右开始，随着我国改革开放和国民经济的高速发展，企业也进入了生产技术和管理变革的快速增长时期，对专业化人才的需求逐步由数量向质量转变。国外先进技术的大量引进消化，对岗位培训和继续教育的要求日益强烈，企业的办学资源在这个时期开始，逐步向培训中心模式转化，各个学校改制为专项培训基地或综合培训基地。

其特征和国外的第二阶段（技能普及培训）阶段较为相似，对生产技能人员的岗位持证培训实行全覆盖，包括职业资格鉴定、特种作业资质论证培训及复证，培训内容以通用知识和基本技能为主，主要体现各个专业的入门级强制性准入应知应会要求，岗位实际能力的针对性不足。企业管理人员和技术人员继续教育的培训相对较少，更没有系统性，以专项技术（工作）推广培训和专项人才培育培训为主。企业培训中心业务及管理功能如图 1－2 所示。

第三阶段：走向企业大学（未来）。

企业大学与企业培训中心的主要区别是，除了培训外，企业大学还整合和扩展了企业知识管理运营，企业智力库与创新中心的功能，目前这些功能还散布在企业的研究开发和生产部门。

从性质上讲，企业大学是员工在后大学时代的终身教育，是一种创新形式。从所有权上，企业大学是企业出资成立并且为企业战略发展提供人才支持服务。从服务对象上，企业大学不仅仅为本企业员工服务，而且拓展服务到外部重要客户、供应商以及合作伙伴等。从内容上，组织学习与知识管理是企业大学的主要活动。从目标上，企业大学推动员工培训与学习，使得员工知识与技能得到提升，最终促进个人与组织的绩效提高。

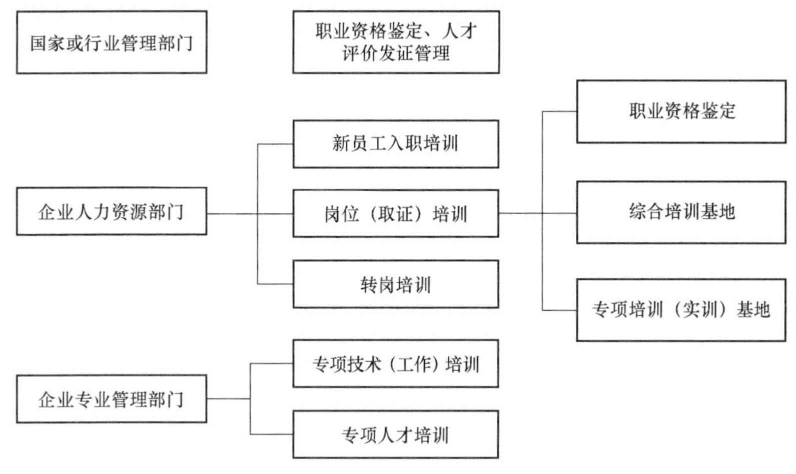

图 1－2　企业培训中心业务及管理功能

企业大学在国内外发展非常迅速。据统计，世界五百强企业中有 80%已经建立了自己的企业大学，美国的企业大学数量年平均增长率为 25%左右，目前已经达到了 4000 所以上。企业大学在国际上呈现蓬勃发展的趋势，大型企业更具有成立企业大学的意愿。在我国，近十年来企业大学的发展也非常迅速，例如宝钢人才开发学院、招银大学、中航大学、中国电信学院、腾讯学院等企业大学纷纷成立。据统计，截至 2016 年，我国企业大学大约有 1000 所。企业大学的大规模发展反映了企业对于员工培训与人才发展的重视。我国企业正处于从人力资源数量优势向人力资源质量优势的转型过程中，企业大学对于促进这个转变具有关键性作用。

1.2.3　从传统培训中心到企业大学的跨越

1. 企业大学的概念

企业大学最早诞生于美国。1993 年，摩托罗拉公司在中国正式成立了中国区大学，并将企业大学理念和模式首次引入了中国，随后我国第一所本土企业大学——海尔大学于 1999 年成立。目前，我国的企业大学遍布电器制造、通信行业、食品饮料、金融保险、信息技术、互联网等主要行业及企业。

企业大学产生的直接原因是员工发展及业务发展的需要，企业大学被当作一个战略工具和支持商业目标的投资渠道。进入 21 世纪，企业人力资源面临两个新的环境：新雇用模式的出现和从体力到脑力的知识经济的出现，新雇用模式即雇主为个体员工提供增强其任职能力的机会，以换取员工在企业工作期间更佳的生产力和对公司使命的承诺、雇主与员工、客户之间形成新的契约关系，企业认为员工是人力资本，企业与顾客、供应商之间是新的合作关系；从体力到脑力的知识经济即知识的寿命周期缩短，知识更新加速。因此，需要企业成为教育者，承担起员工教育的职能。企业大学产生的间接原因是高等教育观念发生变化。现代的大教育体系和大教育观念已开始流行，不仅仅包含大学教育，也包含大学后教育。与大学相比，企业大学填补了高校理论知识与实践脱节的空白，教育与培训的概念进一步模糊。进入 20 世纪 80 年代以来，美国等西方发达国家的企业管理人员培训逐渐从大学转移到企业，原因是以传统大学为主的企业教育模式将学习者放在被动的位置，并且脱离企业的实践。

企业大学就是满足教育新需求的一种新形式，它强调组织与个人的共同发展，为不同年龄的人群提供形式多样、及时方便的教育机会。企业大学使得工作中的成人对学习机会的把握和对资源的利用更具有弹性，在时间、地点、进度、结果和方式方面更适应个人的实际情况，不断激励个人的自我发展，终身学习的概念在企业大学中得到全方位的体现。

从世界范围来看，第三次培训革命后，诞生了企业大学这种全新的培训组织形式。有些企业大学也叫培训中心，但已经不是传统意义上的培训中心，例如××商学院。纵观企业大学 60 多年的发展历程，可以看出，作为企业大学与传统的培训中心已经有了根本的不同，图 1－3 展示了两者的基本差别。

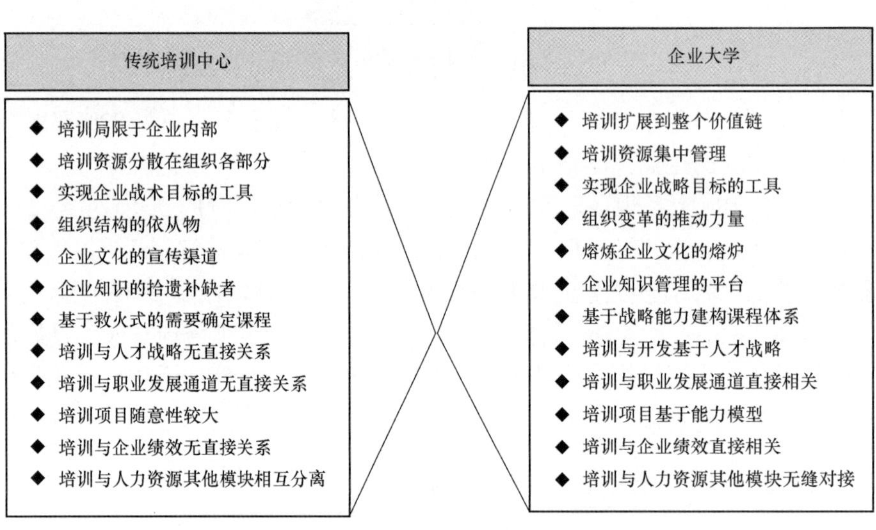

图 1－3　传统培训中心与企业大学的差别

2. 企业大学的定位与功能

（1）企业大学的三个发展阶段：

1）跟随阶段：隶属于人力资源部门，由人力资源部门进行直管。

2）并列阶段：与人力资源部门并列，与人力资源部门进行合作。

3）引领阶段：是独立的战略部门，引领企业发展，为企业战略目标服务。

企业大学的高级阶段将引领企业发展的未来，孵化创新，引领企业进入新的事业领域。

（2）企业大学运营的视角：

1）教育视角：培训让学员满意。

2）人力资源视角：培训与人才管理相结合。

3）战略视角：培训帮助公司实现战略目标。

企业大学必须从战略角度思考和定位，而非人力资源的角度。

（3）企业大学的功能定位。

企业大学应关注两大领域：培训和研究。培训从人力资源角度思考，研究从战略角度思考。通过研究，提出创新的管理策略，从而作为培训的素材。培训是研究的应用。

从人力资源管理角度思考，一方面是从事专业力培育，培养各类专业管理人才和技术、技能人才；另一方面是从事领导力培育，培养各级各类经营人才。

从企业战略角度思考，一方面是进行专题性研究，通过专题研究，向上提供智力支持；另一方面是进行文化力传承，将企业文化、核心价值理念等融入公司各层级管理。

企业大学须做好三种角色：企业内部专业学院、企业发展智库和企业文化传播基地。

学院：赋人以能。

智库：推动创新。

文化传播基地：使人乐从。

这三个角色的成功塑造，将为企业带来其他三个方面的附加价值，也即推动组织变革，提升生产力和凝聚力，凝聚伙伴关系。

企业大学的智库价值功能是化解组织未来的危机。可以通过建立企业管理研究机构的方式，组织内外部专家开展专题研究，向公司决策层及业务部门提供问题解决方案。

1.3 培训从业者的转型

1.3.1 培训从业者转型的基本要求

随着培训模式、培训内容体系的升级换代，培训中心角色定位转型，培训从业者的角色定位也必须重新定义。过去培训从业者主要从事培训组织的事务性工作，或者开发某一门课程，讲授某一门课程，角色具有单一性和简单化。现代人才培养要求培训从业者快速转型，主要包括以下三个转型：

（1）心态转变。从师者向教练、催化师、引导师转变。

（2）知识储备转型。知识更新迭代，追踪前沿知识，从仅仅是授课向训前、训中、训后培训管理与数据分析拓展、延伸。

（3）技能储备。从仅仅只是授课向人才培养体系规划，系统化、规范化的项目开发，课程开发等资源开发转型，适应培训智能化管理的培训管理者的转型。

同时，现代培训从业者需要具备以下几种能力：

（1）分析和统合能力。这包括识别目标和现实情况的差距，以及弥补差距所需要的组织体系及人员的经营、管理、技术和技能水平，并了解在企业的高速发展中，培训中心该在何处使力。

（2）人员学习和成长方面的知识。培训从业者应该知道如何能够让员工学会新知识，发展新技能，甚至改变员工的态度和观念。

（3）教导和催化群体学习的能力。培训从业者不仅要研究如何传授专业知识，更要以教导员和催化师的角色，引导、促进学员主动学习、自主学习，将学员置于学习的主角位置，培训从业者置于学习的支持者和服务者的位置。

（4）追踪和评估学习效能的能力。培训从业人员不仅是培训的组织实施者，更是培训效能追踪评估者，对培训的应用情况时时进行追踪分析。

（5）开发设计能力。培训从业者的基本能力就是创建各种学习体验，并将其整合为有力的培训课程，以改变学员的观点和行为。

1.3.2 培训从业者的新型胜任力模型

图 1－4 是一种新 ASTD 胜任力模型，企业培训工作者在工作中可以借鉴使用。

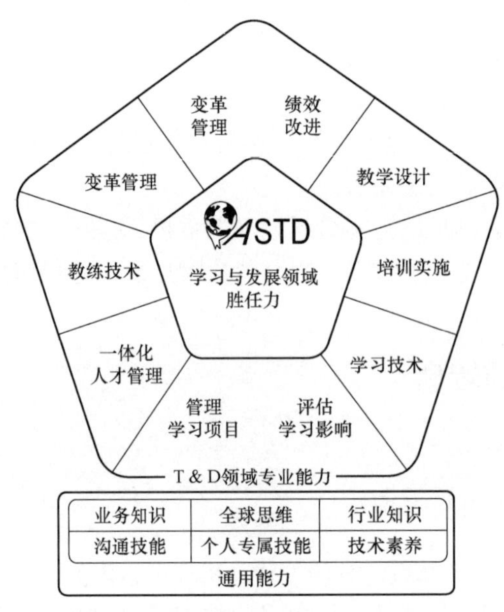

图 1－4 新型 ASTD 胜任力模型

新型 ASTD 胜任力模型确定了 6 个基本胜任力（见表 1－1）和 10 个具体的专业领域能力（见表 1－2）。

表 1－1 基本胜任力

基本胜任力	描述
商业技能	展示业务理解和推动业务结果和成果
全球思维	和跨越国界、文化、时代的人有效合作
行业知识	拥有相关行业和行业分支的知识
人际技能	通过建立影响和信任的方式与人交往
个人技能	表现出适应能力和持续学习能力
技术素养	表现出对现有和新兴技术的了解和熟练度

表 1－2 培训专业领域能力

专业领域	描述
变革管理	应用系统的程序将个人、团队、组织从目前状态转变为预期状态评估
教练技术	应用系统的程序提高他人设立目标、采取行动、最大化优势的能力

续表

专业领域	描　　述
评估学习影响	使用学习的衡量和分析方法，测量培训和发展解决方案产生的影响
教学设计	采用不同的方法设计和开发正式、非正式的学习方案
整合人才管理	通过获取人才和发展员工来打造组织的文化、能力、才能和员工敬业度
知识管理	通过对智力资本进行获取、分配、归档来鼓励知识的共享和合作
学习技术	应用各种各样的学习技术来满足具体的培训和发展需要
管理学习项目	提升执行组织人员战略的领导力，实施学习项目和活动
绩效改进	采用系统的程序来分析人员的绩效差距，缩小绩效差距
培训实施	以具有吸引力且有效的方式提供正式和非正式的学习解决方案

由于培训领域的不断发展，胜任力模型也将不断进行修订以反映不断出现的新实践。新型 ASTD 胜任力模型捕捉了培训专业实践所需要的新的和正在出现的胜任力，它为我们审视培训行业提供了多个视角。我们可以用它来指导自己或团队的发展，获得目前工作的方向或者创建未来工作的路线图，以及作为确定优势、劣势和能力的基准。

1. 浅谈你所在单位过去五年在人才需求方面发生的变化。
2. 列举你过去三年参加过单位组织的培训，并根据企业和个人发展规划提出培训建议。
3. 根据新 ASTD 胜任力模型创建你未来工作的路线图，以及确定你的工作优势、劣势和能力。

企业人才评价与培训体系建设

对现代企业而言，人才的开发与发展已经成为制约企业发展的最大瓶颈。一方面，现代企业面临新技术更新迭代、管理改制、体制改革，各种新技术、复合型、市场化、国际化等新型人才出现断层；另一方面，人才的培养和成长绝非一朝一夕就可以造就，需要有一个系统化的环境。很多大型企业都开始探索人才评价和培养体系的系统化规划和实施，但真正有实效的还不多见，主要的问题是根植于国人文化的评职称搞鉴定，或论资排辈，或一考定终身的习俗绝非轻易就能去掉。而现代人力资源管理强调的是以工作岗位绩效为核心的胜任力，是一种多维度测评、动态管理和全方位联动的人力资本高效运作的生态系统，人才评价和培训是其中很重要的环节，建立科学、规范、实用的企业人才评价与培训体系是一项基础工作，又是一项难度较大的工作，关键不是形式有多复杂，而是对每一个人都要用一种标准去衡量、统一手段来培养，需要有一个长期磨合的过程。

2.1 人才评价体系

目前国内外均未有企业构建系统的、完整的人才评价体系。国外的评价理论成熟、评价技术全面，但主要在管理人员中应用，未在技术技能人员层面开展人才评价。国内的绝大多数企业仍停留在传统的职业技能鉴定（技能人员）和职称评定工作（技术和管理人员）中。

国内的大型电网企业，特别是供电企业，已经建立以能力和业绩为导向的科学公正的人才评价机制，推进了企业四类人才评价工作（经营人员、管理人员、技术人员、技能人员）的有序开展，使企业员工招聘有依据、教育培训有目标、人才选拔有保障、岗位配置有手段、薪酬激励有支持、职业发展有方向，推动培训、评价、使用、待遇、职业发展一体化的现代人力资源管理机制的建立。

2.1.1 人才评价的理论基础

关于人才评价的人力资源相关理论比较多，但大多源自国外的专著和案例，与国内的背景和工作实际有一定差距。本章所应用的理论基础主要是胜任力模型理论，另外还涉及以下理论：

人才学相关理论：包括“三态学说”（人的素质存在持有态、发挥态、转化态等三种状态）、人力资本理论等。

人—职匹配理论：是关于人的个性特征与职业性质匹配的理论。

个体差异与素质可测论：强调人与人之间素质的差异；认为素质具有稳定和可变的特性，可以间接推测和判断。

胜任力模型也称为冰山模型（见图 2－1），由美国心理学家麦克利兰提出，近年来胜任力及其模型开始在人力资源管理中大量应用。关于胜任力的概念，是指能将某一工作中有卓越成就者与表现平平者区分开来的个人深层特征，它可以是动机、特质、自我形象、态度或价值观、某领域知识、认知或行为技能等任何可以被可靠测量或计量的，并且能显著区分优秀绩效和一般绩效的个体的深层次特征。胜任力模型是指担任某一特定的任务角色需要准备的胜任特征的总和，描述了要实现企业整体战略目标所必需的行为、技能和知识配置。

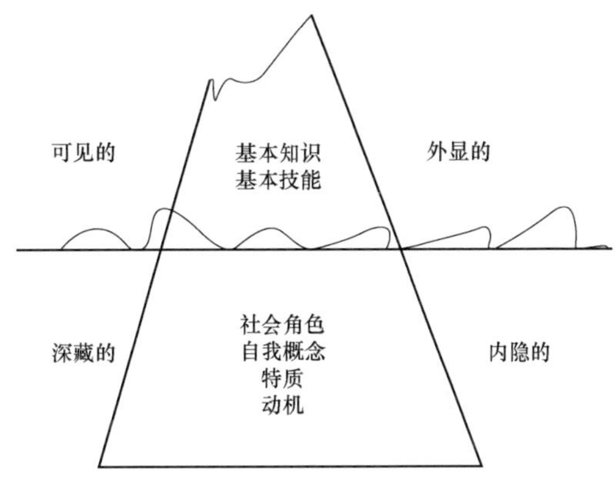

图 2－1　胜任力冰山模型

胜任力模型研究成果是传统的基于工作分析进行选人用人的一种补充和提升。对于员工个人而言，可以帮助有效进行职业生涯规划，有利于个人把握再教育方向和专业成长与职业生涯发展；对于企业而言，可以用于岗位绩效管理、业务素质测评和岗位胜任力考核等方面，在培训项目确定、培训要求的预测、培训标准以及未来培养预测等均有积极的意义。

根据胜任力冰山模型，冰山以上部分包括基本知识、基本技能，是外在表现，是容易了解与测量的部分，相对而言也比较容易通过培训来改变和发展；而冰山以下部分包括社会角色、自我形象、特质和动机，是人内在的、难以测量的部分，它们不太容易通过外界的影响而得到改变，但却对人员的行为与表现起着关键性的作用。

这里研究的胜任力侧重于在人力资源培训范畴内的胜任力，更偏向于胜任力基于行为的定义，认为胜任力是能把表现优异者和表现平平者区分开来的，可见的、外显的、可以评价、可以复制、可以推广的持久的行为特征，主要侧重于从知识和技能对一个业务单元进行评价和介绍。

1. 岗位体系与工作岗位分析

岗位体系是组织实施管理的重要前提，健全的岗位体系能够帮助员工明确角色定位，明晰发展目标，实现职业发展，具体而言，构建岗位体系就是要明确六个因素（见图 2－2 及表 2－1）。

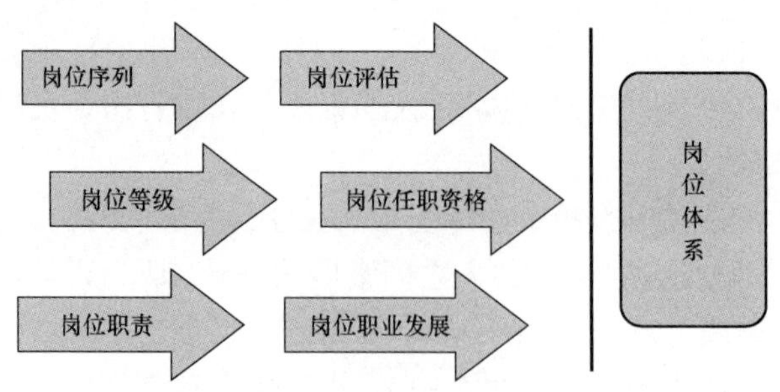

图 2－2　建立岗位体系要明确的六个因素

表 2－1　岗位体系六种构成因素说明

要素名称	要素说明
岗位序列	根据员工所从事工作内容的不同，对职责相近、知识要求类似的岗位进行归类组合。组织常见的岗位系列包括管理类、职能类、技术类、营销类、操作类等
岗位等级	岗位等级是岗位之间相对价值的体现，岗位等级的确定与岗位任职员工的资历与能力无关，大规模的组织划分为 20 多个等级，涵盖从最高管理者到基层人员的所有岗位
岗位职责	基于岗位的职务与责任的统一，由权利和责任两部分构成
岗位评估	对岗位体现出来的价值进行评价的标准、指标、方法等
岗位任职资格	对胜任岗位所需要的资历、经验、知识等要求的细化描述
岗位职业发展	对该岗位未来的职业发展方向和职业发展通道进行描述

一般企业人员按照岗位性质基本可以分为四类，分别是经营管理人员、职能管理人员、技术（管理）人员和技能操作人员（见表 2－2）。

表 2－2　组织常见岗位体系构成

岗位序列	岗位等级	岗位名称
经营管理人员	Ⅰ级	企业后备干部
	Ⅱ级	企业分公司负责人
	Ⅲ级	企业负责人
职能管理人员	Ⅰ级	干事专员
	Ⅱ级	专职主管
	Ⅲ级	部门负责人
技术（管理）人员	Ⅰ级	专业工程师
	Ⅱ级	技术主管
	Ⅲ级	部门负责人
技能操作人员	Ⅰ级	操作人员
	Ⅱ级	技术员、安全员
	Ⅲ级	班组长

（1）经营人员是指在公司系统领导岗位上，负责经营决策和综合管理工作，主要是指

企业各级单位负责人。

（2）管理人员是负责企业某类业务的管理，在企业生产经营活动中从事具体业务指导、管理和监督工作的人才，电网企业主要从事人力资源、财务审计、物资管理、规划计划、电力营销、电网检修、电网运行、工程建设、科技信息、金融保险、国际商务、行政党群等工作。

（3）技术人员是指在企业生产过程中从事并负责某类技术岗位工作的人才，电网企业主要从事规划计划、电力营销、电网检修、电网运行、工程建设、科技信息等工作。

（4）技能人员是指具有一定的知识和技能，在生产、服务等一线岗位上工作并做出突出贡献的人才，电网企业主要从事电力营销、电网检修、电网运行、工程建设、科技信息等工作。

工作分析是对各岗位工作的性质、任务、责任、相互关系以及任职人员的知识、技能、条件进行系统调查和研究分析，以科学系统地描述形成规范化岗位说明书的过程。任务分解是通过工作分析，对组织的总体任务进行逐级分解，将工作任务落实到工作岗位的活动。

2. 建立胜任素质模型

胜任素质（competency）又称能力素质，在组织管理中是指驱动员工取得卓越绩效的一系列综合素质，是员工通过不同方式表现出来的知识、技能/能力、职业素养、自我认知、特质等素质的集合。构建胜任素质模型的流程如图 2－3 所示。

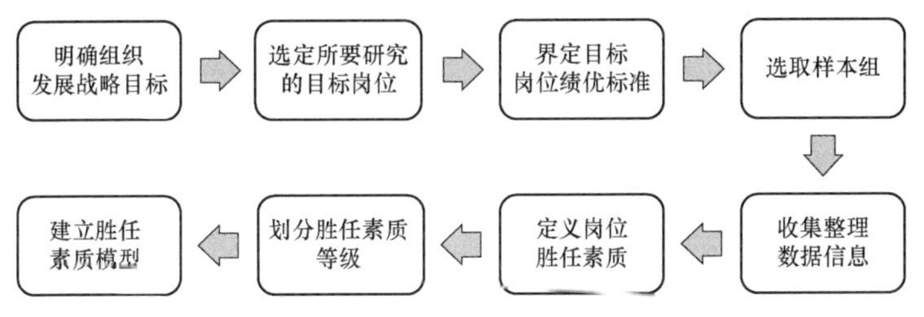

图 2－3　构建胜任素质模型的流程

（1）明确组织发展战略目标。组织的发展战略目标是建立胜任素质模型总的指导方针，分析影响战略目标实现的关键因素，研究组织面临的竞争和挑战，据此提炼出组织要求员工具有的胜任素质，从而构建符合组织文化及环境的胜任素质模型。

（2）选定所要研究的目标岗位。组织战略计划的实施往往与组织中的关键岗位密切相关。在建立胜任素质模型时应首先选择那些对组织战略目标的实现发挥关键作用的核心岗位作为目标岗位。分析目标岗位所要求员工应具备的胜任力特征，从而构建符合岗位特征的胜任素质模型。

（3）界定目标岗位绩优标准。完善的绩效考核体系是界定绩优标准的基础。通过对目标岗位的各项构成要素进行全面绩效评估，区分员工在目标岗位绩效优秀、绩效一般和绩效较差的行为表现，再将界定好的绩优标准外解细化到各个具体的任务要项，从而识别任职者产生优秀绩效的行为特征。

（4）选取样本组。根据目标岗位的胜任特征要求，在从事该岗位工作的员工中随机抽取绩效优秀员工（3～6 名）和绩效一般员工（2～4 名）作为样本组。

（5）收集整理数据信息。收集整理数据信息是构建胜任素质模型的核心工作，一般通过行为事件访谈法、专家数据库、问卷调查法、个人访谈法、小组座谈法等方法来获取样本组有关胜任特征的数差资料，并将获得的信息与资料进行归类和整理。

（6）定义岗位胜任素质。根据归纳整理的目标岗位数据资料，重点对实际工作中员工关键行为、特征，对思想和感受有显著影响的行为过程或片段进行分析，发掘绩优员工与绩效一般员工在处理类似事件时的反应及行为表现之间的差异，识别导致关键行为及其结果并具有显著区分性的能力素质，并对识别到的胜任素质做出规范定义。

（7）划分胜任素质等级。定义了目标岗位胜任素质的所有项目后，应对各个素质项目进行等级划分，并对不同的素质等级做出行为描述，初步建立胜任素质模型。

（8）建立胜任素质模型。结合组织发展战略、经营环境及目标岗位在组织中的地位，将初步建立的胜任素质模型与组织、岗位、员工三者进行匹配和平衡，构建并不断完善胜任素质模型。

3. 岗位胜任素质模型

对一个技术技能业务培训胜任力模型，要求必须是标准化、可评价、可推广，只要对其进行知识与技能的定义就可以满足要求。在进一步细化模型内容，可以对知识和技能分为基础部分和专业部分，每个部分可以根据业务需求细化为一个个独立知识和技能模块，并可以根据相应内容提出难、中、易分级要求，便于满足不同培训对象的需求，如图 2-4 所示。

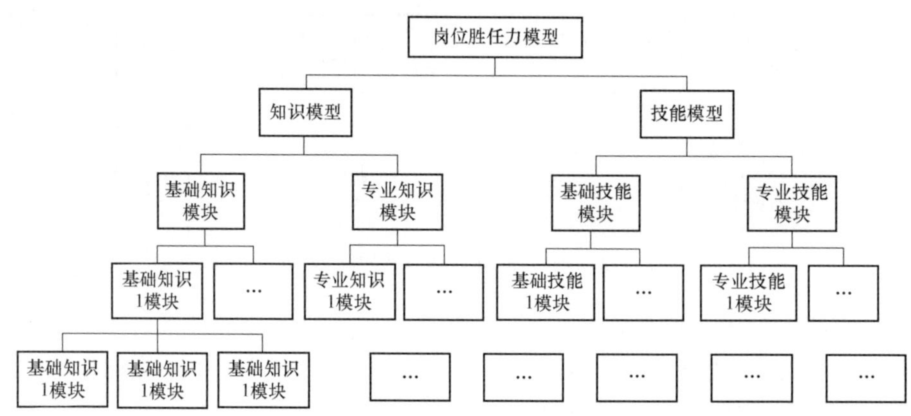

图 2-4　岗位胜任力模型

表 2-3 所示为电网企业调度自动化运维岗位的胜任力模型定义表，具体能力项分级定义内容参见附件 2。

表 2-3　　**调度自动化运维岗位胜任力模型定义表**

能力维度		能　力　项
知识	基础知识	电力系统运行与分析、电气设备及运行、变电站综合自动化、电力系统继电保护、智能变电站技术、电力安全工作知识、新知识新技术新工艺的应用等
	专业知识	能量管理系统（EMS）技术、网络及调度数据网技术、二次系统安全防护技术、电网高级应用软件技术、数据通信规约技术、数据库与操作系统及服务器技术、电能量计量系统技术、调度自动化辅助系统技术、自动化相关规程和标准等

续表

能力维度		能　力　项
技能	基础技能	安全操作系统应用及操作、专业仪器与仪表及工具的使用、线缆制作、工作票填写及使用、运行值班例行工作、安全用具的使用及触电急救、沟通协调与团队建设等
	专业技能	主站系统应用操作、主站系统维护、主站系统安装及调试、主站系统异常处理、网络及安全防护系统安装与调试、网络及安全防护系统异常处理、通信规约与报文解读等

电网企业管理类人员岗位胜任力模型定义方式，可以通过能力与特质两个维度进行分类，表2－4选取班组长岗位进行模型定义举例，具体能力项分级与内容定义参见附件3。

表2－4　　班组长岗位胜任力模型定义表

能力维度		能　力　项
能力	领导能力	团队领导、部署培育、员工关怀、下属激励
	管理能力	计划执行、授权分工、系统思维、工作掌控、时间管理、事务理、快速应变
	人际能力	沟通能力、协调能力、人际关系
特质	个人效能	学习能力、创新能力、抗压能力、书面表达
	个人品质	安全意识、团队意识、质量意识、长远意识、追求卓越、细节意识、责任意识、感召力、廉洁自律

4. 岗位—能力匹配

在构建了岗位的胜任素质模型后，组织需要针对每位在岗人员，对其能力进行测定，以发现岗位应有能力同在岗人员实际能力之间的差距。组织可以使用如表2－5所示的通用测评工具对在岗人员进行能力分析。

表2－5　　岗位—能力分析常用测评工具

测评范围	测评工具	测评工具说明
智力阅评	韦克斯勒成人智力量表（WAIS－R）	由11个分测验组成，其中，常识、背诵数字、词汇、算术、理解、类同6个分测试构成言语分量表；填图、图画排列、积木图案、拼图、数字符号5个分测试构成操作分量表
人格测评	卡特尔16种性格因素测评量表（16PF）	16PF测评量表是有关性格的自测量表之一，主要用于教育及教育辅导，心理障碍、身体疾病的预防、诊断、治疗，以及用于人才的选拔和培养
	艾森克人格测试问卷（EPQ）	该问卷由英国的艾森克（H.J.Eyecnck）夫妇编制，采用是非题的形式进行测评，主要用于测量人们在内外倾向、神经质（情绪性）、心理变态倾向这三个方面的表现程度
职业兴趣测评	霍兰德职业兴趣与价值观测评量表	该量表主要由“您心目中的理想职业（或专业），您感兴趣的活动，您擅长或胜任的活动，您所喜欢的职业，您的能力类型和自我评价，您的职业兴整类型和职业倾向，您的职业价值观”7部分组成
一般能力测评	一般能力倾向成套测试（General Aptitude Tests Battery，简称GATB）	由美国劳工部就业保险局设计而成的综合性职业倾向测试。本套一般能力倾向成套测试测试包括15个分测试，其中11种是笔试，另外4种是操作测试。全套测试可以测量9种能力倾向，包括智力能力、言语能力、数理能力、书写知觉能力、空间判断能力、形状知觉能力、运动协调能力、手指灵活度、手腕灵活度
	面试法	在特定的时间、地点，通过测评人员与被测人员面对面的观察、交谈，收集相关信息，从而了解被测人员的素质状况、能力特征以及求职动机的一种测评技术

续表

测评范围	测评工具	测评工具说明
一般能力测评	无领导小组讨论	是一种情境模拟测试方法，由一组无具体负责人的被测人员在一定时间（1 小时左右）内，围绕给定的问题或在既定的背景之下展开讨论，并得出小组意见，以此来评价被测人员各方面的能力、个性特点和风格
特殊能力测评	明尼苏达文书能力测试	该测试主要用于选择和测评办公室人员、检验员和其他要求知觉能力的专业人员，测试分两部分，即数字比较和姓名比较，要求测试对象检查 200 对数字和 200 对姓名的匹配正误。测试结果以正确题目数核减错误题目数计分
	公文框测试	又称为公文处理练习，属于情境模拟测评方法，要求被测人员在一定时限内处理与管理岗位相关的报告、信函、备忘录、请示等文件（涉及人事、资金、财务、工作程序等内容），用来测评其实际工作能力和管理潜力
	吉尔福特创造力测试	吉尔福特运用词语流畅性、思想流畅性、联想流畅性、表达流畅性、多项用途、相似解释、情节标题、结果、可能工作、绘图、火柴问题、装饰、加工物体共 13 个分测试来测量 30 种创造力因素
	威廉斯创造力倾向测评量表	威廉斯继承并发展了吉尔福特的三维智力理论，创立了测评量表，共 50 题，包括冒险性、好奇性、想象力、挑战性 4 项内容

2.1.2 评价体系构建

企业建立完整的人员评价体系，应以企业战略目标为导向，企业经营现状为基础；通过应用人力资源的专业理论、根据和方法，搭建科学评价的制度标准体系，并依托信息化平台，细化到每一种（类）的岗位人群量化测评和数据分析，评价标准包括试题库、评分表等；评价结果的应用是全方位的，贯穿在员工职业生涯和能力发展的各个阶段。企业的评价体系是一个闭环的管理体系，应不断地动态循环和持续改进，如图 2－5 所示。

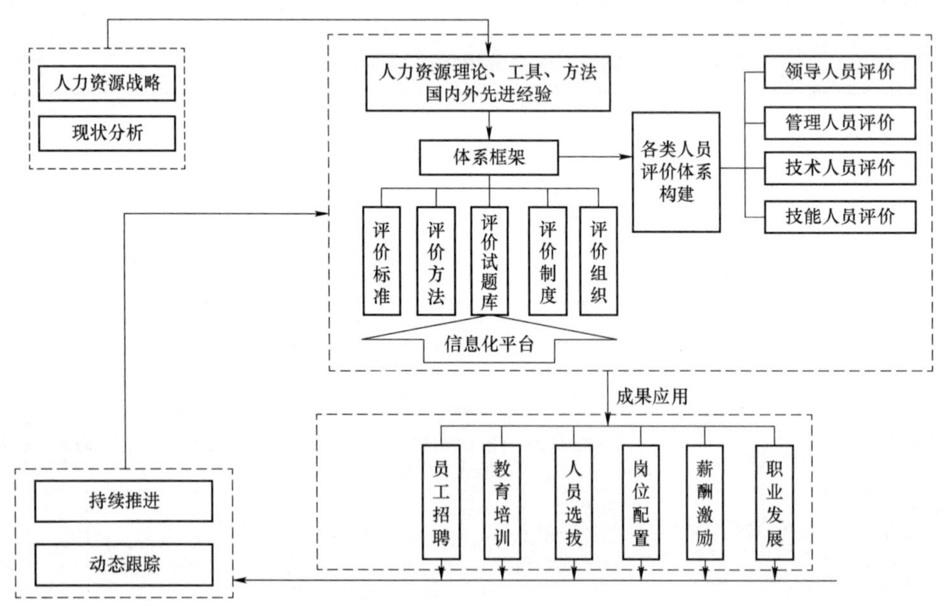

图 2－5　企业人员评价体系构架

各类人员的评价实施大致具备如下特点：

1. 领导人员评价

评价标准：按岗位分类，建立胜任力模型和评价标准，重点突出领导力建设，并逐步建立领导班子能力与业绩考核评价指标体系。

评价方法：① 民主推荐；② 组织考察；③ 多维度测评；④ 政绩评价；⑤ 情景模拟；⑥ 结构化面试；⑦ 公文框测验等。

评价试题库：基于评价标准，着重开发评价领导风格和领导力的题目，加大情景模拟类题目的开发比重。

评价制度：人才评价工作管理、评价实施流程、胜任力模型和评价标准开发与管理、试题库开发与更新等管理制度。

评价组织：由人才评价中心配合人事部按干部管理权限负责领导人员评价工作。

2. 管理人员评价

评价标准：按专业职能分类，建立胜任力模型和评价标准，重点突出管理能力和组织能力建设，并逐步建立团队管理能力与业绩考核评价指标体系。

评价方法：① 笔试；② 多维度测评；③ 民主推荐；④ 结构化面试；⑤ 公文框测验；⑥ 情景模拟；⑦ 履历分析等。

评价试题库：基于评价标准，以测评管理知识与技巧、综合能力类试题为主，注重情景模拟、文件筐类试题的开发。

评价制度：人才评价工作管理、评价实施流程、胜任力模型和评价标准管理、试题库开发与更新等管理制度。

评价组织：由人才评价中心配合人事部开展管理人员的各项评价工作；分级建立管理人员评价专家库。

3. 技术人员评价

评价标准：按专业分类，以专业技术资格量化评审标准为基础，增加层级、细分专业，建立胜任力模型和评价标准，重点突出专业能力与工作业绩。

评价方法：① 笔试；② 业绩与成果评价；③ 工作实例分析、答辩；④ 结构化面试；⑤ 多维度测评；⑥ 履历分析等。

评价试题库：以专业能力、学术水平、创新能力等类试题为主，尤其注重专业性题目开发，如工作案例分析等试题。

评价制度：制定专业技术人才选聘管理办法及实施细则等制度，规范各级专业技术人员的能级评价，规范各级专业技术人员岗位的选聘工作。

评价组织：由人才评价中心负责，组建评价专家库，建立专家的准入和退出、约束和激励机制，保证专家质量，为人才评价工作提供保障。

4. 技能人员评价

评价标准：按工种分类，以国家技能鉴定标准为基础，进一步推广应用已建立的核心工种技能人员胜任力模型和评价标准，重点突出专业知识与实操技能，水平面下的素质也不可忽视。

评价方法：① 笔试；② 现场实际操作考试；③ 工作实例分析、答辩；④ 实际评价；⑤ 心理测验；⑥ 履历分析。

评价试题库：依据评价标准，着重考核专业知识与技能，加大实操技能题目的开发比重。同时注重安全生产等核心岗位的心理测试题目与量表的积累。

评价制度：主要用于规范职业技能鉴定工作，规范高级技能人才选拔与管理，完善公司技能人员岗位通道建设。

评价组织：由人才评价中心、职业技能鉴定中心（站）承担各项人才评价工作。评价专家由主要由职业技能鉴定考评员组成。

2.1.3 评价结果应用

人才评价体系建设的第三块“基石”就是完善人才评价结果的应用。企业在人力资源管理过程中涉及可能涉及员工招聘、教育培训、人员选拔、岗位配置、薪酬激励、职业发展等方面，评价结果可以为这些工作提供什么支持，提出什么建设性意见呢？这一步是关键的一步，是连接人才评价结果和企业商业效益之间的转换渠道。在此针对企业人力资源管理的六个部分分别简短地提出一些值得关注和可能产生价值的点。

员工招聘：帮助明确甄选和招聘对象、规范招聘流程、提高招聘质量。

教育培训：帮助确定培训需求、设计和开发培训课程、保障培训评估效果。

人员选拔：帮助管理人员竞争上岗、为技术技能专家选聘、专业技术资格评审、职业技能鉴定提供支持。

岗位配置：帮助配备领导班子、确定员工岗位、推进持证上岗。

薪酬激励：帮助落实“能力＋岗位＋绩效”的薪酬体系、完善绩效考核，提升绩效管理水平。

职业发展：帮助建立员工“评价档案”，促进员工职业生涯发展动态管理。

2.2 培训业务体系

现代企业的培训工作都起源于一线生产技能人员的取证（鉴定）培训和技术人员的继续教育（学历职称），因此从本质上来讲，更多的是源于完成岗位任务的培训办班或培训项目，对培训效果的考核指标就是合格率或过关率，所学知识技能与其工作实际能力提升的正相关性较弱。这种“取证”式的培训模式，仍然是目前大部分培训中心的业务主体，因为它能够维持安全生产技能或生产工艺基本操作能力培养的底线，但是对岗位能力的持续提升、特别是对培养优秀人才、骨干人才的作用还没有完全发挥。

从 2000 年起，国网浙江培训中心就开始推行基于全员岗位能力持续进阶式提升的培训业务体系，并在实施过程中，根据国网公司岗位培训规范标准，不断进行完善优化，构建省公司、地市公司和生产现场的三级培训网络，形成了专项培训、普及性培训和岗位培训（简称“一精二广”）体系。

“一精二广”中的“精”，是指在培训体系中，开展高端人才培训，培养复合型高级经营管理人才，创新型人才，高技术、高技能人才，各专业领军人才和业务骨干，为公司实现“建设具有全球竞争力的世界一流能源互联网企业”的战略目标，培养和储备各类高精尖端人才。

“一精二广”中第一个层面的“广”是指在培训体系中，首先开展全员的普及性培训。普培是针对系统内全体员工或某一类员工开展的普及性培训，包括全员普及培训、分类普及培训及各专业专项培训，其目标是根据管理变革和技术发展的需要，结合人力资源状况，构建动态的、能够快速响应的、配合管理变革和技术发展实施的普及性培训体系，以确保员工能够胜任岗位基本工作。

“一精二广”中第二个层面的“广”是指在培训体系中，还需开展岗位再提升培训。岗位培训体系是根据企业岗位序列，针对不同的职责和工作任务，按照素养、知识、技能来分层设计培训内容。其建设目标是为促进培训有序开展，提高培训计划性，增强培训实效性，实施按不同岗位人员的分层培训，以实现公司系统员工培训的“无盲点、全覆盖”，使培训体系与企业发展战略相匹配和与时俱进。

培训业务体系示意图如图 2－6 所示。

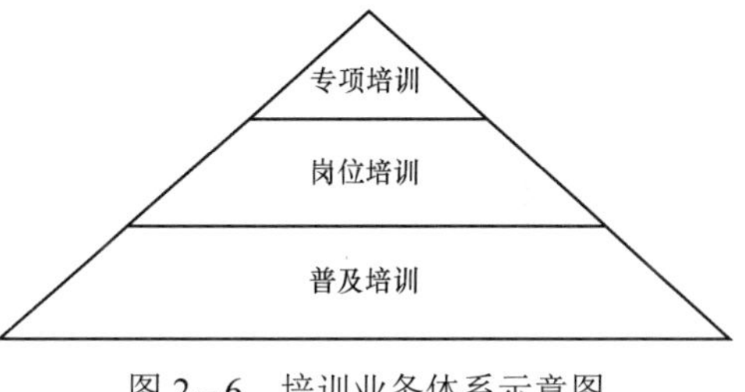

图 2－6　培训业务体系示意图

2.2.1　专项培训体系

1. 专项培训体系的建设目标

（1）复合型高层次人才培养。培养适应现代企业发展需要的高级经营人才和管理人才，培养具备国际竞争力的复合型高层次人才。

（2）创新型专项人才培养。加快科技创新型专项人才建设，提升公司技术创新能力，如电网企业特高压和智能电网等紧缺专项人才培养。加大金融、国际化等紧缺专业人才培训开发力度，支撑金融、国际化经营等业务的创新发展。

（3）专业领军人才培养。有计划地开展对专家人才的培养，培养各专业领域的领军人才。

（4）熟练型人才培养。有计划地针对技术技能领域及相关管理领域，培养专业知识扎实、技能娴熟的业务骨干。

2. 专项培训体系的构成

专项培训体系构成框架如图 2－7 所示。

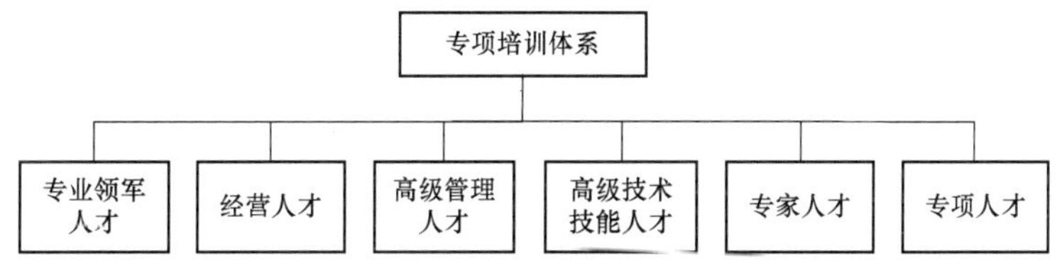

图 2－7　专项培训体系构成框架图

3. 专业领军人才培养

专业领军人才培养是指在主要专业领域，通过一定途径选拔业务精通、具有发展潜力的业务骨干，通过知识拓展、能力提升及应用提高三个阶段的系统化培养，使之成为各自领域的带头人。主要培训内容如下：

知识拓展阶段：拓展知识结构、培养自学能力、锻炼研究能力，着重培养专业素养，提高理论水平、管理意识以及分析判断、沟通协调等方面的素质。

能力提升阶段：完善知识结构、开阔视野，通过合作培训，着重提高理论素养，提高综合素质，提高分析问题、解决问题的能力。

应用提高阶段：通过参与学术研究、创新课题研究等，深化知识应用能力，发挥在专业领域的引领作用。

针对电网企业（示例），主要涉及领域有：

人力资源：人力资源开发与管理、绩效考核与管理、干部人事管理；

财务：财务管理、审计管理、资产管理；

物资管理：物流管理、招投标管理；

电网规划：规划、计划、设计、统计分析；

电网建设：工程管理、工程监理、工程建设；

电网运行：电力调控（含变电站集中监控）；

电网检修：输电、变电、配电运维与检修；

电力营销：电力营销、电力交易；

法律：法律风险防控；

国际业务：国际商务。

4. 高级管理人才培训

高级管理人才培训项目的实施，是针对管理专业领域的骨干人员，通过相关领域的新知识系统化培训，培养企业高层次专业管理人才（见表 2－6）。

表 2－6　　高级管理人才培训方向及内容（示例）

培训方向	主要培训内容
经营管理	领导力、企业战略制定、企业经营环境分析等
人力资源	柔性人力资源战略、规划、绩效管理体系设计、人才开发与管理等
财务	战略性财务管理、财务分析、财务风险管控、税收筹划、内部控制、财务预算管理、金融投资管理等
生产管理	项目管理、设备可靠性评价、设备状态管理等
法律	法律风险防范与预控、法律顾问能力提升、企业法律事务运行机制等
技术经济	项目可行性分析、项目财务评价、项目技术经济评价等
企业文化	企业文化建设策划、品牌建设与维护、高效团队文化建设、传统文化与管理智慧等
项目管理	基于企业战略的项目策划、项目管理的有效控制与优化、项目实施效果评估等
物流管理	物流战略管理、供应链管理、物流系统规划、物流运行与管理信息系统、物流相关法律法规等

5. 高级技术技能人才培训

高级技术技能人才培训对象为公司系统已取得高级技术资格(高级职业资格)人员中，具备发展潜力的中青年骨干，通过相关新技术、新工艺系统化培训，使其具备技术领域的创新能力（见表 2–7)。

表 2–7　　　高级技术技能人才培训方向及内容（示例）

培训方向	主要培训内容
变电检修	智能变电站检修、二次回路故障分析与反措、状态检修、特高压设备检修、项目管理等
变电运维	直流站运维、特高压站运维、智能变电站运维等
输电线路	带电作业、线路状态检修、特高压交直流运检、无人机巡检、电力电缆运维检修、项目管理等
配电线路	不停电作业、配网自动化、电缆机器人查线、项目管理等
电网调控	调控一体化、智能调度、经济调度等
电网建设	基建质量管理、大型施工作业方案编制、项目管理等
电力营销	市场开拓及业扩报装、智能用电、电能信息采集与监控等
信息通信	企业信息化规划、业务系统深化应用、现代通信技术等

6. 专家人才培训

对公司系统已评选出的三个层级的管理类、技术类、技能类优秀专家人才，每两年分专业领域进行轮训。

主要培训内容：前沿管理知识、专业技术动态、新技术、新工艺、项目管理、团队建设等。

7. 专项人才培训

根据技术进步及业务发展需要，在若干领域选拔业务骨干，进行新知识、新技术的培训，作为新技术推广及业务开拓的专门化人才（见表 2–8)。

表 2–8　　　专项人才培训方向及内容（示例）

培训方向	主要培训内容
特高压电网建设	特高压工程建设管理、特高压工程设计及设计监理、特高压建设技术经济、特高压设备监造、特高压系统调试及设备试验、特高压施工及监理等
特高压电网运行	特高压电网运行、特高压电网检修、特高压技术监督等
智能电网	智能变电站设计、调试、运维与检修，分布式电源接入，智能配电网，智能电网需求侧管理等
国际化经营	国际化经营策略制订、国际化业务策划、国际商务谈判、跨文化沟通、异文化经营等
金融	风险管理、投资策略、金融工程、宏观经济学、微观经济学等
品牌建设	品牌定位、品牌规划、品牌提升、品牌维护、品牌传播等
媒体沟通与舆情处置	舆情危机处置机制编制、新闻媒体沟通技术、危机舆情收集和分析、舆情应对体系编制与宣传培训等
人力资源战略管理	战略人力资源管理架构、高精尖人才队伍建设、人力资源管理与战略融合、形势下人力资源再开发
泛在电力物联网	物联网概念、发展及构建、电力物联网建设思路

8. 熟练型人才培养

熟练型人才培养分为管理、技术、技能三个方面，针对主要的专业和职种，选择有较好管理专业知识、具备较高技术技能水平并具发展潜力的员工，在专业知识、技能操作方面进行强化培训，使其成为专业知识扎实、操作技能娴熟、心理素质稳定的熟练型优秀人才，同时为各类比武竞赛、调考进行人才储备。熟练型人才培养包括知识覆盖、能力提升、知识与技能消缺三个阶段。

9. 培训实施方式

采用多种培训形式：

- 厂家定点培训。
- 劳模培训工作站。
- 师带徒。
- 研修班。
- 技术、管理论坛。
- 与国内高校、科研院所合作。
- 与国际著名企业合作。

采取案例教学、研讨交流、现场考察、训练式培训、体验式学习等新型培训教学方式，改善培训效果。

2.2.2 全员培训体系

1. 全员培训体系的建设目标

全员培训体系是针对系统内全体员工或某一类员工开展的普及性培训，包括全员普及培训、分类普及培训、专业及专项推广培训等。

全员培训体系的建设目标是根据管理变革和技术发展的需要，结合人力资源现状，构建动态的、能够快速响应的、配合管理变革和技术发展实施的普及性培训体系，实现优化全员普及培训，细化分类普及培训，强化各专业专项培训的目的。

2. 全员培训体系的构成

全员培训体系构成框架图如图 2－8 所示。

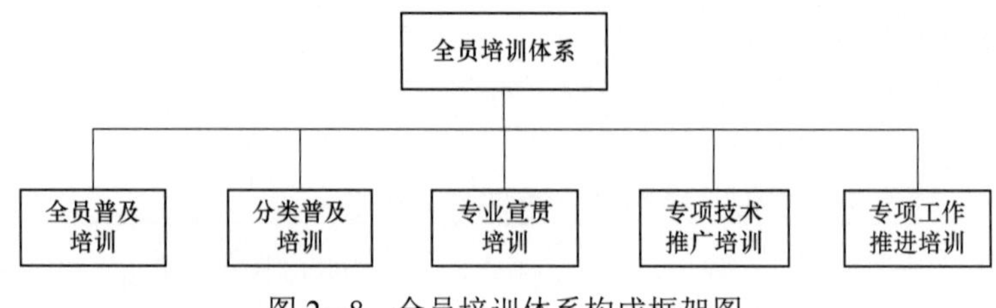

图 2－8　全员培训体系构成框架图

3. 全员普及培训

全员普及培训，主要通过通俗易懂或喜闻乐见的学习方式，以事件或案例为线索，进行内容展开；各业务管理部门担任技术指导，汲取相关内容，制作短小精悍的系列化课件（或手册），以提高学习效果。全员普及培训方向和内容示例见表 2–9。

表 2–9　　全员普及培训方向和内容示例

培训方向	主要培训内容
安全教育	结合企业安全文化，包括安规教育、安全学习周、安全学习月，根据全员安全生产培训知识内容，对典型安全生产违章或事故案例进行分析，生动形象地展现相关安全知识
政治思想教育	根据党员理论学习要求，选取党的理论创新成果、企业当前重大决策成果、最新党建成果及优秀党员风采，编制每月学习内容手册
廉政建设教育	结合公司系统廉政建设教育要求，每月选取典型案例进行分析，以达到“警钟长鸣”的警示教育目的
普法教育	根据国家六五普法要求，每月选取一个典型法律纠纷或案件，通过深入剖析，对有关法律知识进行系统化讲解
企业文化教育	以国网公司企业文化手册为主要内容导向，设立企业文化知识（国网价值理念、发展战略、员工行为规范、文化管理实践、品牌标识）、企业文化建设案例、企业文化故事等栏目

4. 分类普及培训

分类普及培训，主要以各专业领域的共性知识、技能为内容，开发通用型课程，规范学习内容，以对相关专业人员进行普及培训。分类普及培训主要课程和内容示例见表 2–10。

表 2–10　　分类普及培训主要课程和内容示例

培训课程	培训对象	主要培训内容
法律风险防范	管理人员、技术人员	企业管理、电网规划、电力营销、电网建设、电网运行、电网检修等专业领域的法律风险防范与预控，包括证据固定与运用，相关风险点及防范措施等
财务知识	技术人员、中层干部	非财务人员财务知识、财务活动与经营分析、财务制度等
企业信息化系统应用操作	管理人员、技术人员、技能人员	结合常见业务案例，介绍 ERP、生产管理系统、营销系统等操作技术与技巧等
物资采购与管理知识	管理人员	物资分类、物资采购计划制订、招标方案编制、仓储管理、现代物流知识等
企业管理知识	管理人员	现代企业制度，企业组织、业务计划、工作实施、过程控制与考核等管理流程知识
项目管理	管理人员、技术人员	项目时间管理、目标管理、质量管理、沟通管理、风险管理、计划执行与跟踪、合同与采购管理等
技术经济	管理人员、技术管理人员	工程造价、项目可行性分析、项目经济性评价、项目后评价等

5. 专业宣贯培训

专业宣贯培训，主要以各专业领域的最新标准、规定及规程为内容，采用解读、解析及案例分析等多种展现方式，以获得较好的宣贯效果。专业宣贯培训方向和内容示例见表 2–11。

表 2-11　　专业宣贯培训方向和内容示例

培训方向	主要培训内容	培训方向	主要培训内容
管理标准	各专业各类新标准、新规程规范	安全规程	各类最新安全规定、规程及措施
技术标准	各专业各类新标准、新规程规范	标准化作业	各职种生产标准化作业指导书

6. 专项技术推广培训

专项技术推广培训，主要以当前热点知识、技术为内容，摘取国内外最新动态及行业应用推广成果，对相关专业人员进行及时的知识更新。专项技术推广培训的主要培训方向及内容示例见表 2-12。

表 2-12　　专项技术推广培训的主要培训方向及内容示例

培训方向	主要培训内容
特高压	特高压直流技术、特高压交流技术、特高压建设运行维护等基本知识
智能电网	智能变电站、智能运检、智能配电网，智能用电等基本知识
新能源	太阳能、风能、地热、页岩气、生物质等新能源技术与应用
微电网及接入	微电网接入技术、微电网接入系统
设备状态评价	输变电设备状态评价、在线监测及状态检修等基本知识
节能及环保	大气污染治理、能量回收利用、电力变频技术、可再生资源循环利用等知识
配电网	配网运检、配网信息化、配网不停电作业、配电电缆、带电检测、直流配电网、主动配电网、微电网能源管理、柔型开关技术

7. 专项工作推进培训

专项工作推进培训，是根据企业专项工作的推进要求，及时快速地进行跟进培训，其主要特征是集中开发有关工作内容的“快餐型”培训课程，迅速形成“头脑风暴”。专项工作推进培训内容，应根据公司工作重点内容的变化，作及时调整。

8. 培训实施方式

培训的主要实施方式是网络培训，员工可利用网络教室集中学习，也可以利用个人终端，灵活学习。

2.2.3　岗位培训体系

1. 岗位分类

岗位分类如图 2-9 所示。

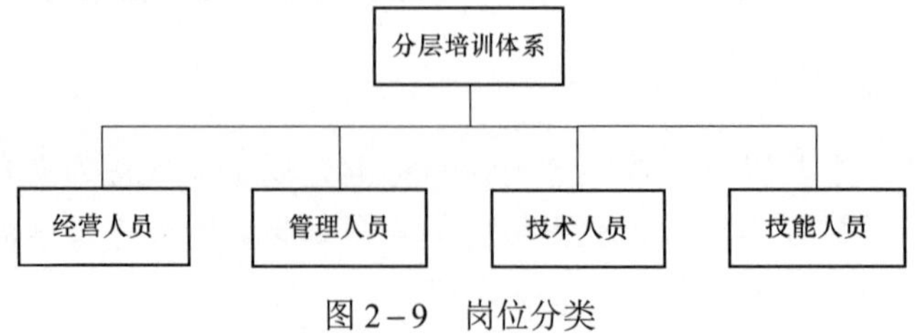

图 2-9　岗位分类

经营人员按管理层级分类如图 2－10 所示。

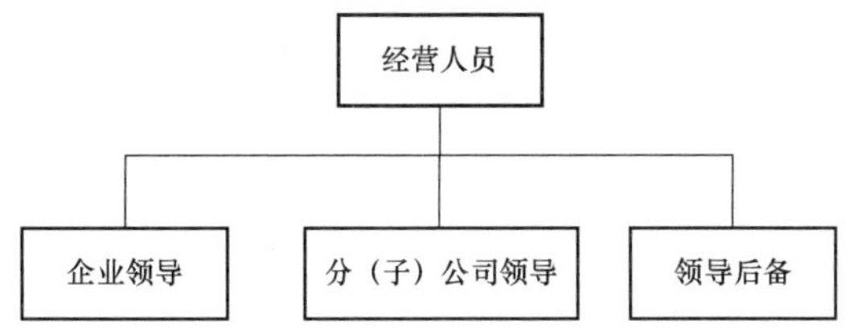

图 2－10　经营人员按管理层级分类

管理人员按岗位群分类（中类）如图 2－11 所示。

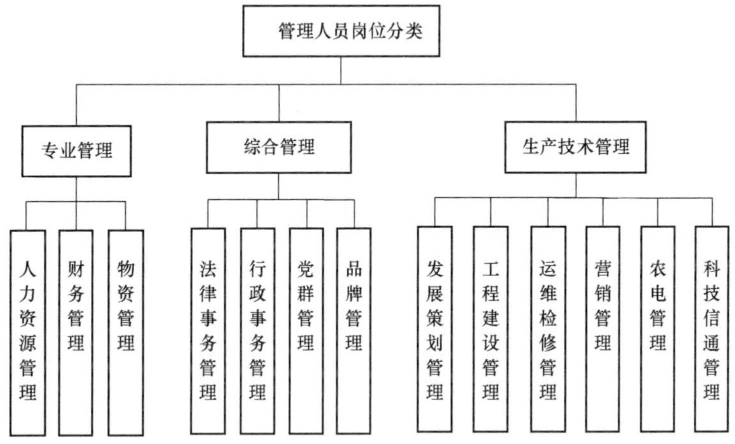

图 2－11　管理人员按岗位群分类（中类）

管理人员岗位细分示例（小类）如图 2－12 所示。

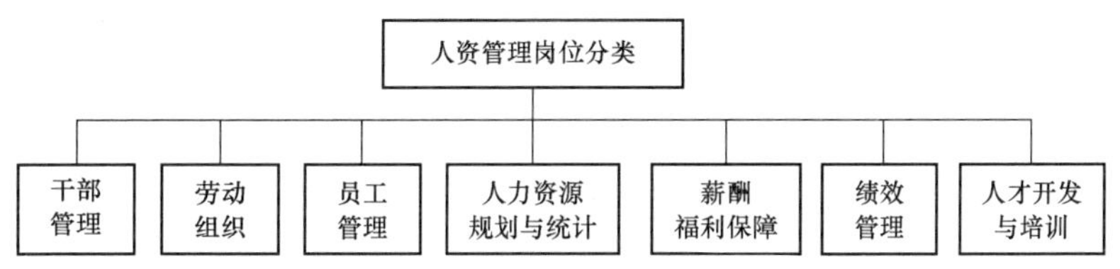

图 2－12　管理人员岗位细分示例（小类）

技术技能人员按岗位群分类（中类）如图 2－13 所示。

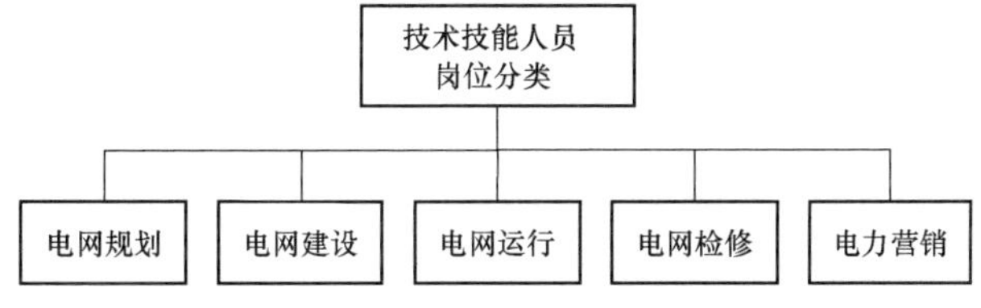

图 2－13　技术技能人员按岗位群分类（中类）

技术技能人员岗位细分示例 1（小类）如图 2－14 所示。

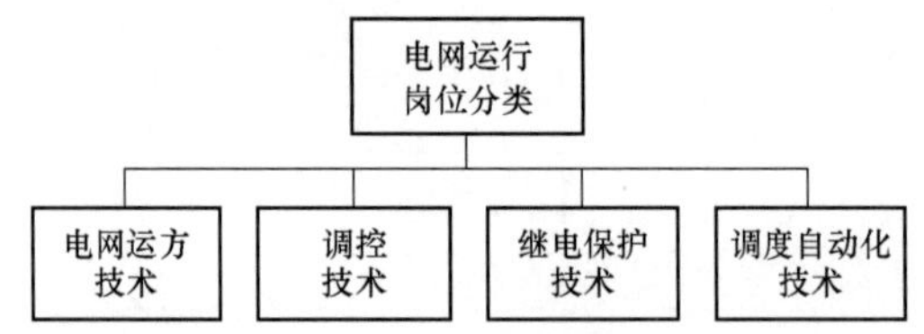

图 2－14　技术技能人员岗位细分示例 1（小类）

技术技能人员岗位细分示例 2（小类）如图 2－15 所示。

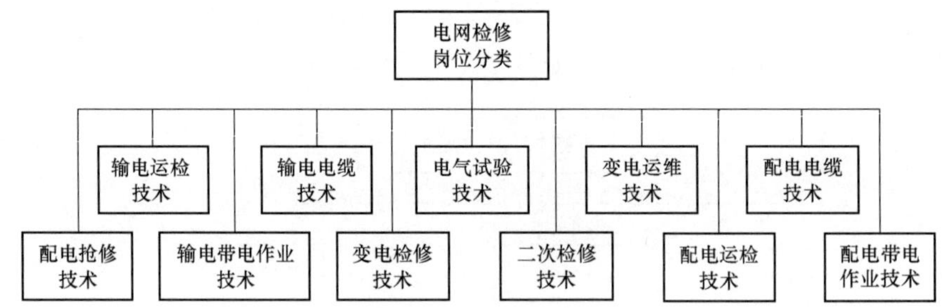

图 2－15　技术技能人员岗位细分示例 2（小类）

技术技能人员岗位细分示例 3（小类）如图 2－16 所示。

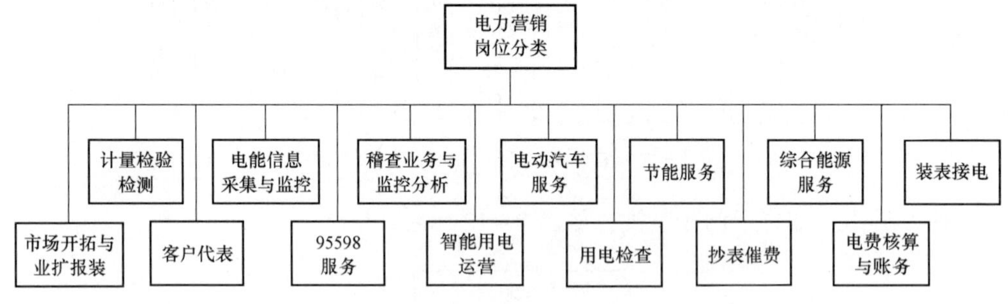

图 2－16　技术技能人员岗位细分示例 3（小类）

2. 岗位培训形式

岗位培训主要包括脱产培训、现场培训、网络培训和在岗自学四种形式。

（1）脱产培训。经营人员每年参加 1 次脱产培训，主要内容为国家和企业年度和季度工作会议精神、企业重大决策及经营管理技能等。管理和技术人员每年参加 1 次脱产培训，主要内容为国家和企业重大会议精神、专业年度重点工作要求及新知识、新技术、新方法等。技能人员每 3 年参加一次脱产培训，主要内容为专业新的操作技能和安全教育等。

（2）现场培训。主要形式为技术讲座、技术问答、技能示范、反事故演习、事故预想、学习日活动等。重点内容为安全规程、作业要点、操作技能、疑难问题等。

（3）网络培训。各类员工每年须接受网络培训。主要内容为政策解读、业务宣贯及岗位规范要求的理论知识、基本技能和典型案例等。

（4）在岗自学。员工在职期间应坚持在岗自学，做到“工作学习化、学习工作化”。

3. 岗位培训模块化体系设计

岗位培训模块化体系是根据对人员业务能力不同阶段提升的需求，开发不同的培训类别和项目系列，其建设目标是为促进培训有序开展，提高培训计划性和增强培训实效性。根据员工职业发展的成长周期，一般可以分为五级培训（见图2-17）。

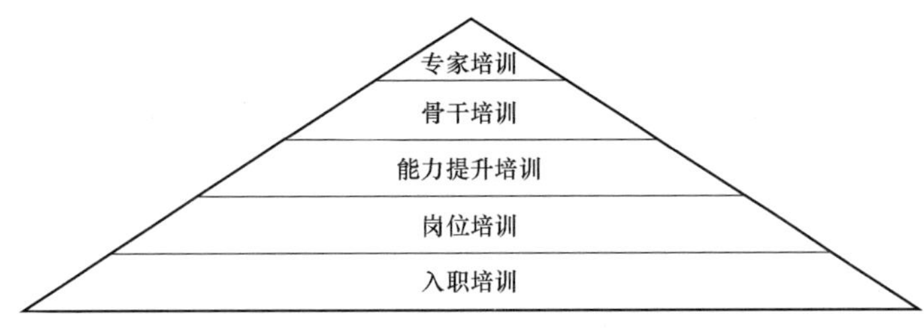

图2-17　岗位培训分级示意图

（1）入职培训主要针对转岗人员或新入职人员，使其主要了解企业文化、工作要求、职责范围等岗位基本的相关知识。

（2）岗位培训主要面向即将上岗工作的人员，相当于目前实行的岗位取证。培训内容包括掌握本专业必备专业知识，掌握必须专业技能，熟悉本岗位基本流程制度。从事国家规定实行就业准入制度的职业和工种的员工，必须取得相应职（执）业资格证书。

（3）能力提升培训，主要为对岗位培训的持续补充和完善，也可以理解为岗位定期复证，主要针对单项技术、技能、管理制度流程等进行重点提升，是员工能力提升的重要手段。

（4）骨干培训主要面向具备培养潜力的业务骨干，进行系统性的业务能力提升培训，侧重提升综合性协调与管理能力，是发掘企业内部优秀后备干部、选树劳模典型、培育行业精英的方式之一。

（5）专家培训服务于成长为企业内部专家的优秀人员，培训主要汇聚行业内优秀人才和高层次专家人才，为其提供高层次经验交流分享平台，是企业人才输出、成果交流、产生社会影响力的重要途径。

岗位培训分级模块化培训体系示例见表2-13（岗位名称：技术技能人员—大运行—调度自动化技术）。

表2-13　“调度自动化技术”培训模块系统体系设计表

培训类别	培训项目（系列）	培训模块（课程、科目）	培训方式
入职培训	新员工集中培训	综合素质、基本技能、专业技能等	脱产培训
	新大学生技能强化集中培训	电力系统运行与分析Ⅰ、电气设备及运行Ⅰ、变电站综合自动化Ⅰ、电力安全工作规程Ⅰ、能量管理系统EMSⅠ、仪器仪表及工具的使用Ⅰ、线缆制作Ⅰ、工作票填写及使用Ⅰ、安全用具的使用及触电急救Ⅰ、安全操作系统应用及操作Ⅰ、主站系统应用操作Ⅰ、主站系统维护Ⅰ、网络及安全防护系统安装与调试Ⅰ等	技能培训结合网络自学
	上岗锻炼	本专业核心业务的学习和实践	岗位锻炼

续表

培训类别	培训项目（系列）	培训模块（课程、科目）	培训方式
岗位培训	转岗人员强化培训	能量管理系统（EMS）技术Ⅰ、网络及调度数据网技术Ⅰ、二次系统安全防护技术Ⅰ、自动化相关规程与标准Ⅰ、仪器仪表及工具的使用Ⅰ、线缆制作Ⅰ、安全操作系统应用及操作Ⅱ、主站系统应用操作Ⅱ、主站系统维护Ⅱ、运行值班例行工作Ⅱ、网络及安全防护系统安装与调试Ⅱ等	技能培训结合网络自学
	岗位取证培训	电力系统运行与分析Ⅰ、电气设备及运行Ⅰ、变电站综合自动化Ⅰ、电力安全工作规程Ⅰ、新知识新技术新工艺的应用Ⅰ、能量管理系统 EMS 技术Ⅱ、网络及调度数据网技术Ⅱ、二次系统安全防护技术Ⅱ、电网高级应用软件技术Ⅱ、数据通信规约技术Ⅰ等	理论培训结合网络自学
		数据库、操作系统及服务器技术Ⅰ、电能量计量系统技术Ⅰ、调度自动化辅助系统技术Ⅰ、自动化相关规程标准Ⅰ、仪器仪表及工具的使用Ⅰ、线缆制作Ⅰ、安全操作系统应用及操作Ⅰ、主站系统应用操作Ⅱ、运行值班例行工作Ⅱ、主站系统维护Ⅱ、网络及安全防护系统安装与调试Ⅱ等	理论培训结合技能培训
能力提升培训	电力调度数据网专项培训	网络及调度数据网技术Ⅱ、二次系统安全防护技术Ⅱ、网络及安全防护系统安装与调试Ⅱ、网络及安全防护系统异常处理Ⅱ等	技能培训结合理论学习
	数据传输规约专项培训	数据通信规约技术Ⅱ、网络及调度数据网技术Ⅱ、通信规约与报文解读Ⅱ等	技能培训结合理论学习
	安全操作系统专项培训	数据库操作系统及服务器技术Ⅱ、主站系统应用操作Ⅱ、主站系统维护Ⅱ等	技能培训结合理论学习
骨干培训	调度主站系统运维骨干培训	新知识新技术新工艺的应用Ⅲ、沟通协调与团队建设Ⅲ、电网高级应用软件技术Ⅲ、能量管理系统（EMS）技术Ⅲ、主站系统维护Ⅲ、主站系统异常处理Ⅲ、运行值班例行工作Ⅲ、主站系统典型处理案例分析Ⅲ等	技能培训结合理论学习
	网络及安全防护运维骨干人员培训	新知识新技术新工艺的应用Ⅲ、沟通协调与团队建设Ⅲ、网络及调度数据网技术Ⅲ、二次系统安全防护技术Ⅲ、网络及安全防护系统安装与调试Ⅲ、网络及安全防护系统异常处理Ⅲ、网络及安全防护典型处理案例分析Ⅲ等	技能培训结合理论学习
专家培训	技术专家培训	新知识新技术新工艺的应用Ⅲ、沟通协调与团队建设Ⅲ、电网高级应用软件技术Ⅲ、能量管理系统（EMS）技术Ⅲ等	案例研讨结合现场参观
	技能专家培训	主站系统异常处理Ⅲ、新知识新技术新工艺的应用Ⅲ、二次系统安全防护技术Ⅲ、网络及安全防护系统异常处理Ⅲ等	案例研讨结合现场参观
	专家后备人才培训	电网高级应用软件技术Ⅲ、能量管理系统 EMS 技术Ⅲ、主站系统异常处理Ⅲ、网络及安全防护系统异常处理Ⅲ等	案例研讨结合现场参观

2.3 培训资源体系

2.3.1 培训课程体系建设

1. 培训课程体系的规划

规划培训课程体系的三个维度，如图 2－18 所示。

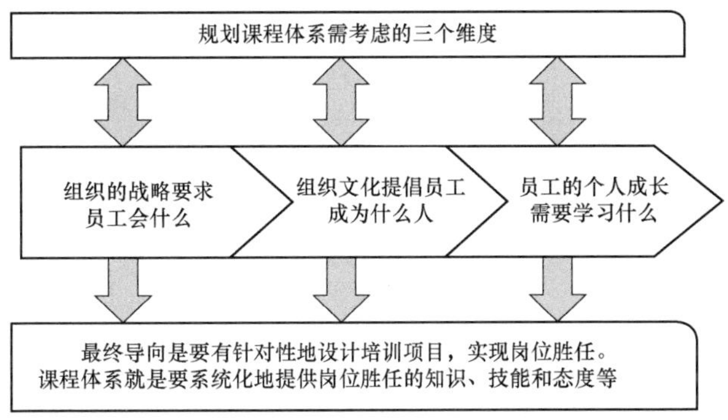

图 2－18　规划培训课程体系的三个维度

培训课程体系规划流程，如图 2－19 所示。

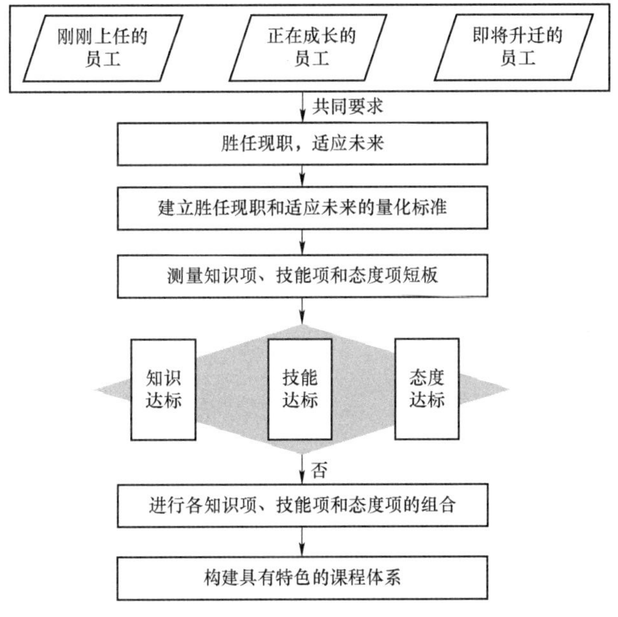

图 2－19　培训课程体系规划流程

2. 培训课程体系的设计

培训课程体系是很多组织构建自身培训体系的常用模型，该模型综合考虑了职级差别、部门职能差别、工作经验差别、人才培养差别对培训体系建设提出的要求。图 2－20 为课程模型。

3. 管理类课程体系建设

管理类课程体系建设如图 2－21 所示。

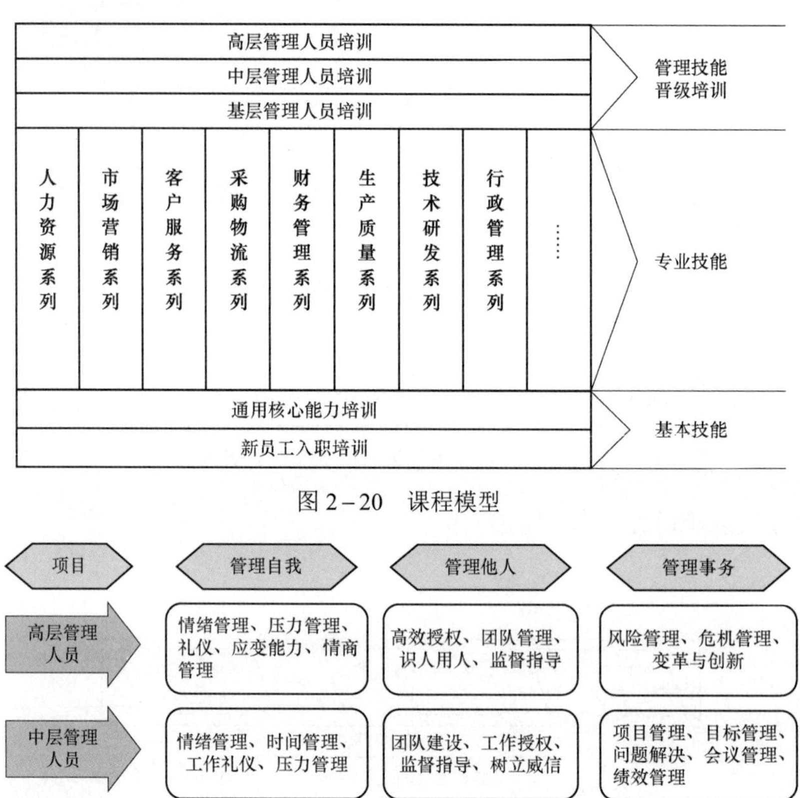

图 2-20　课程模型

项目	管理自我	管理他人	管理事务
高层管理人员	情绪管理、压力管理、礼仪、应变能力、情商管理	高效授权、团队管理、识人用人、监督指导	风险管理、危机管理、变革与创新
中层管理人员	情绪管理、时间管理、工作礼仪、压力管理	团队建设、工作授权、监督指导、树立威信	项目管理、目标管理、问题解决、会议管理、绩效管理
基层管理人员	时间管理、进度管理、教练技术、压力管理	沟通管理、有效指导、打造管理风格	计划制订与实施、问题解决、例会管理
普通员工	时间管理、计划管理、沟通管理、效率管理		

图 2-21　管理类课程体系建设

对于不同层级的人员设定相同的课程类别时，要考虑不同层级人员的工作职责、专业知识以及胜任能力的具体要求。如：时间管理的课程可分为初级、中级和高级三个层次。

4. 技术技能类课程体系建设

技术技能类课程体系建设如图 2-22 所示。

5. 职业素养类（态度类）课程体系建设

职业素养类（态度类）课程体系建设如图 2-23 所示。

6. 课程开发模式

大力加强规范开发，采取集约化开发的管理模式，按专业打造开放式的培训开发团队，充分引入内外部技术资源，打造统一共享的资源管理平台；形成需求、规划、设计、开发、使用、评价及维护的闭环管理模式。培训开发管理流程如图 2-24 所示。

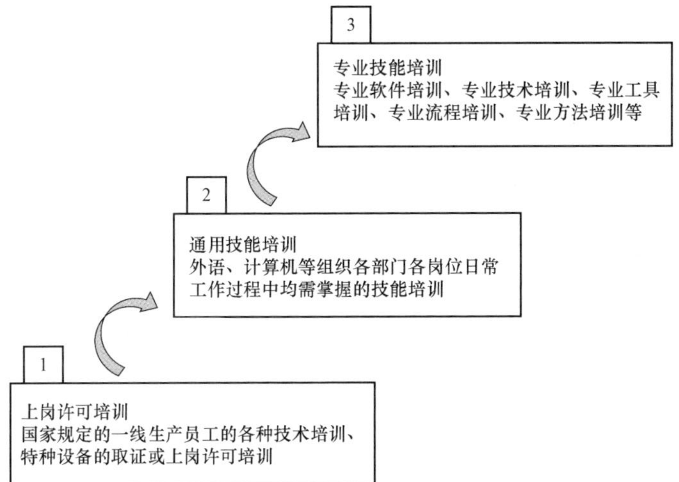

图 2-22　技术技能类课程体系建设

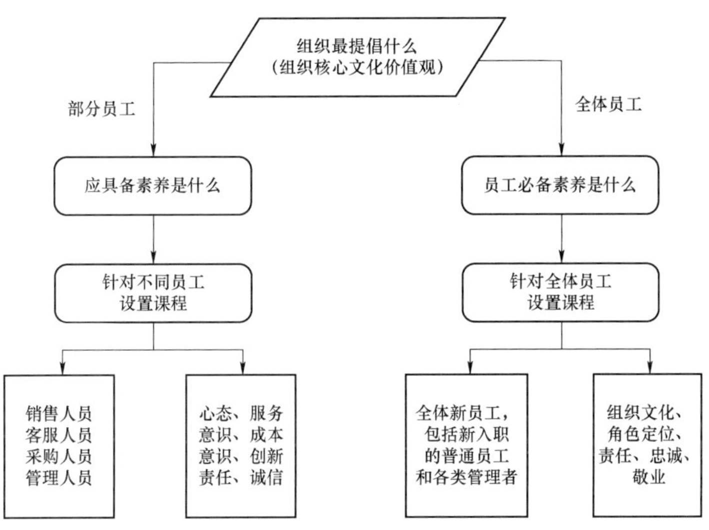

图 2-23　职业素养类（态度类）课程体系建设

图 2-24　培训开发管理流程

2.3.2 培训师资体系建设

1. 师资体系建设整体要求

（1）师资体系框架（见图 2－25）。企业培训师资体系采取三维结合的立体化结构体系，由专职培训师、企业兼职培训师和外部师资构成，其中专职培训师和企业兼职培训师均属于内部师资。

专职培训师：主要负责基础型、通用型、标准化的培训课程开发与教学，包括新进员工入职培训、岗位资格培训、企业制度标准培训等。

企业兼职培训师：主要负责生产一线和管理实践的专业化课程，包括基于岗位的专业知识、案例分析和技能实操。

外部师资：主要负责新技术、新形势的专题报告或专项课程，包括高精尖的研究成果。

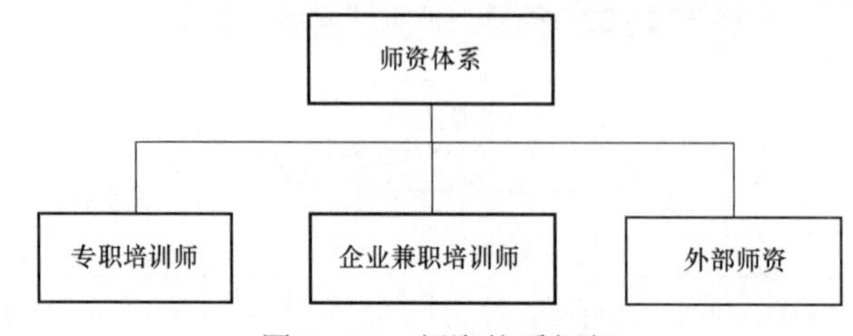

图 2－25　师资体系框架

（2）专业化师资团队构成（见图 2－26）。打破内外部界限，架起专业桥梁，选拔具备扎实专业能力、教学能力、研究能力、开发能力、组织协调能力、高水平的专业培训师队伍，按照培训业务，进行专业化团队建设，其基本原则是根据企业生产和管理的专业化要求，以岗位群为依据、专业设备设施为基础、专业知识技能体系为方向。

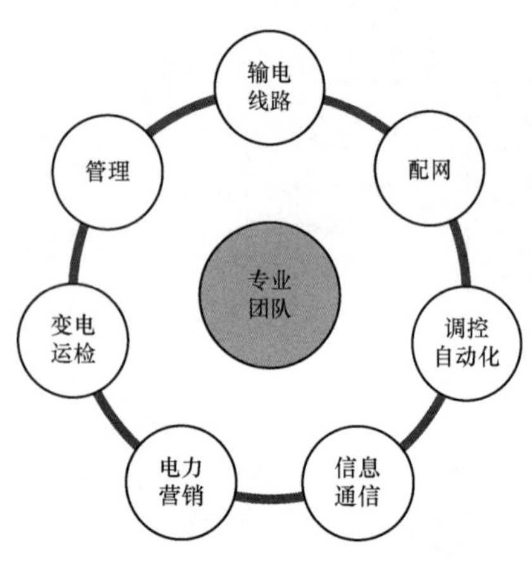

图 2－26　专业化师资团队构成

（3）梯队型师资队伍培养。专、兼职培训师均设立晋升制度，为培训师设置科学的职业发展路径。

专职培训师设定五级晋升制度，评聘分开，每 2 年聘任一次，从业务、业绩、绩效三个维度进行聘任评选。每一级别要求不同，级别越高越偏重于业绩，同时结合绩效考核分，实现绩效考核结果的充分应用。

兼职培训师设定三级晋升制度，按照聘任条件进行选拔。符合基本资格者进行培训考试选拔，对于特殊人才则直接认定。三个级别的职责难度逐级加大，初级胜任讲课，中级能完成课程开发，高级则能进行项目开发和指导。

2. 企业兼职培训师队伍建设

在企业各类岗位的人群中组织选拔兼职培训师，建立兼职培训师队伍，选拔要素包括入职时间、学历层次、所在岗位、业务能力四方面。

（1）选拔标准。培训师源于教师却高于教师，优秀的兼职培训师队伍能起到电力优良传统和经验的传承。兼职培训师应具备优秀的业务能力，对培训工作的热爱，高尚的职业道德。选拔工作以自愿前提，严守选拔标准，遵照选拔流程。

企业兼职培训师选拔标准如下：

- 对培训工作有深厚的兴趣。
- 热爱本职工作，具有积极的心态。
- 具备丰富、扎实的专业知识。
- 具有健康的身体和健全的心理。
- 具有深厚的岗位实践经验。
- 具有较强的语言表达能力，善于沟通。
- 具有较高的业务能力和职业素养。
- 具有良好的工作态度和高尚的职业道德。

（2）选拔流程。

内部讲师选拔流程见图 2－27。

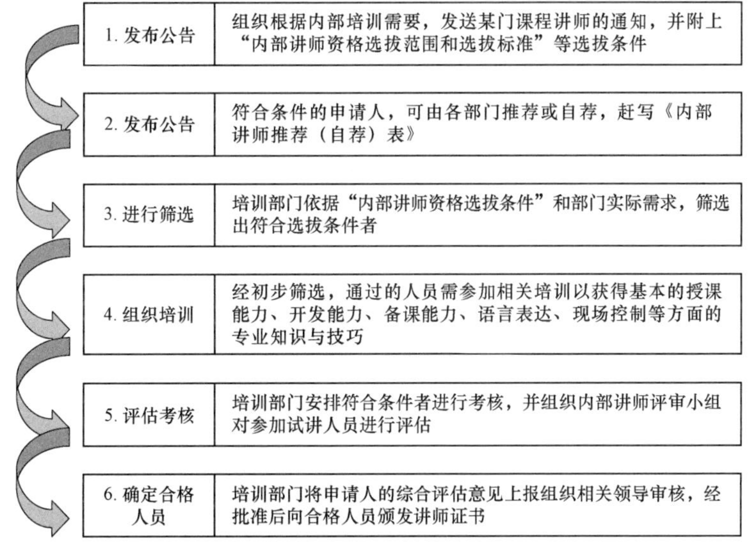

图 2－27　内部讲师选拔流程

（3）动态管理。兼职培训师实行动态管理过程，实行年度授课时长和授课质量双重考核，考核不合格者取消兼职培训师资格，考核合格者续聘为专业领域专业兼职培训师，考核优秀者则给予精神和物质奖励。

3. 内部讲师管理

内部讲师的日常管理如图 2－28 所示。

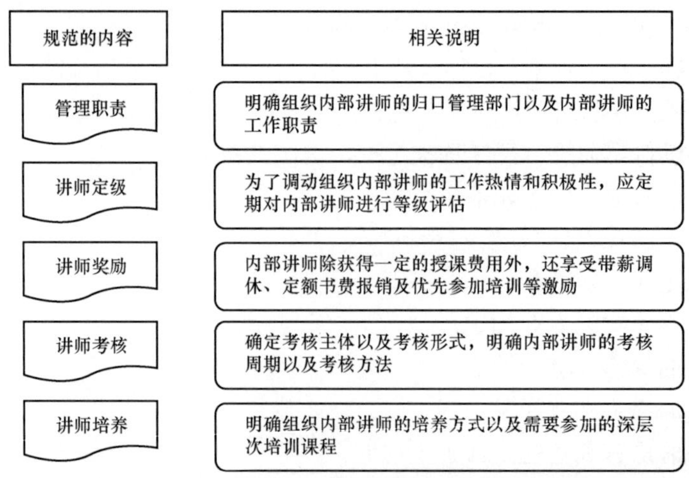

图 2－28　内部讲师日常管理

内部讲师的评价考核方式及考核依据如图 2－29、图 2－30 及表 2－14 所示。

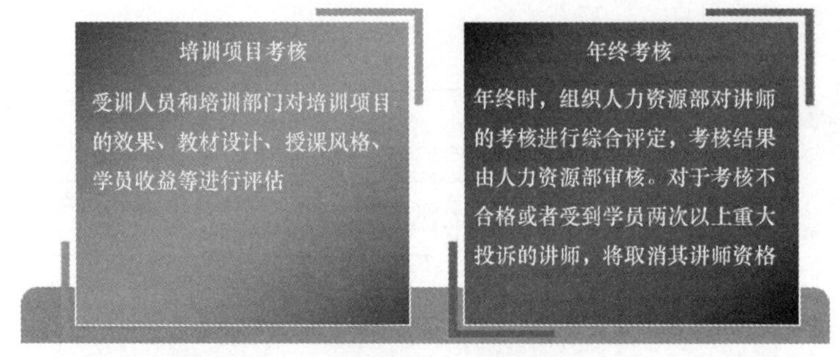

图 2－29　内部培训师评价考核方式

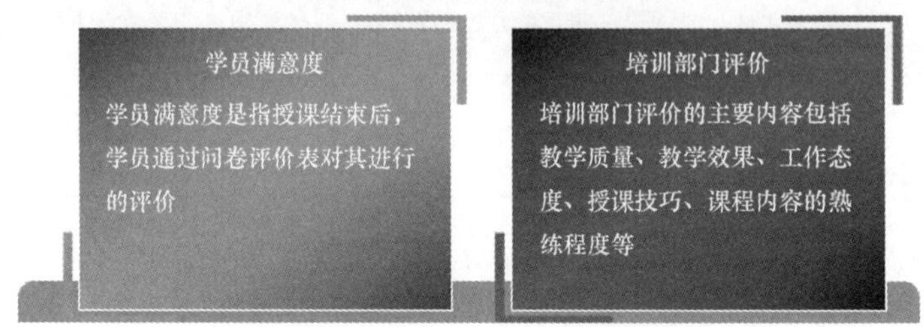

图 2－30　内部培训师评价考核依据

表 2－14　　内部培训师考核方法一览表

考核方式	考核内容	考核者	实施者	所用工具	考核时间
培训项目考核	课程内容的熟练程度、授课技巧、课堂控制等	受训人员、培训部门	人力资源部	评价问卷、培训部门评价表	课程结束后一周内时行
年终考核	教学质量、教学效果、工作态度、授课技巧、课程内容开发等	培训部门	人力资源部	内部讲师年终评价表、内部讲师年度考核表	年终进行一次

1. 谈谈你所在单位目前是如何实施人才评价的？你认为有哪些地方可以改进？
2. 基于你所在单位的主营业务，设计一个专项培训体系。

培训课程开发

3.1 培训课程开发的一般方法

3.1.1 成人学习特点与学习模式

1. 成人学习特点

培训过程实质上是培训师引导成人自主学习的过程。因此培训师必须通晓成人学习规律。成人是承担了一定社会职能角色的个体，他（她）的组织职务可能是一个组织的高层管理人员，主管着组织的全面工作，也可能是一个负责营销或人事工作的部门负责人，还可能是一位直接与一线打交道的行政或管理专职人员等等。由于他们的社会职能角色不一样，知识背景和工作经验不同，如果将他们聚集在一起培训，就必须在课程设计前找到他们所需知识或技能的共同点。比如，不管是哪一层次的管理者都有必要学习一流团队建设技能、沟通技巧、人际关系协调艺术、领导的权变理论与实务或最新的管理理念等一系列内容。另外，在实施培训课程中，要充分调用成人自身的学习资源，使其在参与互动中自觉或主动学习。那么，与在校学生相比，成人有哪些“竞争优势”的学习资源呢？

（1）有较强的分析判断问题的能力。他们大都历经过学历教育阶段，积累到了一定程度的知识，有充分的驾驭知识的能力，这些知识一旦与实际工作“嫁接”，便奠定了他们起飞的平台。

（2）具有丰富的实践经验。用知识理论来分类，经验本身就是“隐性知识”，这些知识无法变成文档“复制”，而又储存于每一个个体大脑中，它们不是在书本上习得的，而是在长期的工作实践中自己悟出的，“只可意会，不可言传”，知识理论中将它们界定为“意会知识”就是这个道理。既然如此，那么在培训中一定要想方设法将它们调动出来供大家分享和学习。

（3）成人有良好的心理品质和成就意识。他们在长期的工作中磨砺了比较稳定心态，特别是担任了一定领导职务的管理者，面对过多种复杂局面，处理过多种棘手问题，在大众场合发表自己的见解不存在沟通障碍等等，这些也是培训中极其宝贵的资源。

2. 成人学习的六个原则

成人进入学习情境时比在校学生拥有更多和更丰富的经验。这些经验上的不同不但会影响培训师的教学策略，而且在某种情况下还会促进成人学习。

马尔科姆·诺尔斯（1990）提出了成人学习的六个原则：

（1）学员需要知道他们为什么学习某些东西。

（2）学员的自我概念。成人是自我激励和自我导向的。

（3）学员经验的作用。成人学员为学习情境带来了丰富的经验。

（4）学习的准备。成人最愿意学习那些现在或在不久的将来能帮助他们的东西。

（5）学习的导向。成人在他们的学习定位上以生活为中心（或以任务为中心或以问题为中心）。

（6）动机。成人更多的是内部激发（增加工作满意度的机会、自尊或生活质量等）。

3. 成人学习模式

从教育和培训的基本规律看，任何一种教育或培训都有一种相应的教育理论作为支撑，使得培训要传达的知识和技能高效率地被学员接受。库伯的学习圈理论是现代培训课堂组织的理论依据。此种教育培训理论在欧美发达国家被广泛接受和认同。它是成人学习所要遵循的规律，从实践看也取得了良好的效果并为其他国家的教育和培训机构所效仿。

库伯的学习理论是基于人类共同的学习规律而提炼总结出来的。其理论的基本思想包括三个方面。

（1）任何学习过程都应遵循“学习圈”（learning cycle）（见图 3－1）。学习的起点或知识的获取首先是来自人们的经验（experience），这种经验可以是直接经验即人们通过做某事获得某种感知，或借用哲学的术语说，就是“对世界图景的第一次粗略地把持”。当然这种也可以是间接经验。因为人们不可能在有限的生命周期内将世界的每一件事都“经验”过一次。有了“经验”，学习的下一步逻辑过程便是对已获经验进行“反思”（reflection），即人们对经验过程中的“知识碎片”进行回忆、清理、整合、分享等等。把“有限的经验”进行归类、条理化和复制。然后，有一定理论知识背景和一定理论概括能力的人便会对反思的结果从理论上进行系统化和理论化，这个过程便进入了学习的第三阶段——“理论化”（theorization），如果说前面两个阶段是知识的获取的充分条件，那么，这个阶段的学习对于知识的获取则是充分而又必要的条件。库伯认为，“知识的获取源于对经验的升华和理论化”。理论化阶段，学习者要做的工作很多，包括要将过去的分析框架即类似于某种“应用程序”从大脑“存储器”中暂时“打开”对反思的结论即相关文本进行处理，得到人们所希望得到的结果。学习圈的最后一个阶段是“行动”

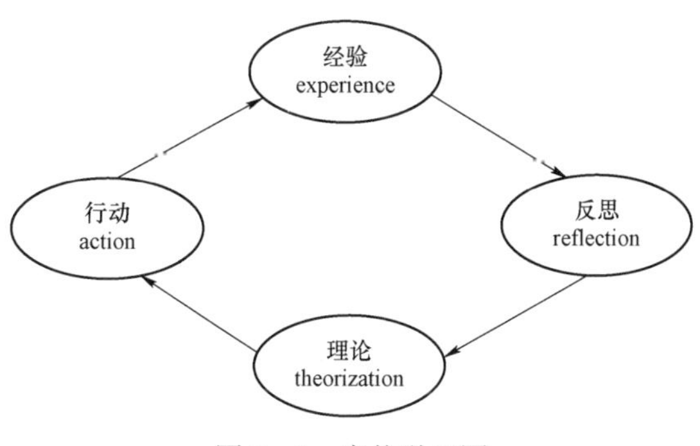

图 3－1　库伯学习圈

阶段（action），可以说，它是对已获知识的应用和巩固阶段，是检验学习者是否真正“学以致用”，或是否达到学习的效果。如果从行动中发现有新的问题出现，则学习循环又有了新的起点，意味着新一轮的学习圈又开始运动。人们的知识就在这种不断地学习循环中得以增长。

（2）学习圈理论强调重视每一个学习者的“学习风格”的差异。库伯认为，由于每个人的内在性格、气质的“差异性”，以及生活、工作阅历、教育知识背景的“差异性”，从而导致每个学习者的“学习风格”的“不一致”。根据学习圈理论，可以将学习者的学习风格大致的分为四类：经验型学习者、反思型学习者、理论型学习者和应用型学习者。库伯认为，这四种类型的学习风格不存在优劣的价值判别，它们之间有一定的互补性。正因为如此，在设计教育和培训项目时要考虑到这种差异的存在。

（3）集体学习比个体学习的效率高。集体崇尚开放式的学习氛围；反对把学习看作孤立和封闭的行为；倡导学习者之间的交流、沟通；重视学习者的相互启发、分享知识。正因为学习者的不同学习风格，才有了他们对某种事物看法的不同观点，在思想碰撞中“知识得以增长”，不同思想的“交换”使得每个学习者得到更多的思想。毋庸置疑，这种集体学习的学习模式更有利于知识的生产和传播。

通过 Kolb 经验学习圈理论可以看出：其一，完整的学习过程包含了具体经验——反思性观察——抽象概念化——积极实验 4 个阶段；其二，不同的人在学习风格上存在个体差异，不同学习风格的人对于各个阶段的偏好不一样，他们在各个阶段中学习的效果也有不同。鉴于此，培训讲师在设计课堂上的培训活动时，应当在经验学习圈理论的指导下，依照让学员获得体验——引导学员进行反思——过渡上升到理论知识——引发学员将培训所得应用于实践这样的 4 个步骤设计并实施培训，这样做的好处概括起来有如下几点。

（1）确保培训活动是一个完整的学习过程。研究证明，如果遵循了这个学习过程，人们的学习更为有效，学习成果保留的时间会更长，还会有利于培养更有效的行为技能。

（2）如何按照学员的特点和需要实施培训，是长期以来困扰培训讲师的一个难题。将培训按照经验学习圈进行设计和实施，可以最大限度地兼顾到各种学习风格的学员的学习兴趣及学习需求，达到培训收益最大化。

（3）依照一个完整的学习过程来实施培训活动，将有助于不同学习风格的学员在自己不擅长的学习阶段里逐步弥补自己的不足，毕竟各种风格都有长处和短处。课堂上学习风格各异的学员在完整的学习过程里，会潜移默化，相互感染，彼此欣赏，取长补短。

3.1.2 培训课程分类

1. 培训内容的层次

培训内容的层次如图 3－2 所示。

2. 按照内容本身分类

按照内容本身分类如图 3－3 所示。

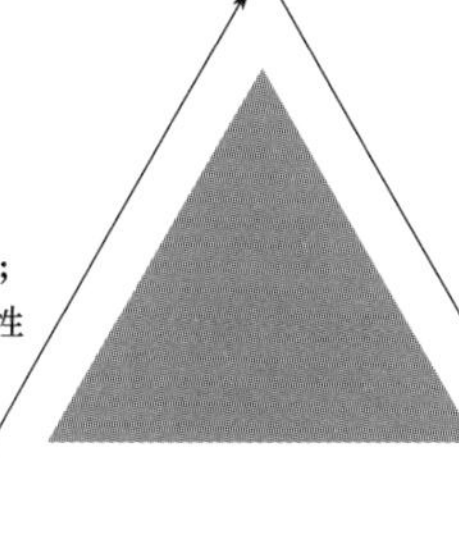

图 3－2　培训内容的层次

3. 按照岗位类别分类

按照岗位类别的不同可以将内容划分为：行政管理类岗位、财务管理类岗位、人力资源类岗位、生产管理类岗位、市场营销类岗位、采购管理类岗位、技术研发类岗位、客户服务类岗位。

4. 按照管理层级分类

组织的管理层级最为常见划分为：高层管理者、中层管理者、基层管理者三个层级。

不同层级领导能力培训内容见表 3－1。

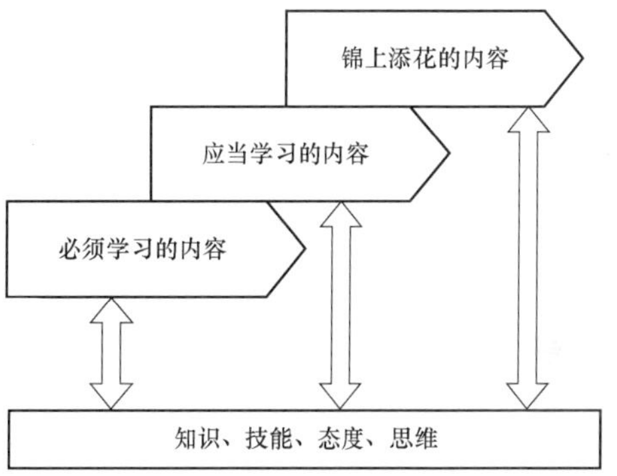

图 3－3　按照内容本身分类

表 3－1　　不同层级领导能力培训内容

层级划分	所需知识和能力	培训内容
高层管理者	1. 战略分析能力 2. 决策能力 3. 外部协调能力 4. 谈判能力 5. 危机处理能力	1. 宏观经济形势分析 2. 行业发展状况 3. 战略规划 4. 高级谈判技巧
中层管理者	1. 战略执行能力 2. 计划预算能力 3. 谈判能力 4. 团队建设能力 5. 人员管理能力	1. 战略管理体系 2. 计划预算管理 3. 中级谈判技巧 4. 建立高绩效团队
基层管理者	1. 进度掌控能力 2. 内部沟通能力 3. 人员管理能力	1. 有效问题解决 2. 内部有效沟通 3. 任务分配和人员管理

5. 按照管理能力分类

不同管理能力培训内容举例见表 3－2。

表 3－2　　不同管理能力培训内容举例

管理能力	常见培训内容举例
沟通管理能力	1. 表达、倾听、反馈、谈判、演讲 2. 沟通技巧、沟通方法、沟通工具 3. 团队沟通、项目沟通、跨部门沟通、跨文化沟通、客户沟通、上级沟通、平级沟通、下级沟通

续表

管理能力	常见培训内容举例
时间管理能力	1. 审查时间、分配时间、锁定时间、管理时间、克服时间障碍、培养管理时间的习惯 2. 时间管理的 N 种技巧、时间管理的 N 种方法、时间管理的 N 种工具、影响时间效率的 N 个原因、提高时间效率的 N 个诀窍、跨越时间陷阱的 N 种方法
执行能力	1. 执行不力的原因、制订计划、分配任务、采取行动、提升效率、高效授权、有效沟通、时间管理、用对方法、解决问题、细节管理、制度保障、流程设计 2. 高层执行力提升、总裁执行力提升、中层执行力提升、基层执行力提升、个人执行力提升、组织执行力提升、团队执行力提升
团队管理能力	1. 团队目标确定、团队角色认知、团队成员训练、团队领导修炼 2. 项目团队打造、销售团队打造、虚拟团队打造、职能团队打造、跨职能团队打造
问题解决能力	1. 树立问题意识和思考力，识别问题、分析问题、解决问题 2. 问题解决技巧、问题解决的工具、8D 问题解决法、5S 问题分析与对策、麦肯锡 7 步解决法
会议管理能力	1. 准备会议、出席会议、主持会议、组织和控制会议、总结会议 2. 高效会议的工具（六顶思考帽）、确保会议高效的 N 个技巧 3. 营销会议管理、广告媒体会议管理、班组长班前班后会管理、部门会议、董事会议、洽谈会议、谈判会议

6. 按照人员类别分类

组织可以根据某一类人员的数量和该类人员在组织中的重要程度设计针对该类人员的培训内容。

7. 按照问题类别分类

设计组织培训内容大多数情况下是为了解决组织面临的各类问题，组织希望通过开展培训解决现存的或可能发生的问题，并在现有基础上不断改善。图 3－4 所示为针对不同问题类别而进行的培训内容的设计。

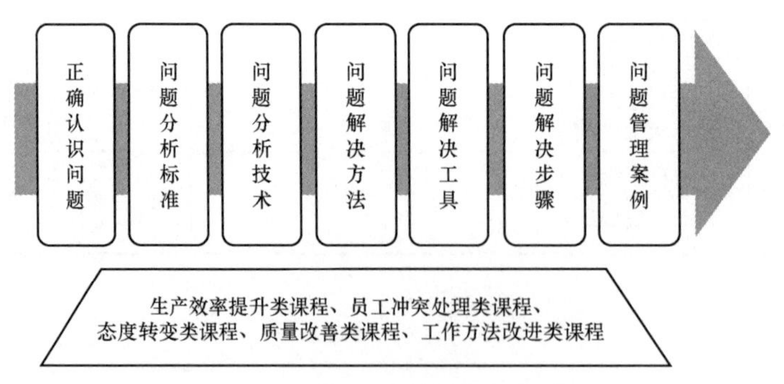

图 3－4　不同问题类别的培训内容设计

3.1.3　课程讲授的方式

课程讲授方式如图 3－5 所示。

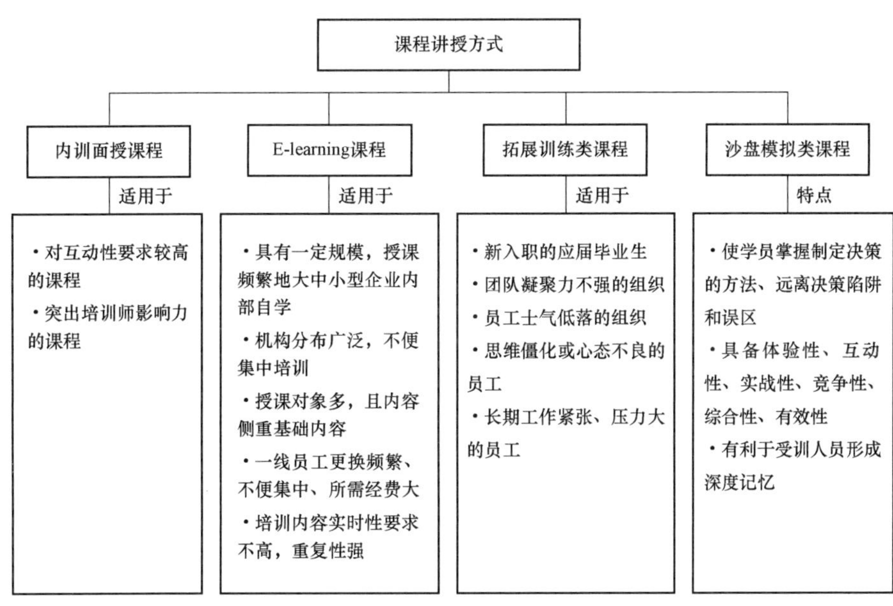

图 3－5　课程讲授方式

3.1.4　培训课程设计流程

1. 课程需求确定

课程需求确定的三种方法如图 3－6 所示。

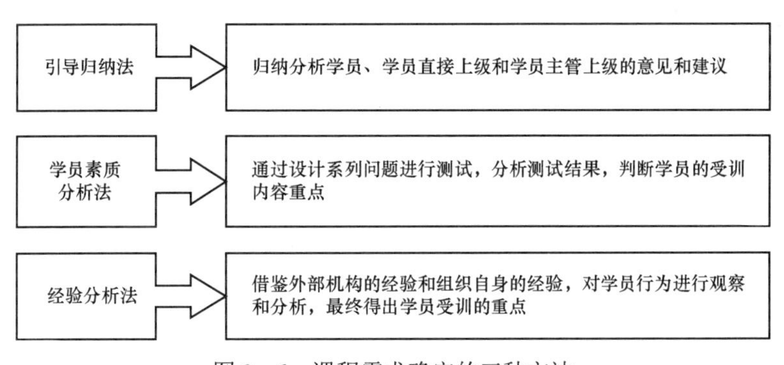

图 3－6　课程需求确定的三种方法

2. 课程目标设定

（1）课程目标表达。

可运用 ABCD 法：Audience（培训对象）、Behavior（行为）、Condition（环境）、Degree（标准），即“在什么样的环境下，做什么样的行为，可以达到什么样的水平”。

（2）课程目标描述（见表 3－3）。

描述特点：具体化、数量化、可衡量、适度准确。

表 3-3　　不同课程内容的课程目标描述

课程内容类别	课程目标描述
理论与知识类	记忆、理解、简单应用、综合应用、创新应用
技能类	理解、模仿、简单应用、熟练应用
观念态度类	转变、接受、行为转化、内化为价值观
备注：课程目标描述的程度依次加深	

3. 课程大纲设计

（1）课程内容选择（见图 3-7）。

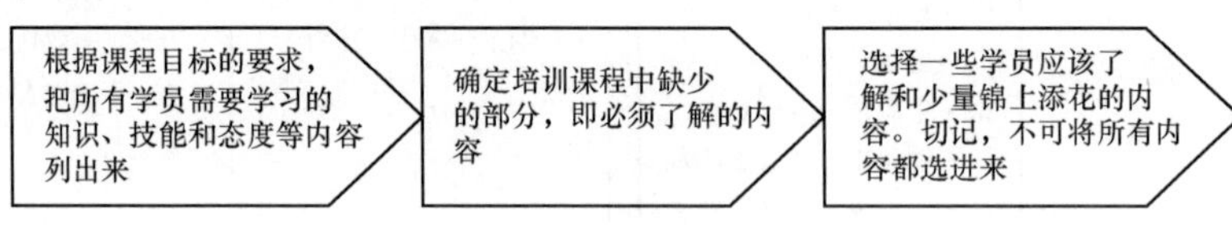

图 3-7　课程内容选择

课程具体内容的选择标准见表 3-4。

表 3-4　　课程具体内容的选择标准

课程内容	选择标准
心态和观念	可能存在哪些误区，需要什么样的引导
知识缺项	讲授哪些理论与原理，采用什么方式讲授
技能缺项	需要掌握哪些典型情形，有哪些实施步骤和实施要点，要避免犯哪些错误
其他	选择重要性强、学习难度大、发生频率高而且目标学员胜任程度不高的内容作为培训的重点

（2）形成课程大纲。

课程大纲编写步骤：根据课程目的和目标写下培训课程名称；为课程提纲搭一个大体框架；记录每项具体的培训内容；选择各项培训内容的授课方式；修订、重新措辞或调整安排的内容。

4. 课程单元设计

课程单元设计的优劣直接影响了培训效果的好坏和学员对课程的培训评价。在培训开展过程中，相对独立的课程单元不应在时间上被分隔开。

课程单元设计的具体内容包括：单元目标、单元学习时间、单元学习内容诊断、单元学习内容、单元学习顺序、单元测试或评价。

在组织进行课程单元设计时，可以根据不同的学习对象和学习需求设定核心单元、必修单元和选修单元，搭配不同的学习单元形成适合学习对象、满足个性化学习需求的课程。

5. 课程试讲研讨

目的：对所设计课程内容进行实操性的演练，以判断课程设计是否达到了预计的培训目标，实现有效的培训效果。课程试讲要点说明见表 3-5。

表 3－5　　课程试讲要点说明

实施事项	事项说明
采用形式	小规模内部试讲，按照正式授课的要求开展试讲和研讨
参加人员	内部讲师、被培训人员代表、外请课程专家、培训管理人员等
关注内容	授课风格是否恰当、授课逻辑是否严谨、课程模板是否适用、课程时间是否合理、课程内容选择是否合理等
研讨实施	课程试讲完毕后，由参加试讲的人员根据对试讲的感受提出改进意见，由试讲人员汇总意见后实施课程改进，在听取课程意见时，要有选择性地倾听培训对象的意见，并充分考虑组织对培训的要求
说明	若授课对象包含不同层级、不同部门的人员，则可以针对不同的学员安排多次试讲

6. 课程提升改进

课程提升和改进集中的八个方面有：课程内容的部分替换；课程顺序的优化调整；授课技巧的转换提升；课程标题的斟酌完善；授课风格的提升优化；课程模板的调换调整；授课方式的改变调整；课程时间的合理分配。

7. 正式制作课件

正式制作课件的内容框架及内容有：课件标题；正文内容；培训课时与对象；课堂测试；学习目标；内容总结；课件目录；结束语。

8. 编写学员手册

学员手册的内容和形式可以根据课程的需要有多样化的选择，如可以选择教材、培训资料的某些部分或讲义的某些资料等。

在培训开展过程中，也会发放对学员手册进行补充的资料，包括参考资料、讲义、案例分析资料、角色扮演资料以及游戏说明资料等。

学员手册编写要求及其说明见表 3－6。

表 3－6　　学员手册编写要求及其说明

编写要求	要求说明
准确性	只有确保所有内容准确无误才能保持课程在学员心中的可信度
针对性	学员手册的编写内容要紧紧围绕学习目标来组织，在满足学习目标要求的基础上增加内容的趣味性
难易适中	不同学员在文化程度和理解能力上存在差别，这就要求编写学员手册时应充分考虑学员的文化水平和理解能力，避免给学员的学习增加压力
留存适当空白	编制学员手册时，应适当留出空白，供学员在学习过程中进行记录
排版的适宜性	在编写学员手册时，应当设计合适的字体和字号，以供学员在培训过程中和培训结束后使用

9. 编写讲师手册

编写步骤如图 3－8 所示。

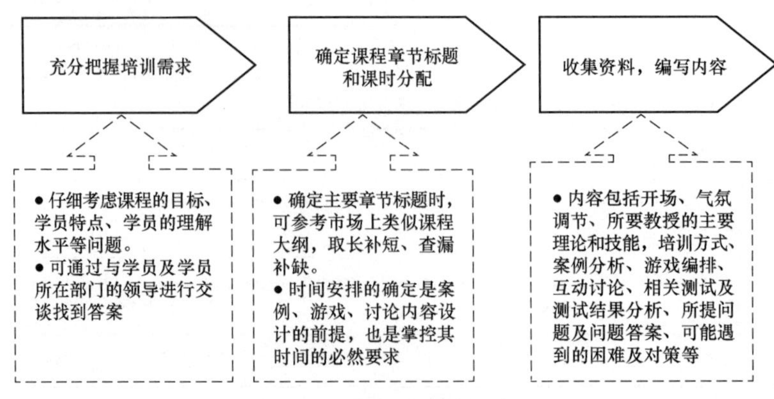

图 3－8　讲师手册编写步骤

3.2 ADDIE 课程设计开发模型及其实际运用

课程开发是指通过需求分析确定课程目标，再根据这一目标选择某一个学科（或多个学科）的教学内容和相关教学活动进行计划、组织、实施、评价、修订，以最终达到课程目标的整个工作过程。课程，尤其是精品课程是培训资源的核心，是品牌培训项目的保障，也是一个培训中心的核心竞争力。近几年电网培训中心重点开发的领域之一便是具有电网特色的、属于电网企业自身的培训课程。因此，运用科学的课程开发理论和教学技术指导我们的培训工作，便显得尤为有意义。

3.2.1　经典课程设计模型

在课程开发领域，盛行多种课程开发理论，包括 ADDIE 模型、CBET 模型、ISD 模型、HPT 模型、霍尔模型、纳德勒模型等。

CBET 模型即能力本位教育培训模式，起始于技术工人的职业培训，基于职业岗位而开发，明确模式的教学基础、教学目标和评价标准。能力可以是动机、特性、技能、人的自我形象、社会角色的一个方面或所使用的知识整体。所以能力是履行职务所需的素质准备，通过培训，可以使人的潜能转化为能力。它是以某一工作岗位所需的能力作为开发课程的标准，并将学习者获得相关能力作为培训的宗旨。CBET 模型体现的能力观是任务能力观，它将任务或任务的叠加作为能力，但这种能力观的应用有其局限性。CBET 模型操作步骤如图 3－9 所示。

ISD 模型即教学系统设计模型，它是以传播理论、学习理论、教学理论为基础，运用系统理论的观点和知识，分析教学中的问题和需求并从中找出最佳答案的一种理论和方法。ISD 模型从理论上讲，简洁、有序而科学，能有效地知道企业培训课程开发工作。然而，在实践中，企业还需要根据不同的条件、不同的需求，灵活地运用 ISD 模型，才能设计最佳的培训课程。ISD 模型操作步骤如图 3－10 所示。

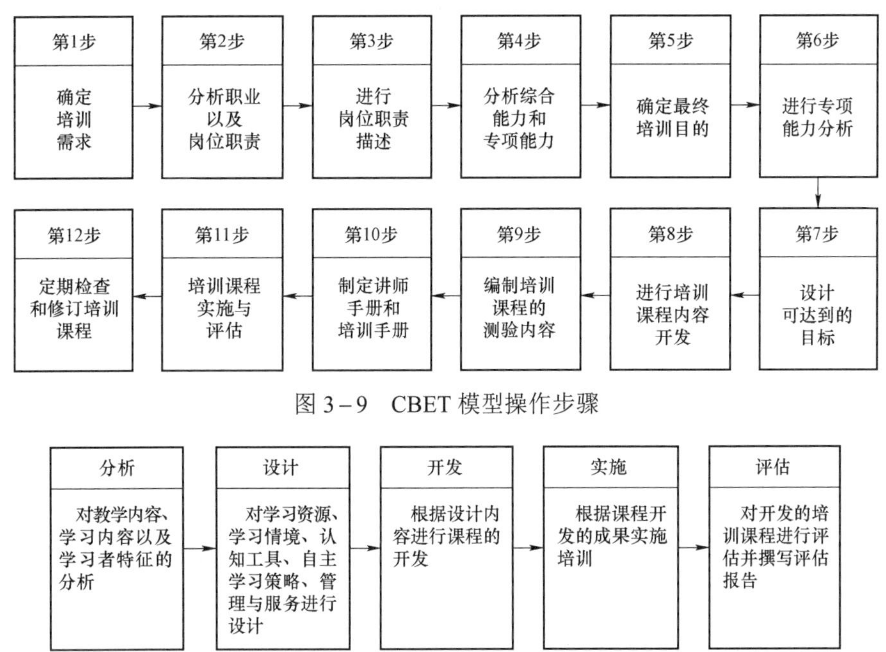

图 3－9　CBET 模型操作步骤

图 3－10　ISD 模型操作步骤

HPT 模型即绩效技术模型，是通过运用涉及行为心理学、教学系统设计、组织开发和人力资源管理等多种学科的理论实施的广泛干预措施。因此，它强调对目前的以及期望达到的绩效水平进行严密分析，找出产生绩效差距的原因，提供大量帮助改进绩效的干预措施，指导变革管理过程并评价其结果。HPT 模型操作步骤如图 3－11 所示。

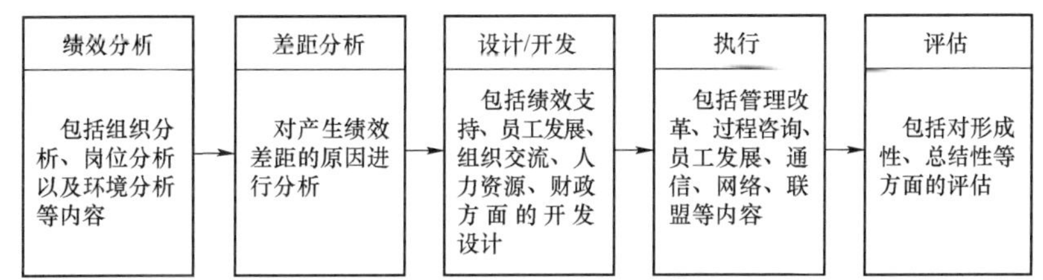

图 3－11　HPT 模型操作步骤

HPT 模型同 ISD 模型所说明的操作步骤大体一致，但是，HPT 模型由于立足提高绩效，其与 ISD 模型有以下不同：

（1）分析问题更细致：在 HPT 模型中，“原因分析”被放在首要位置，其中详细描述了需要解决的问题及影响因素，需要对需求分析做较为详细的报告。

（2）解决问题更具体：与 ISD 模型不同的是，HPT 模型将设计、开发和实施的对象更为明确化，并列举多方面因素，包括财务预算，在具体案例的实施中将更加复杂。

（3）“元评价”的提出：与 ISD 模型中的“修改教学”不同，“元评价”的监控作用较为明显，起到了“质量保障”的作用。原因在于绩效改进的实施大部分发生在 HPT 模型中的部分环节，而非全部，对每个环节的评价（绩效考核）就显得尤为重要。

霍尔模型是 1972 年由美国著名成人教育专家霍尔（Hole）在多年研究的基础之上提出的接受培训的成人学习者的课程开发模式，即霍尔模型。该模型一共包括七个步骤，即确认可能的培训活动，对培训活动做出进一步的决策，确信与精选目标，设计合适的课程（资源、领导者、方法、时间安排、顺序、社会强化、个别化、角色和关系、评价标准、设计方案的阐述），使课程适应更多培训对象的生活方式，实施课程计划，测量和评价结果。

在人力资源开发领域，设计和开发各种课程以提高员工的工作效益是一项重要的工作。纳德勒模型就是一种开发企业培训课程的模型，其目的是通过培训课程方案的设计来促进企业的人力资源开发，在提高个人工作效益的基础上提升企业的效益。

其中，前三种模型比较常见且应用广泛，但是在课程开发领域，运用更多的却是 ADDIE 模型。而且很多课程开发的模型如 ISD 模型、HPT 模型，包括近些年在培训界引起讨论热潮的 SAM 敏捷课程开发等都是从 ADDIE 模型中衍生而来，是它的“变体”，其内在逻辑和核心流程是一致的。因此我们在这里重点介绍“ADDIE”模型的流程和运用，其他模型不再赘述。

3.2.2 ADDIE 模型介绍

1. 什么是 ADDIE 模型

ADDIE 模型（Analysis——分析、Design——设计、Development——开发、Implementation——实施、Evaluation——评估，具体如图 3－12 所示）是一种交互式的课程设计方法，包括分析考察培训需求、设计学习或培训策略、开发编排培训材料、实施培训活动、进行总结性评估和形成性评估，每一阶段形成的结果都是另一个阶段开始新内容的条件。该模型主要应用于知识类和技能类培训课程。作为一种“通用教学设计模型”，ADDIE 模型代表教学系统设计过程的一系列的核心步骤，它以培训教学目标和培训教学问题为首位，体现出培训教学从课程分析到课程实施的全过程。

2. ADDIE 模型应用流程及主要内容

ADDIE 模型包括了三方面的内容，学习目标的制定、学习策略的应用、学习考评的实施。

（1）ADDIE 模型分析阶段。分析阶段作为整个培训过程的首要环节，是确定培训目标、设计培训计划的前提，也是开展培训评估的基础。在分析阶段需要分析的内容主要包括培训目标、培训需求、培训对象、培训资源、培训环境等方面，具体如图 3－12 所示。培训课程开发人员可通过问卷、座谈、电话访谈等方式了解培训对象的需求。

（2）ADDIE 模型设计阶段。设计阶段以前期分析阶段的分析结果为基础，确定培训课程大纲、培训内容要点与培训实施策略、选择具体的课程呈现形式等，具体如图 3－13 所示。对于培训课程的设计，要考虑到七个要素：为什么（Why）、何时（When）、何地（Where）、目标（What For）、内容（What）、方式（How）、谁（Who），针对上述七个要素，从人员分工、教学策略、课程大纲设计、课程内容设计等方面系统思考。

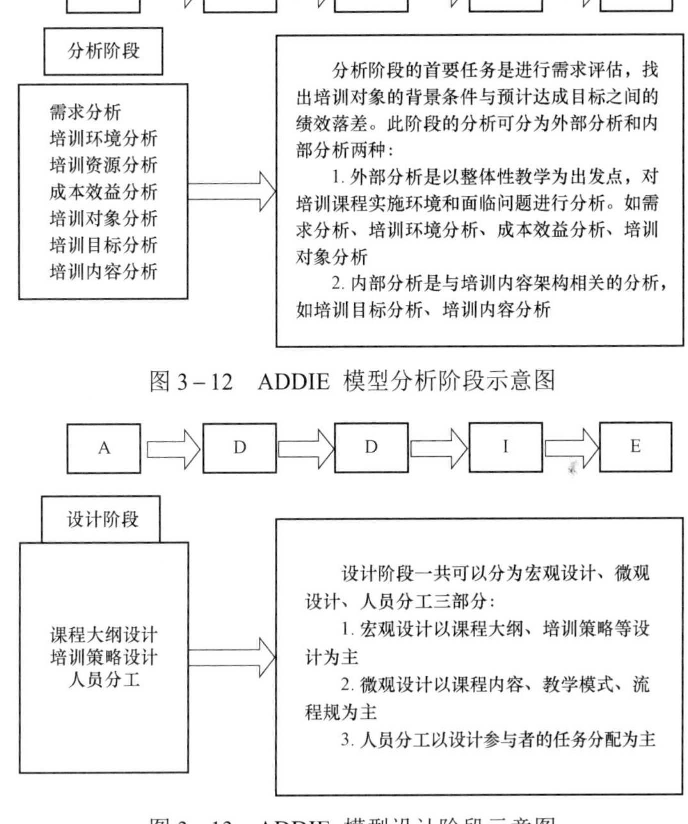

图 3－12　ADDIE 模型分析阶段示意图

图 3－13　ADDIE 模型设计阶段示意图

（3）ADDIE 模型发展阶段。在分析设计的基础上，根据培训对象特点和培训内容的要求选择培训师，编制、开发课程资料，选择课程教学形式和教学媒体。

在这个阶段，培训师根据需要可以随时与培训对象沟通交流，以保证培训内容的有效性与针对性。此外，要通过培训评估问卷与座谈提纲，在培训结束后对培训对象进行总结性评估，对培训效果、存在的问题以及培训对象的建议进行调查。ADDIE 模型发展阶段示意图如图 3－14 所示。

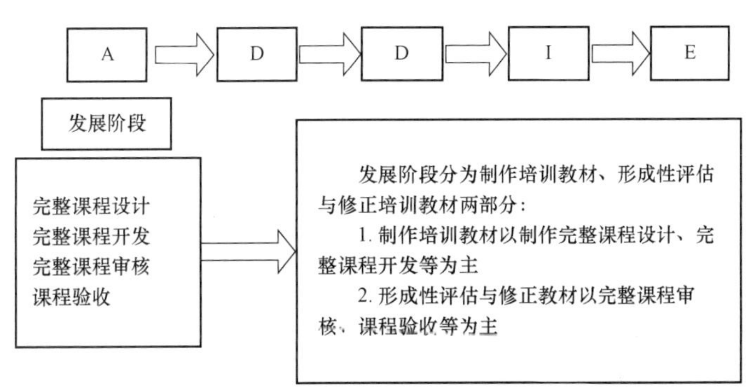

图 3－14　ADDIE 模型发展阶段示意图

（4）ADDIE 模型实施阶段示意图（见图 3－15）。实施阶段主要是通过各种不同的培训策略和形式向培训对象传递培训课程内容。实施培训活动时要确保培训内容符合分析阶段的培训需求。尤其是针对成人教学，并不是单一的以知识传授为主，因此要注意结合教学内容的特点设计更加多样化、更具针对性的教学方式，以提高教学质量。

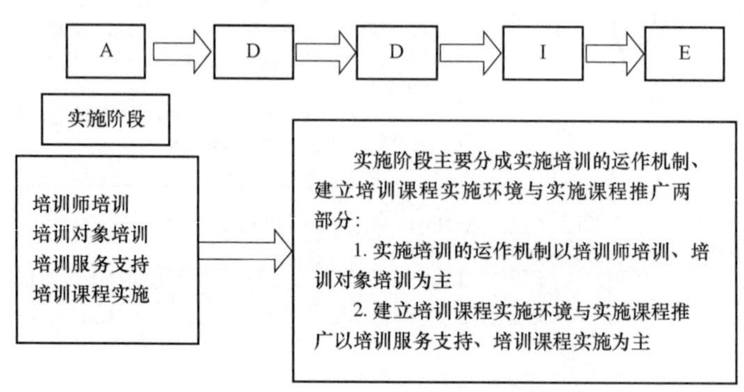

图 3－15　ADDIE 模型实施阶段示意图

（5）ADDIE 模型评价阶段。评价阶段贯穿于培训教学设计过程的始终，并非完全独立于其他阶段。从这个意义讲，评价工作需要分为过程性评价和总结性评价两种。这样对整个课程开发工作的评价才是完整、有效的。

过程性评价是指对开发过程中各个阶段工作的评价，培训课程开发人员通过调查问卷、面试或访谈等形式收集数据，在后期环节里不断修正完善培训教学设计方案，突显 ADDIE 模型的内省循环特征。

总结性评估在培训课程实施阶段完成后进行，开发人员就知识传递、培训效果、培训对象态度与行为改变等方面进行考查和跟踪，依据调查结果确定本次培训活动是否有效、培训目标是否实现、是否修正并继续沿用所培训过程中所采用的培训策略。这个环节的评价通常也叫作“柯氏四级评估”，在电网企业我们通常会将这个环节做到一级评估和二级评估。而就课程开发工作本身来说，我们“评价”环节的内容主要是分为培训效果评价和教材评价两部分，如图 3－16 所示。

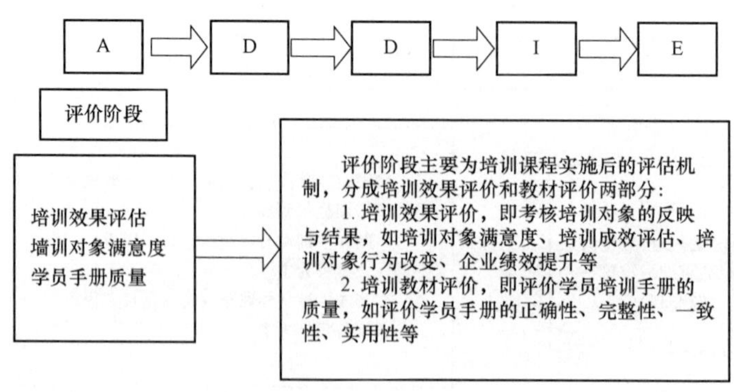

图 3－16　ADDIE 模型评价阶段

3.2.3 基于 ADDIE 模型的课程开发流程及运用

在实际运用中，我们的课程开发流程也并不是严格按照 ADDIE 的实施流程进行，而是在遵循 ADDIE 理论的基础上，融入“岗位胜任能力分析和工作流程分析”的过程，总体来说，开发流程可以分为选择开发课题、定义课程目标、开发课程内容、设计教学活动、开发教学资源五个大步骤。每个步骤下的具体活动内容如图 3－17 所示。

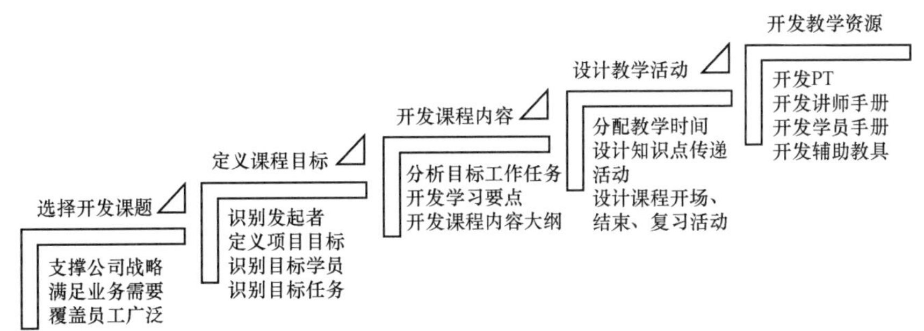

图 3－17　基于 ADDIE 模型的课程开发总体流程

1. 选择开发课题

课程主题的选择决定了课程未来在企业中推广的价值和生命周期，一般来说，课程选题方面需要遵循三个标准：支撑公司战略、满足业务需要、覆盖员工广泛。

（1）支撑公司战略。需要寻找战略与培训的契合点。只有能支撑到公司战略的课程才会发挥其持久的生命力，也才更有价值。因此，我们在选择课程主题之前一定要深入研读公司战略文件，包括公司发展规划报告、领导的重要工作指示等。从战略文件和重要工作部署中解析、提炼出培训工作的重点、进而从培训工作重点中锁定需要课程开发的范围和主题。

（2）满足业务需要。满足业务需要的课程才能得到业务部门的最大支持，也有利于课程开发和后期推广。以某公司党支部书记培训项目为例，开发人员深入挖掘党支部书记的工作任务和业务痛点，选择 “如何组织三会一课”“如何召开支部委员会”“如何做好党员发展”“如何开好民主生活会”“如何进行党支部换届选举”等一系列完全基于业务需要的课程，并且在课程形式上采用真人视频拍摄的多媒体形式。培训开展证明了这些课程可以支撑到业务工作，满足学员工作需要的课程是最有价值的课程。

（3）覆盖员工广泛。覆盖员工数量大的课程，重复需求多，定制化开发的回报更高，仍以某公司党支部书记培训项目为例，项目主题与每一位党支部书记的工作都息息相关。

按照上述三个原则，再结合实际工作中我们自身的工作特色和擅长领域，所确定的课程主题将基本符合当前的组织和个人需要。

2. 定义课程目标

（1）识别发起者。公司层面高层、业务部门、人资部、业务专家处于不同层面，都有发起课程定义的需求。除了课程发起者之外，还需有课程审核、课程管理、课程使用等功能角色与之对应，具体关系见表 3－7。

表 3－7　　课程发起到使用关系表

角色分工	发起者	审核者	项目管理者	使用者
公司高层				
业务部门				
人资部				
业务专家				

（2）定义项目目标。与课程的发起者沟通，明确需求背后的业务目标，后续课程开发的很多决策都需要紧紧围绕这个业务目标。通常课程开发需求的主要来源有两个：一是绩效差距，即目标状态与现实状态之间的差距；二是人才发展需求，即某一类群体的进阶式培养。在企业中通常以第一种需求来源，即绩效差距的比较多。依然以党支部书记精品课程开发项目为例，所有的课程开发需求均来源于当前党支部书记队伍的培养需求，即完成新任党支部书记向有经验的老党支部书记的能力提升。

（3）识别目标学员。识别目标学员的主要意义在于，判断是否需要根据目标学员的特点设计不同版本的课程，判断是否需要根据学员的经验进行区分，判断是否需要根据学员的不同岗位进行角色区分，判断是否需要根据学员的不同区域进行区分等内容。

只有明确了课程的使用对象，我们才能明确课程内容的覆盖范围和教学策略的使用，这个环节是课程开发的重要前提。比如在党支部书记课程开发项目中，项目的目标学员定为全体党支部书记，其中以新任党支部书记为主，需求兼顾一部分虽然有工作年限但经验尚不足的支部书记，因此在课程开发中需要兼顾到两类不同群体的学习需要。

（4）识别目标任务。此阶段的主要工作是与课程开发的业务专家、项目发起者讨论，结合课程目标，需要确定学员在培训后，会执行哪些岗位工作任务。在这里我们需要澄清三个问题，会对后续的课程开发大有裨益：

1）希望学员会完成的工作任务是什么？在什么情景和条件下，学员展现的绩效标准是什么？

2）根据各项条件和限制，学员是否有侧重点？

3）如果是知识类课程，主要的目标和重点是什么？

3.2.4　开发课程要点

1. 分析目标工作任务

分析工作任务的总体原则可以归纳为“2W3H”：

（1）Why：每个工作都由各种职责构成，每个职责都有一系列工作任务构成。课程内容应该紧紧围绕工作任务来选取。把工作任务进行分析，把技能拆成小步骤，就能分阶段教授给学员。

（2）What：工作任务分析指的是把业务专家在实际工作中完成的工作任务进行拆分，而不是把老师授课的任务进行拆分。

（3）How：描述人员在该任务中如何操作，用动宾结构动词后面跟随一个名词，任务之间不应该重叠。

（4）How：不同任务进行分析的难度不同，可以通过专家访谈和专家工作坊来完成；

（5）How：任务可以被分解成很多子任务和步骤，课程设计中的任务通常拆解到便于讲解的层级。

2. 分析支持工作任务的学习内容

这里的学习内容通常可以区分为态度、知识、技能三类。

（1）态度：态度是一个人对某一特定对象所持有的稳定的心理结构，它使人的心理处于准备状态，具有行为的倾向性。

（2）知识：更多指的是陈述性知识，描述“是什么”的内容。

（3）技能：技能包括智慧技能（包括分析、判断、抽象、归纳、区分等）和操作技能（包括安装、拆解、摆放等）。

3. 识别共有的知识和态度要点

本环节是为了更好地支持工作任务的学习，还有那些作为基础性的知识要点以及态度要素需要在课程中涵盖，主要包括态度类知识、知识要点的逻辑排列等。不是所有的知识要点以及态度要素适合放入课程，某些内容适合单独放入另一个独立的课程，某些内容适合进行在岗辅导。以电网企业党支部书记培训中《先进典型选树》课程的开发过程为例，演示如何依据工作任务拆解课程知识点，并进一步将知识点整合为课程大纲，案例详见附件1。

4. 提炼最佳实践

提炼最佳实践环节是课程开发人员，进行自身经验和内部业务实践的提炼和拔高的过程，也叫经验萃取。萃取的本质基本都是从已有的经验和案例中提取其精华。萃取的过程是把业务专家头脑中的隐性知识转变为显性知识的过程，这部分知识是最有效的学习内容，也是课程设计开发中需要重点做的部分。通常的知识萃取方法有专家访谈法、焦点小组法等。总体来说，知识萃取过程可以分为五步，如图3－18所示。

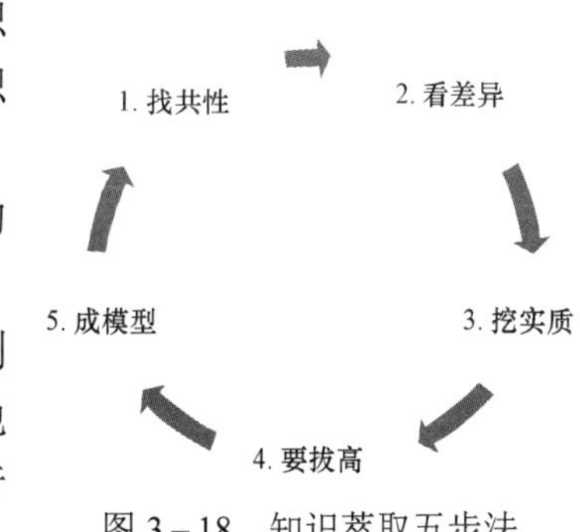

图3－18　知识萃取五步法

（1）找共性：找到不同专家的典型经验和优秀案例的共性所在。

（2）看差异：找到优秀案例的共性还不够，还需要判断失败案例与成功案例之间的差异，或者绩优员工与其他员工之间的差异，如果其他员工也有和优秀员工同样的行为，那就无法作为关键技能。

（3）挖实质：即透过现象看实质，找出现象背后的规律和可以萃取的技能。

（4）要拔高：指将知识点提炼总结到一定的高度，与公司战略、文化、价值观等建立一定的关联。

（5）成模型：每一个知识点的提炼方法一般是：“动词＋形容词＋名词”或者“状语＋动

词＋名词”，形成“步骤”“要素”“原则”等。

在完成萃取的过程后，我们就可以将萃取出来的典型做法或案例放入之前做好的课程设计大纲中，与知识点整合成为完整的课程内容。

5. 编写课程内容大纲

课程大纲就是课程的逻辑，是整个课程的实施路径。前面的学习要点分析可以直接变成课程大纲，需要注意的是，课程大纲里各个模块之间的展开都需要遵循“总分总”的逻辑，也就是要有导入和小结。具体可以区分为串联和并联两种逻辑，串联指知识点之间为线性和时间顺序，需要一步步演进，上一个知识点的输出是下一个知识点的输入，不可割裂和颠倒；并联指知识点之间相互并列，共同组成了课程的整体，但是单一拆出任意一个，都可以拿出来单独讲解，知识点之间不存在输入和输出关系。

6. 设计教学活动

设计教学活动指对课程的开场、结束、一级一个知识单元设计完成教学策略，分配教学时间。具体可分为：

（1）拆解活动单元。把每个模块内容拆解成合理的10～30分钟的单元。在每个教学模块里，要安排合理的休息时间、学员互动思考时间等。比如，讲师每讲8分钟，需要调动学员参与，例如举手、回答问题、起立、书写、分享等。

（2）设计教学活动。整个教学过程分为三个阶段八布法。三个阶段指开场、过程、收场，每个阶段均有不同的内容。开场阶段包括获取注意力、建立链接两个步骤，过程阶段包括介绍框架、激活旧知、互动式讲解、吸收与练习四个步骤，收场阶段包括总结内容、行动计划两个步骤。

针对八个环节，在教学设计的过程中，需要根据课程内容和学员的实际情况匹配多样的教学活动，如：

1）获取注意力：猜谜、起立、动手。

2）建立链接：选择互动的方式、设计互动的话题。

3）介绍框架：介绍整体结构、邀请学员互动，例如选择感兴趣的话题、对重要性排序、创造自己的学习目标。

4）激活已知：案例分析、自由探索、电影、录像等。

5）互动讲解：做记录、总结、画出概念图、回答问题卡的问题、8～10分钟的讲解，就需要安排学员进行反思与分享。

6）吸收练习：根据教学目的设计练习的方式。如知识类的可以采用趣味答题、设计分享活动、设计案例分析、角色扮演、实际操作、连接到实际工作任务的练习等。

7）总结内容：测验、理解性问题、延展到行动计划的问题、设计分享机制，分享机制包括两人分享、小组分享、全班分享。

8）行动计划：制订行动计划、做出行动承诺、分享行动成果。

7. 开发教学资源

在内容开发和课程大纲设计完成后，最后一步就是根据内容和大纲开发相应的讲师手册、学员手册和课件 PPT。这三者是授课人员的必备工具，是授课说明书。课程内容开发、教学活动设计、教学资源开发三者的关系如图 3－19 所示。

（1）开发讲师手册。讲师手册是对授课过程和授课内容的详细分解，通过讲师手册，将整个教学过程和教学场景进行文字呈现，相当于培训师操作指导书。业务专家只需要严格按照讲师手册上的流程安排和授课话术进行授课即可。讲师手册主要包括课程信息、课堂材料、课程时间安排、讲师授课流程、内容、步骤等，讲师手册模板内容如附件 2 所示。

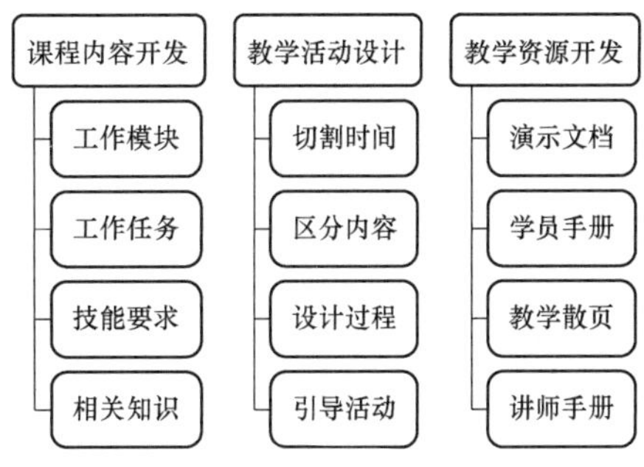

图 3－19　教学设计开发关系图

（2）开发学员手册。学员手册与讲师手册相呼应，主要作用是为学员展示课程内容概览，根据每一个模块的知识点提供相关课堂练习，提高学员与课程内容的互动性、参与性。学员手册的主要内容包括学习内容、行动计划、阅读资料、推荐资料、联系方式等，案例见附表 3。

（3）开发课件 PPT。课件 PPT 与讲师手册也是一一对应的关系，主要作用是为学员展示课程内容和课程知识点。课件 PPT 的主要内容包括讲师介绍、课程目标、课程安排、课程模型、辅助内容等。

3.3 当前课程开发领域的变化趋势

ADDIE 模型及其运用流程是目前课程开发领域、也是电网企业运用最多的课程开发方法。这与电网企业的课程类型有关，因为电网企业大多数岗位属于技术密集型岗位，大多数课程以技术技能工作相关，课程内容更偏向于流程化和任务化，因此 ADDIE 模型更适于此类型课程的设计与开发。但是近年来随着各电网公司培训专业化程度的提升，也出现了更多管理类课程、党建类课程开发的需求，在课程开发的技术变化上也出现了很多新的趋势。

3.3.1 案例式课程设计与开发

案例是课程的中心内容，无论是管理类课程还是技术技能类课程，案例都是其中的核心内容。在案例式教学中，案例和学习活动构成了课程的最主要内容。

1. 案例的含义

案例，就是人们在生产生活当中所经历的典型的富有多种意义的事件陈述，它是人们所经历的故事当中的有意截取。基于案例的教学是通过案例向人们传递有针对性的教育意义的有效载体，因此，人们常常把案例作为一种工具进行思考和教育。

2. 案例的类型

在学习及培训过程中，经常会涉及案例，案例是整个教学活动中不可或缺的一个部分。

根据案例在学习活动中的作用，以及培训师和学员在案例学习过程中的角色，可以把案例分为举例说明中的案例、学习活动中案例分析型的案例、案例教学法中的案例。虽然这三个方面都有案例，但是在学习活动中的作用是不一样的（见表 3-8）。

表 3-8　各类型案例的整体差异

类型	内容要求	作用	呈现形式	老师、学员身份
举例说明	单一、简洁、要点集中	证明观点、理解主题、阐述概念	故事、视频、PPT、打印资料	老师讲为主
案例分析	完整、独立的模块，主旨突出	通过分析掌握某项技能	视频、打印资料	学员为主+老师辅导
案例教学	完整系统的内容，形式多样，意义丰富	通过分析掌握某项技能	视频、打印资料	学员为主+老师引导

3. 具体差异

（1）举例说明。为了说明某个道理，或者为了证明某个观点，或者为了便于大家理解某个要点，老师需要举一个案例来说明。这个案例的作用就是证明、解释、帮助理解等。通常，采用举例说明时，老师的说法是："我举个例子""这里给大家看一个案例" 等，这是传统的讲授型培训采用最多的做法，也是培训师必备的功夫。这类案例的运用过程，以老师为主，基本上是老师讲观点、举例子；学习者倾听、记录，通过这样的方式理解并接受老师的观点。

目前讲授型培训中的案例大多属于这种类型。对于讲授型培训的案例，有这样一个规律，如图 3-20 所示。

图 3-20　讲授型培训案例的规律

图中的"道理"包括概念、原理、观点、论点、看法等。这个图也告诉我们，"故事"是更好的案例，呈现故事的方式最好是"演绎"，目前国内很多好的培训，都会把训练这个内容当作重点。

（2）案例分析。案例分析型学习活动的案例比举例说明型的案例更加完整，同时要求也更真实，编纂的一些童话故事是不能作为案例分析型的案例的，因为这样的"预先设定含义" 太明显，导致答案是一致的、统一的。

案例分析型的学习活动，并不一定都有标准答案，学习者通过这个案例可以得到更多的启示和收获，有些内容甚至超过了培训师的预先设计。案例分析型的案例要求源于生活、高于生活，具有典型性，也需要加工，把个性化的案例变为典型的案例，这样才有学习者分析这个案例的必要和价值。

4. 案例教学

案例教学法是一种教学方法，是目前各种教学方式中运用较为广泛的一种教学方式，即围绕一个典型的、完整的案例进行教学，过程中重在引导学习者对于案例的分析、讨论和思辨，最终通过系统的案例分析，总结提炼出具有普遍规律和意义的流程、思路和方法。

在案例教学法中，案例是学习的重点和核心，是不可或缺的，老师和学员都围绕这个案例进行学习。因此，案例教学法中的案例需要具有真实性、典型性和完整性。

案例教学法最早来自医学院校对于学生的培训，后期被广泛运用到了商学院的教学中，掀起了案例教学法的风潮，成为高端商学院的一种教学标志，并被广泛运用到了 MBA 和 EMBA 教学中。但是，最近几年教学中真正意义上的案例教学法并不多，原因就在于，案例教学法的案例需要具备以下三个特征，而现实中，这样的案例并不多。

（1）案例教学的特点。

1）真实性。案例教学法的案例必须是来自实际工作和生活中的真实案例，这样的案例不能"编纂"，甚至不能任意"改编"。作为老师，不能为了证明某个观点而设计一个案例，因为经过设计的案例缺乏全面的内容，甚至失去了案例本身的价值，导致分析不够科学，得出的结论可能有失偏颇，甚至有误导的嫌疑。

尤其在管理学的教学中，这类的案例需要有借鉴和参考价值，通过分析某个成功或失败的案例，给学习者一些实在的启示和收获，从而指导其实际运用。所以，该类案例需要真实。

2）典型性。案例教学法的案例还需要具有典型性。因为典型，就具有普遍的价值意义，这样学习、研究、分析这个案例才能得到普遍的、大家都适用的一些价值，从而做到学以致用。恰恰就是因为其典型性，所以才有分析的意义和价值。

例如，"海底捞你学不会"，虽然这个名字是一种宣传的噱头，但是深入分析也有一定的道理，海底捞火锅是独特的，其行业、背景、发展状况都是很个性化的，外部是学不会的，因为海底捞不是典型的案例。

3）完整性。案例教学法的案例还需具有完整性，完整才能全面，从而能够进行全面、系统的分析，而不是以偏概全。案例教学法中的案例当然也需要加工，但是这个加工其实是"修理"和"美化"，只是对某些细节的描述和重点的提炼。这种加工类似房屋装修，你是不能改变房屋的本来结构的。因此，在培训中真正用得上的案例还是更多集中在举例说明和案例分析型的学习活动中。

（2）案例的来源。

1）引用的案例。引用的渠道包括现实工作和生活中遇到的、线上的、书本上的、听说的等，这些都可以是案例的来源，也是案例最主要的来源。

2）改编的案例。在引用的基础之上进行改编，改编可以是围绕主题进行改编，或者为了表达某观点而进行改编，但是这些案例都是他人的。

3）自己的案例。即自己亲身经历参与的案例，这是讲课中学员比较喜欢的案例情景，他们希望通过老师的经历给予自身一些启示。

这是作为培训师的最主要的三种案例的来源，三种方式可以混合运用。如果是作为讲授型的课程，三种方式都要用，而如果作为案例分析型的学习活动，更多的是用第一种“引用”和第二种“改编”，自己身上发生的案例并不大适用于案例分析型的学习活动，除非这样的事情是典型的。

同样，无论案例来自哪里，都需要加工。在教学中，原汁原味的案例不一定适合教学。

（3）案例式教学的流程。目前国内的案例开发及教学流程可以总结归纳为：素材甄别、标杆案例开发、教学运用三个阶段：

1）素材甄别。结合工作重点或业务发展目标，从中甄选出 1 个具有普遍适用性、在企业内部容易引起共鸣的主题，编撰代表性案例。

2）标杆案例开发。借助成熟的案例开发方法论，选出 1 个内部案例素材，在企业内部进行提炼开发，形成 1 篇结构完整，具有教学和传播价值的内部优秀案例。主要内容包括明确案例编写的目标、开展案例调研工作、案例撰写，案例撰写可按照如图 3－21 要求进行。

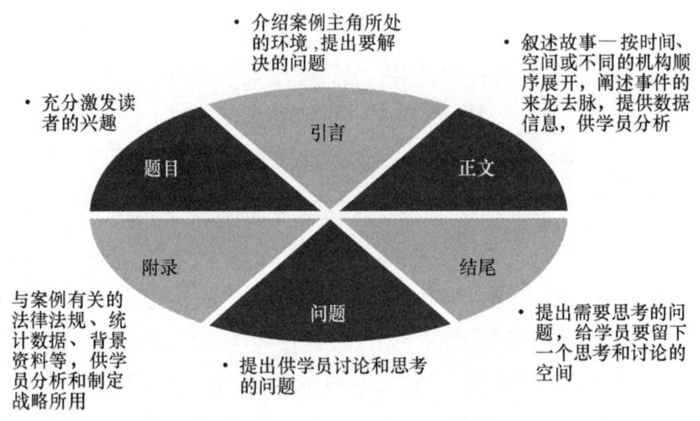

图 3－21　案例撰写结构示意图

在案例撰写阶段，需要完成制定案例大纲和撰写案例正文。标准化的案例有着成熟的模板，包含了首段、公司背景、具体关心的领域、具体的问题或决策、备选方案和结论等部分组成。首段会非常明确地指出最终案例的焦点。公司背景将学员代入具体的业务环境中。具体关心的领域锁定业务主题和需要内容。具体的问题或决策提出需要解决的问题，启发学员进行思考。备选方案是对问题进行全面分析后为学员提供的可选择方案，列出了问题解决的可能性。结论则是现实世界里企业的解决思路与方案，虽然不见得是最优做法，却是学员们在研讨后普遍关心的话题。可以依据模板来列出案例各部分的小标题，形成案例大纲。通常案例大纲的形状可以比作一个垂直站立的圆锥体，这反映了它是一个逐渐变窄的聚焦过程，而不是在每个阶段否有大量的信息收集过程。

根据模板要求及案例开发上述要素，案例撰写已经形成了一个基本的模式：

首先，案例撰写的核心——提出一个超出常规的难题，如何解决这个难题，就成为关注的焦点。

其次，案例的开头——有吸引力的人物和事件，要用吸引力的人物和事件作案例的开头，就像一把钩子，牢牢地钩住学员，把学员代入到具体而有趣的业务环境中，不得不往下看。

再次，背景材料——为让学员了解事件的来龙去脉，要介绍案例发生的背景，交代事件的起因。

然后，展开故事——按时间、空间或不同的机构顺序展开，这是案例的主要部分。展开故事的情节时，可以按时间、空间或不同的结构顺序展开，关键是展现事件的全貌。

最后，结尾——要留下一个思考和讨论的空间。案例的结尾很重要，一定要留下一个思考和讨论的空间，不要把结局或结果告诉大家，如果需要，可以准备一份案例的结果，在课后发给大家。

案例开发时，必须持一种客观中立的态度，因此可引述一些口头的或书面的、正式的或非正式的材料，如对话、笔记、信函等，以增强案例的真实感和可读性。重要的事实性材料应注明资料来源。

3）教学运用。基于开发的标杆案例，进行案例课程开发，将其中一个案例课程化，形成独具特色、内容完整的案例课程包。在标杆案例基础上，后续形成包括教学手册的完善、试点授课、案例修订和认证讲师等主要内容。

3.3.2 场景式课程设计与开发

1. 场景化课程的含义

在互联网时代下，人与人的连接方式发生了巨变。场景就是连接不同群体中不同个体的方式。换句话说：人们是被场景连接在一起的。这种连接所创造的独特价值会形成体验，甚至创造个体生存意义。场景是最真实的、以人为中心的体验细节，场景化培训也正是体现了“以学员为中心”的教学理念。

场景化培训就是以学员实际工作中的情境为基础，在培训中构建类似实战的场景，让学员研讨在这一场景下的问题处理方法有哪些或者演练在这一情景下的问题处理过程，通过即时反馈促发学员改变，最终掌握处理这一情景甚至同类情景下相关问题的技巧。从这一定义中我们可以提炼出场景化培训的两个关键要素即“具体情景”和“此情境下遇到的问题”。

“具体情境”是指学员在特定时间、特定地点针对特定对象开展某项具体工作的场景，例如党支部书记在开展谈心谈话工作时根据对象不同会面临不同的情景，包括党支部书记和工作缺乏干劲的党员小张进行谈心谈话这一具体情景，也包括和生活中遇到困难的小李谈话这一情景。“此情景下遇到的问题”是指在特定的时间、地点，面对特定对象开展工作时遇到的问题。

因此，开展场景化培训的关键在于结合实际工作提炼典型业务场景，并结合工作经验归纳在这一场景下可能出现的问题。通过对特定场景下需要的技能培训和实战演练使学员能够灵活运用相关技巧处理在不同场景下遇到的问题。

2. 场景化培训的要点

场景化培训强调在培训中发挥学员的个性和创造性，学习应以学员为中心，学员要学会运用知识，并将其转化为自己的行为，以实现个人能力提升，而老师更多的是思考通过怎样的学习方式催化学员的学习热情，因此，在场景化培训中应注意以下三个要点：

（1）培训内容场景化。电网企业员工工作的很多技能和场景是息息相关的，离开了场景，技能的养成将非常困难。传统培训往往将知识技能剥离场景，进行灌输式的讲授，当学员回到工作中时，难以将所学和所做有效对接。而场景化培训正是为了解决这一问题，其培训内容一定是场景化的，将业务场景嵌入学习本身，在构筑的场景中进行学习。

（2）培训场景真实化。真正的工作场景瞬息万变，相同的任务在不同的时间、地点、对象面前呈现出的场景也不尽相同，而课堂中所搭建的场景相对稳定。为了提高课堂中场景与实际工作中场景的契合度，必须基于现实工作提炼典型业务场景，使训与战保持高度的一致性和匹配度；应努力做到搭建场景至少 80%与业务场景相统一，也就是培训过程中使用的场景素材必须从工作实际中来。

（3）行为转化个性化。由于工作中场景瞬息万变，受到时间和客观环境的影响，场景化培训并不能将同一项工作任务下的所有场景全部罗列。因此，场景化培训的目的并不在于告知学员在所有场景下该如何应对，而是通过传授这一工作中的知识技能，使学员掌握万变不离其宗的方法技术，并通过真实场景模拟实现对技术方法的有效运用。相同的技术方法在不同场景、不同学员的运用中呈现出不同特点。因此，场景化培训在学员将知识技能向行为转化的过程有着鲜明的个性化特征。

3. 场景化培训的优势

传统的课堂培训多以老师讲授为主，学员更多以受训者的角色出现。老师通过自己的经验总结，把自认为是知识点的内容一股脑儿地传授给学员，很多学员在课堂上听得很激动，但是回到工作场景中会发现，其中能够运用到的知识很少。场景化培训能够有效解决知识与实际工作脱节的问题，具体说来，其优势体现在以下三个方面：

（1）提高学员参与度，增强教学体验性。场景化培训以其直观性、趣味性、生动性，激发了学员的参与和学习欲望。通过讲与演结合、学与练结合，改变了以往知识技能条款式记忆的学习方式，把枯燥的理论知识和技能要点放在了逼真的环境中，为学员提供了实际运用的空间，使乏味的学习变得生动活泼，这迎合了学员的心理特征，增强了教学体验性。

（2）提高行为转化率，增强培训实用性。传统的课堂培训多半是“听时激动，回去不动”，场景化培训以实际业务场景构筑培训场景，能够通过学习有效解决学员实际工作中的问题，使学员通过现场模拟演练将所学知识与技能快速转化。这种教学方法克服了传统教学容易与现实脱节、针对性不强等问题，切实增强了培训的实用性和落地性。

（3）提高学员关联度，增强团队共融性。在进行场景化培训时，授课讲师和业务专家会根据课程主题分析典型场景，再识别该场景涉及的人群。场景化培训更像是为这些拥有相同痛点的学员搭建的一个学习圈，无论是线上互动还是线下讨论，都能够形成一种网状的学习环境，为学员提供深度交流与合作的机会，促进学习型组织的自发创建，增强学员的团队合作意识和团队协作能力。

4. 场景化培训的流程

（1）前期——集体共创。

1）提取能力要素，明确授课内容。坚持“以终为始”的原则，根据培训的课程主题，梳理与这一主题相关的岗位工作任务，分析完成这些任务需要哪些能力支撑，明确关键能力要素，并针对这些能力要素设计培训的讲授内容，明确授课知识点和技能点。

2）构建培训场景，设计模拟流程。整个场景化培训的重点和难点是场景的选择，如果最初场景的抓取出现偏差，那么整个培训结束之后依然不能解决实际问题。因此，在明确关键能力要素之后，首先，由课程讲师将学员分为若干小组，通过小组研讨确定典型场景。然后，邀请资深业务专家对学员提炼的典型场景进行分析评定和反馈。最后，学员按照业务专家的反馈进一步完善场景，形成本次培训的最终场景。根据确定的场景设计模拟流程，包括背景介绍，角色介绍，模拟时间等。通过这一环节，能够使学员充分参与到场景的提炼和流程设计中，能够切实增强学员对场景的理解和把握，强化场景模拟的效果。

（2）中期——训战结合。

1）课程要点讲授。首先由讲师针对本次授课主题进行集中讲授，对相关知识点、技能点进行讲解和分析，通过集中讲授使学员掌握相关知识和工作技巧，这一过程属于认知层面的学习，接下来通过场景模拟将所学知识在构建的场景中进行演练，完成学员行为层面的学习，最终掌握这一技能在实际工作中的运用方法。

2）分组开展模拟。① 讲师将场景的情景介绍发给各小组学员，使学员初步了解所构建的场景；② 讲师按照场景介绍的角色要求进行角色分配，说明场景模拟的流程、时间等要求；③ 学员之间通过沟通研讨，设计基础脚本，按照小组分别进行场景模拟，运用所学知识、技能灵活应对场景中的问题；④ 讲师根据学员模拟的情况进行反馈，提出完善意见。

（3）后期——复盘总结。通过训后评估能够确定培训预期目标是否达到，查找培训成败的原因，总结经验教训，及时有效反馈信息。

3.4 企业常用教学方式

在了解了培训课程开发方式后，如何使开发的课程在实施阶段达到预期效果是摆在培训工作者面前的一道难题。在培训专业领域，各种线上线下教学方式多达近百种。教学方式的确定需要依据教学内容、教学场景和教学对象的不同特点进行灵活设计。它是教师与学习者内部结构之间的桥梁，对于企业培训工作来说，由于其人员密集、技术密集、现场工作密集的特点，常用的教学方式通常以讲授式教学、现场式教学、研讨式教学三种类型为主，这三大类型的五种具体教学形式分别为讲授式教学、在岗学习、实训教学、情景教学和研讨式教学。

3.4.1 讲授式教学

1. 定义

讲授式教学属于最基础的教学方式，讲授式教学是指在教学过程中，讲师主要通过口授、板书、演示，直接向学员描绘情景、叙述事实、解释概念、论述原理和阐明规律的一种教学模式。

讲授式教学的主要优点是易于操作，便于实施。任何时间、任何对象、任何地点都可以使用此种教学方式；而且从学员接受的知识量来说，精当适宜的讲解，可以帮助学员在较短时间里获得较多的知识信息。其次，讲授式教学对教学实施主体的要求较低，尤其是在电网企业，兼职培训师每年需要承担很多教学任务，对于这些业务专家来说，讲授式教学无疑是可在短时间内迅速上手的教学方式。但是，讲授式教学也存在着明显的缺点，比如：统一标准的教学形式，忽略针对不同对象、不同内容的个性化教学；被动、单向的灌输式学习，忽略独立思考和发展问题能力的培养；理论化教学，忽视实际操作等等。讲授式教学法即是以教师讲授为主的教学方法。然而，它却并不是孤立存在的，它是渗透于其他教法中的，其他教法必须借助它去完成课堂的组织实施。

2. 适用范围

任何一种教学方式都不是独立存在的，也没有绝对的优劣之分，只有适合与不适合。在电网企业培训中，讲授式培训作为主要教学法，应该根据教学内容、教学对象、教学场景决定其适用范围。

（1）适用教学内容。就企业而言，有的教学内容，如国家方针政策、形势教育、政治理论、历史文化、专业原理、管理学知识等知识性内容，就很适合使用讲授式教学。因为这些原理性、规范性内容不用探究，同时还具有难以发觉的深意。因此，内容量大、需要集中学习的、具有成熟标准和规范性结构的知识如描绘场景、叙述事实、解释概念、论证原理和阐明规律等理论性内容更适合用讲授法。此外，理论性内容较为枯燥，如果教师讲解的语言诙谐幽默、激情四射，就不仅只起到传授知识的作用，它还能感染学员，激发学员。

（2）适用教学对象。从教学对象来看，新员工、基层员工、新晋管理人员等都可采用此种方法，尤其是针对技术、技能类的新员工培训来说，有大量电力专业的专业知识、工作内容、公司制度等知识型内容需要学习，讲授式教学方式能帮助学员在短时间内了解这些基础性内容；对于电网企业的基层员工来说，可以利用讲授式教学法学习新知识，可以使基层员工在讲师的解析传授下快速掌握新知识的核心内容。

（3）适用的教学场景。在企业培训中，由于培训的机会成本，会出现时间短、任务重的情景，同时为保证培训的效果需要设置一些与本节内容相关问题，去启发、引导学员，或需要进行反思性教学时采用讲授式教学可以快速保质地完成培训任务。此外，当讲师教学经验较少，难以驾驭各种教学方法时，采取讲授式教学是最为理想的方式，尤其是在电网企业，兼职培训师是业务专家而非专业培训讲师，对教学方法的了解使用较少，讲授式教学无疑是使兼职培训师快速上手的最佳方法。

3. 操作流程

根据多年培训项目的讲授式教学法应用，可以总结出，一般而言，讲授式教学法的基本程序为：激发学习动机——感知理解教材（复习和新授）——巩固运用——检查评价。通过教师传授使学生对所学的内容由感知到理解，达到领会，然后再组织学生练习、巩固所学的内容，最后检查学生学习的效果。具体操作如下：

（1）确定课程需求。培训课程的目的是解决差距问题，故确定课程需求便是确定公司现状与目标状况的差距。在培训行业中，一般采用岗位胜任能力分析法、工作分析法、绩效分析法。岗位胜任能力分析法，首先需要系统地分析、梳理，甚至去建立完整的素质模型，将此作为标准及目标，然后再全面的系统的调查目前员工的现实状况，从中梳理出与目标之间的差距，最后依据这些差距进行课程设计与选择。工作分析法，从实际工作出发对学习者的实际工作岗位进行分析、诊断、提炼、归纳出一些重要指标，将此作为工作者发展的标准，找到工作者与岗位标准的差距，从而选择、设计合适的课程。绩效分析法，依据考评绩效成果和期望结果的差距进行选择课程。以上方法各有千秋，合适的差距分析法能够快速地了解课程的需求。

关于调研方式上可以采用案例收集法、调查问卷、访谈法等，可以单独使用也可以配合使用。问卷法可以线上 UMU 问卷或者通过公司内网发放电子版问卷或是线下联系人资业务部门组织填写问卷。也可采用一对一、一对多的面对面访谈形式，自上而下进行访谈。即按照人资部领导、培训中心领导、培训师和目标学员的顺序进行访谈。案例收集需要人资部门提供相应的案例集或是线下联系目标人员开发典型案例。

（2）开发教学资源。依据设计或选择的课程，开发适用的教学资源，包括课件 PPT、讲师手册和学员手册。这部分内容在前面“课程设计开发”环节已经讲过，这里不再赘述。

（3）课程准备。根据课程设计，提前发放需要预习的资料、通知授课场地、时间，对授课场地进行课程要求的布置，提前将 PPT 等现场使用材料准备齐全等。

（4）老师呈现。进入培训实施环节由培训师讲解，包括概念、理论、知识点、流程、规则、要求、标准、注意事项等。老师讲解的部分是基础，也是培训中重要的一部分。在这个过程中，老师要多采用互动、提问等方式，引导学习者参与，并且明白老师意图，如图 3－22 所示。

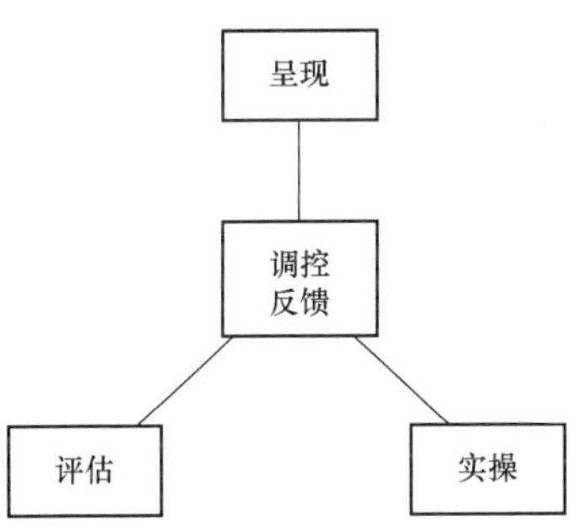

图 3－22　讲授式教学实施流程

（5）学员演练。学员根据老师的要求，以学习小组的形式进行学习探讨、演练、练习和操作。这一步应该作为重点，真正让学员建构，通过实战的方式体会和掌握其中的要点。同时，老师要积极引导、辅导学习者参与，督促大家更好地建构。这一步也是协作学习的过程，包括学习者之间的协作学习以及老师和学习者之间的协作学习。

（6）点评评价。这一步是指老师对于学员的学习状况进行点评和评价，这个过程包括形成性评估和总结性评估。形成性评估也叫过程评估，是指对学习者的每个环节进行及时的评价，同时提供引导和调试。总结性评估是指学习者完成某个具体项目后进行的评估。这个环节也是必需的。

（7）调控反馈。调控和反馈是老师和学员的双向活动，而且贯穿整个学习过程。这个环节处在学习的中心。前面三个环节，每个环节都需要老师和学员之间互动、交流、调整、反馈、改进。这也是保障学习顺利的重要内容，老师和学员始终交织在一起，形成真正的学习共同体，分工协作，共同完成整个学习过程，确保目标的实现。

（8）检查复习。为了强化记忆、加深理解、加强知识之间的相互联系和知识进行系统整理，需要在教授新知识之前对相关性知识进行回顾。此时可以根据讲师手册设置的回顾环节进行针对性的检查复习，在电网企业培训中，一般讲授式教学在检查复习这一环节采用提问题的方式检查上节内容掌握情况。

4. 讲授式教学运用的注意事项和发展趋势

讲授式教学模式是一种常见的，也是最容易操作的方法。但随着学员对象的年龄日趋年轻化，以及知识传播渠道的广泛性，传统的讲授式教学模式对学员的吸引力逐渐下降。这就要求我们的老师对传统的讲授式教学进行改造性运用。譬如：以学员为中心，让学习者参与的时间和投入的程度增加，老师的角色要发生变化，由“知识的传授者”向“内容的建构引导者”转变，要更多的让学员建构，成为学习的主体和内容开发的主体。

5. 典型案例

《技能实训课程——一次电气知识》系列课程，采用的方式就是新型讲授式教学模式：即通过老师的课堂引导让学员加深对一次电气运用知识的理解，并进一步通过研讨形成训后行动转化方案。

首先，把学员们按照内容模块分为几个学习小组，即学习共同体，大家围绕同一个模块进行开发：整个流程按照 ADDIE 的顺序，每个版块下面分为具体的知识模块，每个模块的教学由老师提出具体的要求和标准，各个学习小组按照这个要求进行建构。通过小组内部的学习、研讨，共同完成建构，每个模块的操作流程就是按“老师讲授—引导研讨—建构内容”的模式进行操作，完成一个模块，再进行下一个模块。这样，在结构化的流程要求之下，指导学习者完成建构，而指导的过程就是采用对话的方式，最终的建构都是由学习者自己完成，也就是体现了“ 老师设计结构，学习者完成建构”的要求。

在这样的教学模式中，尤其是结合学员的实际工作和业务模块开发的课程，老师更擅长培训技术的结构化的流程设计，学习者在实际的业务方面比老师更专业，真正的业务知识和技能等内容由学习者来完成。

3.4.2 在岗学习

1. 定义

在岗学习又称为现场培训。是指在工作现场内，领导和技能娴熟的老员工对下属、普通员工和新员工们在日常工作中，对必要的知识、技能、工作方法等进行指导、培训的一种学习方法。

在岗学习的主要优点是在具体工作中，双方一边示范讲解、一边实践学习。有了不明之处可以当场询问、补充、纠正，还可以在互动中发现以往工作操作中的不足、不合理之处，共同改善。双方都不必另外投入时间、精力和费用，而且还能使培训和实际工作密切联系，形成教与学的互动。其不足在于，主要依赖导师，一旦负责培训的人不擅长教育别人，则效果会不理想，而且一般在导师工作忙的时候，往往就不能很认真、详细地为学员说明讲解了。在技术密集的电网企业中，在岗学习是十分实用的，一方面可以实现老员工的技术传承，另一方面可以减少培训成本，包括员工培训成本、员工培训的机会成本等。

2. 适用范围

电网企业培训中，在岗学习方式也并非每一种培训对象都适用，具体使用还要参考教学内容、教学对象、教学场景的独特性。

（1）适用教学内容。就电网企业而言，有的教学内容，如必要的工作岗位知识、工作需求技能、工作方法等内容，就比较适用在岗学习教学。因为这些教学内容需要在实际的工作中掌握、需要在工作中进行实践才能有效运用转化学习内容。因此，需要持续学习的技能型教学内容更适用于在岗学习模式，如技能类工作岗位、技术类工作岗位以及现场操作工作等。

（2）适用教学对象。从教学对象来看，技能岗位的新员工、技能缺陷的员工、新晋管理人员等都可采用此种方法，尤其是针对技术、技能类的新员工培训来说，有大量电力专业的专业技能、工作流程等技能型内容需要学习，在岗学习教学方式能帮助学员在工作中不断学习、熟练这些技能；对于电网企业的新晋管理人员来说，可以利用在岗学习教学法参考导师的做法，学习如何处理人际关系，如何有效沟通等可以使新晋管理人员在讲师的言传身教下快速掌握新技能。

（3）适用的教学场景。电网企业对员工岗位技能的要求很高，比如以电力检修为例，要培养一个能上岗独立操作的员工，至少需要两年甚至更长的时间，并需要现场的不断磨炼，员工学习再上岗的成本过大，而且实操太弱化，故在此时使用在岗学习教学方式是十分合适的选择。此外由于距离、繁忙程度、预算等因素，难以长时间一起集训，学习任务紧迫等也可以选择在岗进行培训。需要注意的是工作难度较大不易掌握、学习失误后后果不那么严重的岗位更适用于在岗学习模式，员工在工作中出现问题时，管理者要随时进行指导和纠正，也是在岗学习的一种。

3. 操作流程

由于需求确定与目标设立在培训中，不会以培训方式的不同而变化，故此后几种教学模式的课程需求和教学资源开发以及评估设计不再赘述。

（1）把握培训需求。需要明确学习者在业务上最薄弱的地方在哪里，存在的主要问题有哪些，个人希望得到哪些提高，部门经理或主管希望对哪些地方进行指导等。

（2）设定指导目标。通过一对一的指导，学习者要达到的水平（期待水平）、指导的期限和达成的时间，同时还需要考虑到设定的目标一定要符合下属的水平以及部门条件。

（3）制订指导计划和日程表。计划是实现目标的重要手段和方法，务必建立详尽的指导计划和日程表。在做计划之前，要了解清楚下属的实际情况，对员工的工作能力进行分类，并对不同的员工采取不同的指导方法。同时制订实施计划，包含项目阶段、具体内容和时间等。

（4）实施。按制订的计划开始进行有序的指导，并利用各种业务和现场机会，指导者不失时机地对学习者进行指导和培养，有问题及时给予纠正。

（5）评价和反馈。评价和反馈是在岗学习的最终阶段，要认真评价和总结目标的达成情况，设计评估方案，包含评价项目、详细项目说明以及各个评价项目在总成绩的比重。另外需要注意，在评价时要包括对过程的评估。

4. 结构化在岗学习

经济全球化必然会增强培训在组织中的重要性。然而，尽管组织将培训放到了更具战略性的位置，但这并不意味着每个人都对培训的使用方式感到完全满意。事实上，管理人员和人力资源开发人士都对组织如何实施培训深表担忧。在这种背景下，人们对在岗培训也存在多种担忧。尽管在岗培训比脱产学习的使用更频繁，但在岗培训大多是非正式的，即事先没有计划或没有管理层的参与。整个培训过程可能由一个不熟悉工作情况、有不良工作习惯或是认为培训是强加给他工作的人负责。在这种情况下，即使培训可以提高工作质量，也会被放在比较次要的位置。多数员工都是被迫在这些限制下学习。

因此，未来的在岗培训将逐步向更加科学化、规范化、系统化发展，对“结构化在岗学习”的定义可以表述为：有经验的员工在工作场所或与工作场所近似的地点，培训新员工，有计划地培养特定工作能力的过程。由定义可知，结构化在岗学习至少有四点不同之处：

（1）结构化在岗学习可以像其他有计划的培训方法一样，可以达成培训目标。

（2）培训具体的目标——传授完成具体的工作单元或工作任务的能力。工作单元是指从一线员工到高级管理人员在内的所有人员在工作中所做的一组特定的行为及其结果。结构化在岗学习不是学习如何操作一整项工作，而是一项工作的一部分。

（3）结构化在岗学习强调在一对一的基础上进行培训。在实践中，结构化在岗学习肯定会出现一名培训师带多个学员的情况。但是，即使在这种情况下，培训师与学员之间仍然有密切的接触。研究表明，与小组指导方法或使用印刷材料、自动化装置的自学方法相比，指导人员与学员之间的直接接触特别有益。结构化在岗学习充分利用了这种直接社交接触的指导优势。简单而言，学习从根本上来说是人的行为过程。其他培训实施手段所带来的益处很难超越人与人直接接触的益处。

（4）结构化在岗学习的定义指出培训在实际的工作场所或与工作场所近似的地点进行。这一特点将其与大多数其他培训方法区别开来。如果要求所有的结构化在岗学习都必须在实际的工作场所中实施，会过分减小它实施的范围。在实际中，已经开展结构化在岗学习的场所有培训中心的培训实验室、工厂外模仿工作场所地点或在工作场所附近的特定培训区域。因此，它可以发生在实践工作场所或具备所以重要条件的替代场所——即要有与工作场所相同的环境、提示和响应需求。

3.4.3 劳模工作室

劳模工作室是一种新型的在岗学习教学方式，起始于电力行业，适用于电网企业。作为一种较新型的教学方式，在电网企业培训中发挥越来越重要的作用。以下从劳模工作室的定义、操作流程来阐述此种教学模式。

1. 定义

劳模工作室一般是以一个劳模的名字来命名，以劳模本人作为该工作室的带头人，带动工作室成员共同发展，从而推动企业进步。劳模工作室的组成人员主要包括在岗在职各级别劳模、技能能手、技术标兵、技术专家、QC 爱好者、企业骨干等。在工作室的培训过程中谁的技术要领掌握得快，谁的学习方法好，谁的沟通能力强，就能站出来当“师傅”。其发挥的作用主要表现在：发挥企业劳模精神、带动职工多做贡献、树立良好的典范榜样形象以及增强企业竞争能力。

2. 操作流程

（1）确定培训目标。工作室培训以实际操作和实用技能培训入手，根据岗位技能、操作要求确定培训目标。

（2）培训计划大纲。

1）制定制度计划。设定一套完整的培训管理制度，包括教员岗位责任制、教学管理制度、学员管理制度等。

2）培训队伍计划。工作室成立公司劳模、技术能手、工作室领导小组，将成员进行分组，并以劳模名称设为小组名称，并在计划中明确各个成员的职责。

3）培训内容课程设计。工作室的教学内容根据实际岗位日常工作需求，选定培训课程，并按照成员的特性、岗位的技能要求设计合适的课程计划。

4）实施计划。针对不同的学员、不同的教学目标都有明确的课程设置和时间进度表以及考核、激励、评估设计方案。同时要设计保障培训顺利实施的计划，包含开展活动的场所要有怎样的结构设计、需必备的电脑、网络接入、打印机、工器具等设施设备、各项经费预算、各项技能训练的实施步骤以及故障事故处理方法等。

（3）实施。根据活动计划，实施课堂结构设计，并将设备进行调试，完成课程实施的课前安排。再根据课程计划表和各项技能训练实施步骤，按部就班地进行操作训练。

（4）评估与反馈。

1）过程控制评估。根据前期过程评估设计，实施评估计划，一般工作室采用不间断小型考试和固定时间大型考试的方法，对培训的成效进行及时评估和公开亮相，对于小组内成员的学习效果差的，进行针对性补课。

2）结束评估。在培训结束后，需要对整个项目以及小组成员进行评估。一般结束评估阶段采用工作室组队实战或是竞赛考察方式来评估培训效果，对整个项目评估一般是依据整个项目实施的情况和结果进行分析评估，总结经验。

3）反馈改进。根据评估结果，进行整合分析，针对效果差的地方，同成员、负责人等分析其原因，寻求合适的教学方式。针对具有典型的活动，在企业中予以保留。

3.5 课程的评估与评价

3.5.1 课程评价维度

第二次世界大战以来，美国的课程设计与开发已处于全球领先地位，创造了许多流传世界的经典版权课程，也就是精品课程。要想确定一门课程是否属于精品课程，研究国外精品课程总结提炼出好课的标准及其设计与开发模式是十分有必要的。参考国内外相关研究著作，对精品课程必备的要素和成功的要素作出总结发现精品课程都具有七个方面的突出优势：以学员为中心、目标精准可衡量、内容接业务、逻辑清晰可验证、模型可视化、结构合理化及形式新颖化，精品课程评价维度如图3－23所示。

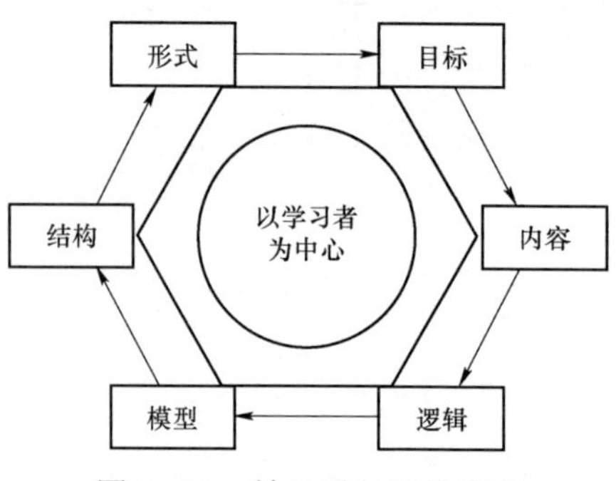

图3－23　精品课程评价维度

1. 以学员为中心

以学员为中心是精品课程的核心理念。专业的培训师、课程设计人员都是以学员为中心、以学习目标为导向，聚焦学员工作生活中面对的实际问题与挑战，锚定学员学习后要完成的实际任务，提供专业化的学习解决方案。

2. 目标精准可衡量

通常培训目标是以“了解什么、掌握什么、精通什么”来描述，培训效果难以衡量。在参考国外精品课程研究报告中我们可以发现，国外的精品课程都是由专业的课程设计专业人员开发，大多数采用布卢姆的学习分类框架、学习目标ABCD公式和积极行为动词词干，是一种表现性目标，用培训后学员应该有什么样的表现来描述，如改变什么态度，完成什么任务，解决什么问题等。

课程目标的精准表达能牵引课程的内容与形式。传统的培训目标强调知识的掌握，课程内容一般是老师为主导进行课程内容的讲解。而课程目标设置为可衡量的表现性目标时，老师角色将由知识讲授者变为学员辅导者。同时可衡量的目标使得培训效果可以及时考评，如果学员表现不尽人意，老师可以当堂给予反馈和纠正，如果学员在培训后没有出现目标期望行为，也可以根据目标进行及时反馈。正是由于课程精准的、可衡量的表现性目标，才使得培训效果在课前和课中及课后得到检验。

3. 内容接业务

在精品课程总结研究中，为了改善业务成果，培训师进行系统化思考，数据化分析，识别出学员已知行为和期望行为之间的差距，寻找补差的“根本解”内容。这种精品课程的内容原创程度高，经过大量样本定量或定性的调研，紧贴业务特点、紧抓业务需求和工作任务，萃取工作中最佳实践方法、为业务发展提供真正的智力支撑。

4. 逻辑清晰可验证

逻辑是课程的主线，把内容和活动进行合理整合，形成课程的要素联结关系和合理化结构。好的逻辑会揭示课程所反映的规律，体现学习内容和学习活动的线索。但构建一个好的逻辑并非易事，课程整体设计逻辑是以终为始，从后往前看，把握课程的终点，专注学员面临的挑战和问题，再具体设计课程内容，一般课程开发专业人员开发一门课程，需要找几十本相关的著作做主题阅读，吸取不同作者的精华，进行内容的包容与割舍、逻辑衔接与整合、多种形式的组织尝试，才能最终将课程内容很好的贯穿起来，使得课程逻辑清晰可经得住学员的验证。

5. 模型可视化

在研究精品课程中，我们发现一门课程如果具有好的模型，那么它很容易成为流传较广、印象深刻的精品课程。国外精品课程中，好模型都是基于人左脑逻辑、右脑感觉的生理特征，形成新奇画面，将课程的核心特征可视化地表达出来，让人们产生联想，使模型与课程间形成联结。比如人们一看到 2×2 矩阵，人们就会想起 DISC、4D 领导力、时间管理等课程，将相关模型与课程间画等号。

6. 结构合理化

结构合理化是指组成课程整体的各部分的搭配和安排的合理化。采用结构化思维来安排课程内容，首先要识别问题的类型，正确的界定问题，对问题的成因进行假设，对可能的假设进行合理分类，去掉非关键环节，分析重点核心环节，对重点环节加以解决，以事实为依据，以假设为前提，通过严谨的逻辑推理从而形成结论或解决方案。可简单归纳为九个字：提假设、摆事实、重结构。

由于结构化是大脑的高级思维方式，把存储的信息进行分类和概括，构建成像为大大小小的金字塔结构数据库。当你以金字塔方式组织学习内容信息，阅读者在阅读你开发出的学习材料时，自然会很容易理解，很容易进行自我意义建构，让学习更有效。

7. 形式新颖化

西方教育学家说，教育的本质就是让学员从概念中获得直接的体验。那么教育工作者的任务就是要为概念设计体验，也就是设计教学形式。形式新颖可以增加课程的魅力，在培训后为学员留下深刻的印象，并在后续工作中潜移默化的影响学员的行为。在培训中，传授和消化同时进行，效果在学员思考的过程中产生。讲师在培训过程中要始终抓住学员的注意力，也离不开课程的教学形式设计。课程过程中的形式设计既要考虑不同内容的时间分布，又要结合人的生理和心理规律，还要让课堂有层次感和节奏感。故教学形式也是考量精品课程的一个维度。

3.5.2 课程的评估方法

课程的评估一般是人为评估，根据不同的评估者会有不同的评估方法，以下总结了几种评估方法，需要注意的是每种评估方法都具有其优劣性，要根据实际情况选择适合的方式方法。

1. 专家审核

当教学材料的第一稿开发完成后，课程设计师可以请“内容专家、学习设计专家、学员代表”对教学材料进行评审。

内容专家主要负责审核内容，学习设计专家侧重审核教学策略方法，学员代表既可以审核内容同时也可审核教学方法。专家审核重点是验证内容的正确性、课程时长的合理性、内容顺序的逻辑性、内容的完整性、内容与业务的协同性、教学材料的优质性、呈现方式的有效性等并提出完善意见。

2. 一对一评估

一对一评估是在非教学现场或实际授课情况下，从目标学员群体中选择一名学员与课程设计师直接进行交流，来测试教学材料适合于个性化需求的程度。

3. 小组评估

小组评估也被称为群体评估，其测试方法类似于一对一评估，但其参与群体数量要多于一对一评估，它是观察从目标群体中随机选出的参与者群体对教学材料的反应。在小组评估中，可以验证学习内容和学习活动的顺畅性程度，课程与学员工作的相关性，学员的参与性和互动性。

4. 管理者评估

在课程正式实施前，让目标学员的上级参与对课程材料的评审和课程实施的准备工作，以获取他们对培训工作的参与和实质性支持。课程设计师根据过程性评估收集的信息，发现教学材料中存在的问题，然后进行整改。所有这些工作完成后，就可以生成或出版一系列有效的教学材料了。

通过上述四个层面的评估，在以下八个方面不断提升课程的有效性：学习内容的理论来源要有科学依据；学习内容要具体聚焦于学习目标；课程与学员工作任务高度相关；面对目标学员工作重点、难点和痛点提供内容干货；课程情景化，聚焦真实问题和真实情景，学了就能用；课程内容逻辑清晰且可验证；课程内容结构化、模型化、好记忆；课程设计符合人类大脑自然学习方式。

1. 运用 ADDIE 模型为你所在单位开发一个关于新业务或新技术的培训课程。
2. 运用课程评估和评价方法对你开发的培训课程制定评估方案。

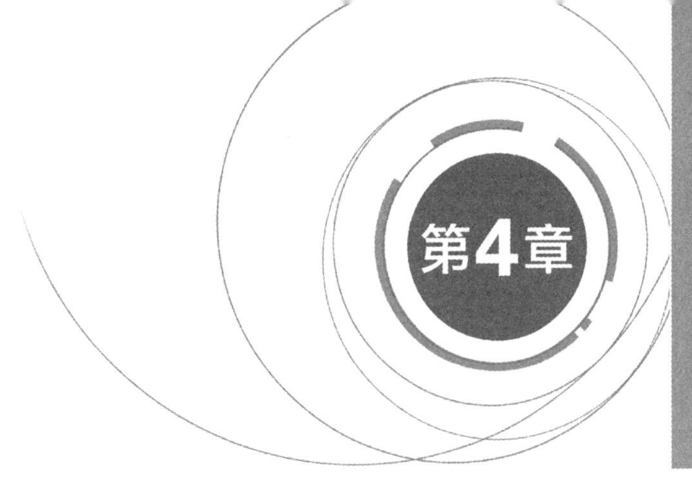

技能培训方式与创新

在国内企业的培训机构中，特别是大型国企，针对生产技能人员的技能培训规模大概占据了七成以上，这是完全符合国家对生产劳动者职业能力提升和安全技能强化的要求，保护劳动者的合法权利。

目前各行各业的实训基地星罗棋布，各种训练用的模拟器材和仿真装置也层出不穷。像模拟驾驶、消防演习、航空航天器模拟训练、电网调度模拟训练、化工工艺过程控制仿真等。技能培训的科学性和与时俱进还有待进一步提升，大部分的训练装置和项目，都依靠职业资格鉴定、特种行业取证或资质论证推广，缺乏岗位技能的针对性。随着国家取消大部分职业工种鉴定或行业资质论证，将极大推动以岗位实操技能为核心的技能培训和考核体系的实施。

但是随着计算机技术，特别是大数据、云计算、虚拟现实、人工智能等技术的日益普及，一方面很多人工操作的机器被替代，将加剧“无人操控”将成为常态化，人工操作将向决策型、开发型、创作型和人文型发展，技能训练开发和实施的要求越来越高。另一方面，技术进步将极大促进实训装置和项目开发的多样化和智能化。例如将能够搭建与真实环境几乎一致的虚拟现实训练环境，用人工智能进行精准、实时和高效的培训。

技能培训的开发与实施必将出现很大变革，从现场模拟 V1.0 版、经过数字仿真 V2.0 版，最终走向智能虚拟 V3.0 版。

 4.1 技能培训方式的发展趋势

4.1.1 技能培训的基本要求与实现

技能是个体运用已有知识、经验，通过训练而形成的一定的动作或智力活动方式或活动技巧。技能的基本特征在于技能提升的内在联系性强，技能的形成取决于练和用的程度；技能的发展与技术发展和技术应用关系密切，有着制约与被制约的关系；技能的标准同岗位任务相关联，有时代发展的特征。技能可以划分为动作技能与智力技能（即认知技能）。动作技能指运动技能和操作技能，智力技能指借助于语言信息在头脑中进行智力活动。

技能与知识学习相比，技能的学习，更多的是基于行动，而不是内容和信息，只有这样，参与者会在精神上和身体上更加积极。对大脑的相关研究表明，运用对人的五感有影响的技术和学习策略，可以有效提高学员更好地记忆和对体验做出实时响应的概率，在设计一个基于大脑的技能学习环境时，要不断应用于实际工作相似的情景，让学员大脑本能反应地感知和思考，并使感官和行动形成条件反射，形成对训练目标的动作固化或逻辑强化。技能培训有其自身特点：

（1）技能的个性化特点是技能人才成长规律的核心要素，所以培养技能人才不能像普通教育那样把学生集中到一起，千篇一律地进行教育，而应该注意企业的差别性、注意岗位的差别性、注意学员的差别性，从而选择适当的培训内容、培训教材和培训方法。

（2）技能的岗位性特征使得技能人才的培养具有目标性、针对性。因此，技能人才的培养，必须紧密和岗位结合，立足岗位培养和成长，根据岗位特点和岗位要求设置培训内容和培训课程，强调在实际岗位中进行现场传授和训练。

（3）技能的动态性和技能提升的渐进性，决定技能人才的成长是在生产、工作的实践过程中一步步完成的。它与实践密不可分，并且随着企业技术的发展和设备的更新而不断发展变化。技能的境况，必须在一个动态的过程中训练学习，在生产、工作的实践过程中一步步掌握和提高，总之是从“生手”逐步向“熟手”逐渐转化的过程。

（4）技能人才成长与实际岗位的实践训练是直接并行的。离开了岗位生产实践的技能是不可能存在的，技能既从岗位实践中来，也要从岗位实践中学习，而且必须亲身进行操作，在反复的训练过程中，运用和验证学习的理论知识，在揣摩和摸索中逐渐积累经验，掌握技巧。

4.1.2 现场演习型实训

生产现场作业型实训，即训练环境与生产现场或相应生产系统完全一致，对学员进行与真实生产环境和过程几乎同步的训练，以强化其对操作次序、工艺及过程异常故障处置的能力。

（1）现场演习型实训特点。由于经济成本和使用环境的原因，这种实训环境一般都作为生产、试验与培训共用的设备系统或基地，其生产功能，更多的是作为真实生产的“热备用”状态。为了学员的安全起见，我们不可能在真正的生产现场训练学员。

对于生产操作危险性大、工艺质量高、生产过程感受模拟难的操作项目，如航空航天驾驶、电力行业的高空带电作业、化工行业的高压施工等，均采用这种实训装置进行训练。

输电线路实训教学场如图 4－1 所示。

（2）现场演习型实训操作流程如图 4－2 所示。

（3）现场演习实训的发展趋势。现场演习型实训的主要优点是直接、直观，与生产实际几乎一致。目前该类基地的发展有两个比较明显的趋势：

1）现场演示型基地一般将纳入生产或科研的一体化范围，也就是这类基地的建设将同时作为企业的生产（检修、生产准备等）、试验（科研、测试等）基地，将促进其综合利用能力。

图 4－1　输电线路实训教学场

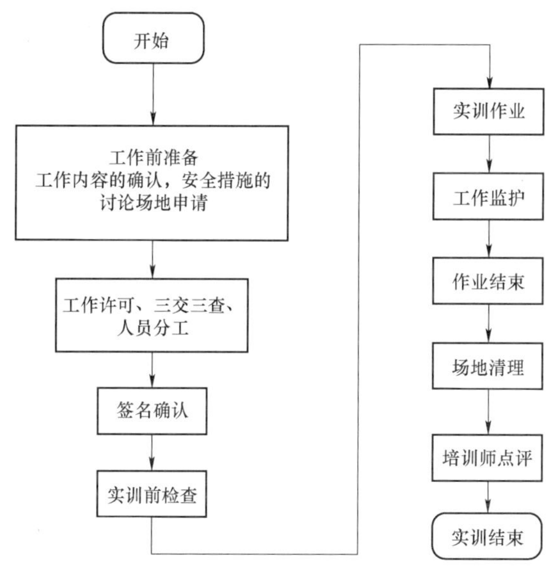

图 4－2　现场演习型实训操作流程图

2）利用虚拟现实技术，特别是增强虚拟现实（AR）技术、混合虚拟现实（MR）技术，将虚拟场景与实物结合，操作控制在真实装置上实现，而操作人员的测量、分析和判断可依托虚拟系统完成，目前主要的困难是虚拟系统开发的投入较大，甚至成本超过真实系统，随着计算机技术的快速发展，在不远的将来，将会有所突破。

4.1.3　模拟操作型实训

（1）模拟操作型实训特点。模拟操作型实训主要应用于生产工艺类技能培训，如设备加工、设备安装、设备检修等。培训设置的基本要求是，操作工艺质量、安全技能要求必须与真实生产完全一致，但是实训环境或设备系统采用模拟相似方式，在设备构成、运行状态和参数上简化、等比缩小或演绎的技术手段，减少设备投入成本或减低运行状态建立的难度。

（2）模拟操作型实训项目开发与实施流程。变电站自动化某项目实训操作流程如

图 4－3 所示。

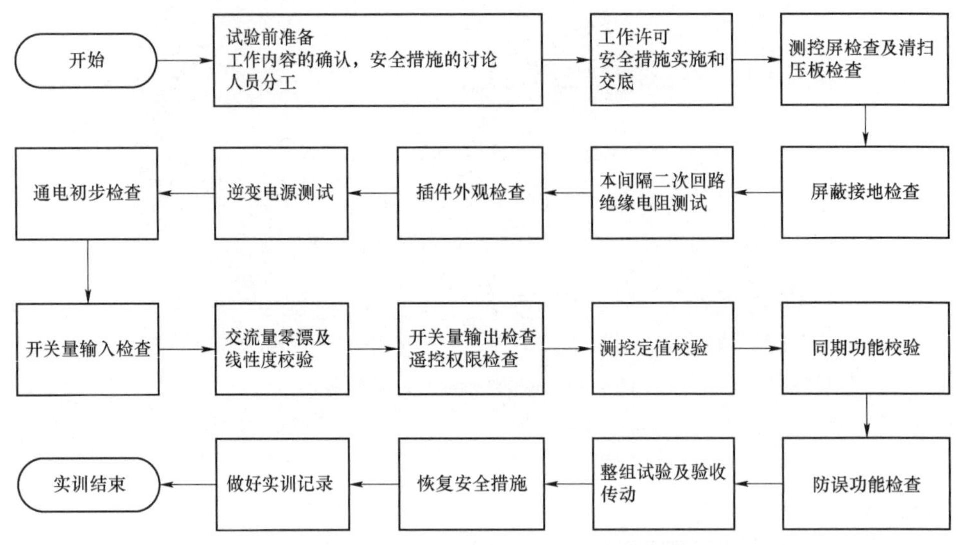

图 4－3　变电站自动化某项目实训操作流程

（3）模拟操作实训的发展趋势。模拟操作型实训的主要优点是建设过程简单、利用率高，但缺点是其设备系统性差，并且基本都是“离线”式，很难模拟真实生产过程的“在线”系统。因此只能满足于基本技能的训练或标准化操作的训练。

模拟操作发展的主要思路是，可利用计算机控制和虚拟现实技术，特别是 AR、MR 技术，将系统控制、虚拟场景与实物模拟相结合，用计算机控制系统模拟生产控制系统，用虚拟场景模拟其他相关生产系统设备。电网继电保护实训基地如图 4－4 所示；电气设备检修实训基地如图 4－5 所示。

图 4－4　电网继电保护实训基地

图 4－5　电气设备检修实训基地

4.1.4　系统仿真型实训

系统仿真操作界面与真实完全一致，但后台设备系统和信号发生完全采用计算机数字仿真，主要训练运行维护人员设备循序控制、设备异常和故障分析处置能力，即对行为逻辑固化的一种直接训练。变电站仿真系统部分操作界面如图 4－6 所示。该部分内容在本章后续章节有较为详细的阐述。

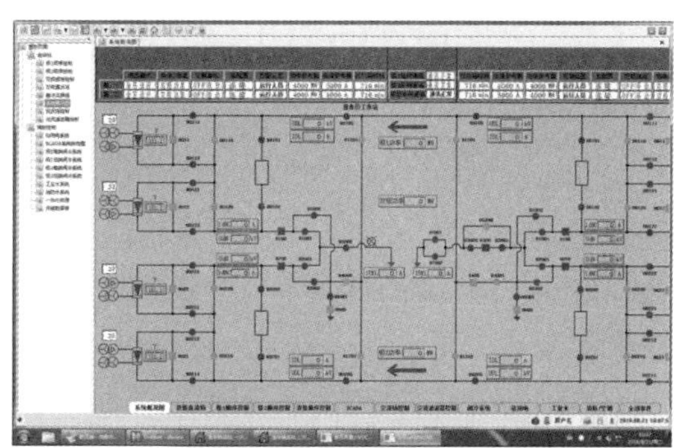

图 4－6　变电站仿真系统部分操作界面

4.1.5　攻防式实训

攻防式实训或对抗式实训，一般指利用专业特征，精选专业技能实战中的经典案例，将案例分析与理论讲授相结合，并在实训过程中设立相对立的团队，确立竞争规则和竞争机制，使之相互制约、相互对抗、相互促进，以增强学员的自主学习意识，提高学员的专业实战技能，同时也增加了实训的趣味性。

20 世纪 90 年代，专家开始将这种攻防模式应用到信息安全系统等各领域。对于电力企业，对抗式实训因其对抗特性，可用于信息通信安全、电力监控系统网络安全防控、用电检查、反窃电技术、电力生产安全等方面的技能实训。目前，就涉及通信安全的网络安全攻防实训已在许多企业、培训机构中开展。以该项技能实训为例，其实训模式通常是将实训学员分为攻、防两支队伍，侧重攻击技能实训的称红队，侧重防御技能实训的称蓝队。红队以渗透测试方式，通过对实训环境进行渗透，获取系统、设备的控制权，以提高学员漏洞挖掘、渗透攻击等方面技能。蓝队通过对实训环境的安全自查、漏洞加固，日志审计、取证分析，提高预警发现、研判处置、追查溯源等安全防护技术水平。通过攻防实训，主要使学员掌握最基本的网络攻击的原理与技术，熟悉使用一些主流攻击工具，并能够针对这些基本的攻击发现安全漏洞、找到应对措施。该实训项目的技能要求可包括：熟悉漏洞挖掘技术、常见操作系统、数据库、中间件及 Web 安全漏洞原理，掌握漏洞测试、修复、安全加固及利用的技术和方法；了解信息加密原理、二进制逆向分析原理，具备信息加解密、反汇编和逆向分析能力；了解操作系统中常见恶意程序特征和调查取证基本要求，具备恶意程序行为分析、清除能力以及日志分析、代码审计等基本能力。

该实训项目的技能训练及考核要点可包括：Web 渗透、暴力破解、溢出攻击、权限提升、数据加解密、逆向分析、Web 防护、操作系统安全、恶意代码识别与清理、中间件安全、数据库安全、取证分析等。

总之，对抗式实训因其独特的攻防特征，使实训内容更贴近生产实践，大大提高了实训的针对性和实效性，从而全面提升培训学员的实战技能水平，同时也对培训师的知识储备、技术技能等方面提出了更高的挑战和要求，必将在电力企业相关专业领域的培训中得到应用。

4.2 数字仿真的应用现状与发展

随着计算机仿真技术的进步，仿真培训的应用不断提高，特别是设备形状的3D建模，使得设备形状仿真效果和操作界面已经能最大限度地接近实际，受制于产品应用的专业性，很多行业（除了航空航天等特殊行业）的仿真系统水平实际上没有太大提升，仿真系统的界面愈来愈逼真，但实际的训练效果还是大同小异。

要提高仿真系统的实际应用水平，关键在于其底层（或后台）采用的设备系统原理、运行特性数学模型与计算方法以及运行状态数据的支撑。随着生产控制可靠性要求的提升，复杂工况运行及故障处置能力对仿真系统提出了新的要求，而这又是目前以标准产品为主流的仿真系统所难以承受的，如不发生重大的改进，所谓的仿真培训系统将会沦为新入职者的“游戏”，而不是真正的岗位人员演练平台。

要提高仿真系统的性能和应用水平，除了采用大数据、人工智能等新的技术手段加强其平台适应外，加强应用数据和用户需求动态和实时响应功能开发，也是一项重要工作。

4.2.1 数字仿真技术发展与应用概述

1. 国内外仿真技术研究与应用综述

仿真技术作为一项通过模拟实物进行试验、研究和训练的技术，具有直观、可控、安全、经济和灵活等特点，在各个设备系统较为复杂的专业领域应用日益广泛。

仿真技术在电力领域的应用从20世纪70年代中期起步，国外于1976年提出调度员培训仿真系统（Dispatcher Training Simulator，DTS），1977年研制出第一套DTS。DTS引入电力系统理论分析及计算，用较为直观的形式用于调度员实际工作的辅助训练，得到快速推广。

与DTS相比，变电站仿真基本在同期出现，但发展则略为迟缓一些，主要原因是变电站设备及使用的多样性与复杂性，并经历了物理模拟和计算机仿真两个阶段。20世纪90年代以来，以计算机为核心的新一代变电站仿真系统发展起来，在仿真系统组成模式上主要有盘台模式（物理仿真）和模拟仿真模式，并随着变电站综合自动化技术的普及，逐渐过渡到数字仿真模式为主。

数字仿真系统是指用计算机软件来虚拟变电站全部一、二次设备及监控自动化系统，硬件由主站服务器、教员工作站、学员工作站及一些网络设备组成。仿真系统的设备控制及逻辑关联都是由软件实现，适应性好，易于升级维护。由于受软件开发能力的限制，现有的数字仿真系统经常出现不够“真实”的现象，特别是存在二次回路逻辑关联欠缺等问题。

目前数字与模拟混合仿真也比较流行，在这类仿真系统中，电网和一次设备采用计算机软件仿真方式，二次设备（测控和保护）部分采用软件仿真，部分可采用真实的设备。

由于从测控屏（保护屏）到就地的二次回路的数字仿真难度较大，通过部分二次装置模拟方式可进行一定弥补。

2. 3D建模与虚拟现实技术的应用

在仿真培训系统中采用虚拟现实技术的变电站的主要作用是充分利用三维场景。即在微机上用多媒体技术、3D立体图形建模、人机交互等技术将变电站的设备和系统可视化，营造出与真实变电站高度近似的虚拟环境，感觉仿真操作过程与其在实际环境中的操作较为一致。这种学习方式能吸引学员的视觉、听觉，调动学习的主观能动性，从而改善学习效果。

3. 人工智能技术的应用

专家系统是人工智能应用研究最活跃和最广泛的应用领域之一。自从1965年第一个专家系统DENDRAL在美国斯坦福大学问世以来，各种专家系统已遍布各个专业领域，取得很大的成功。专家系统以一种计算机可实现的方式，收集人类专家在某个狭窄的特定专门领域的知识。它利用这些知识提供与专家水平相当的决策支持，并能够证明其推理是正确的。它把推理机制和领域专门知识分开，用一种或多种知识结构，如产生式规则、框架、语义网络、谓词演算和对象来表示这些知识。专家系统的一般结构框图如图4－7所示。

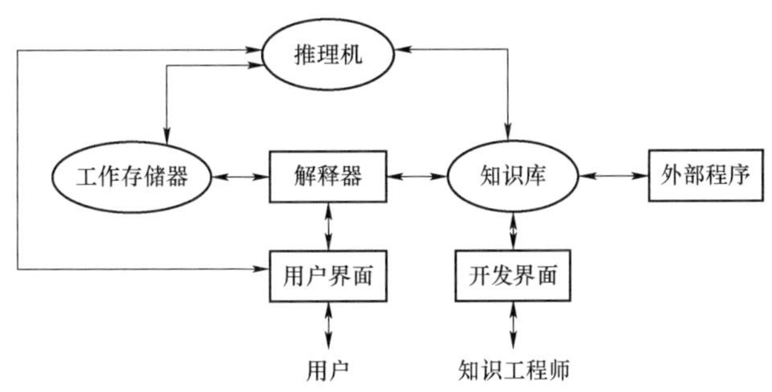

图4－7　专家系统的一般结构框图

人工智能在电力仿真的应用前景并不明朗。目前仅用在设备常规操作系统中，而设备故障和异常处置的规则存在不同程度的差异，使得较难以实现。

4. 远程（网络）培训

通过远程（网络）培训可以提高学习效率。基于C/S模式的远程培训是易于实现的，该系统克服了集中仿真培训的各种缺点，用户可以在方便的地点、时间，按照自己的知识程度，灵活安排学习，大大降低了培训成本。随着网络传输带宽的进一步发展，通过网络远程登录仿真系统将成为主流。

5. 主要存在的问题和发展展望

由于受到现实开发实施条件和体制的限制，目前仿真系统的应用水平远未达到理想目标。具体表现如下：

（1）对大多数变电运维人员而言，他们所使用的普通微机在运行庞大的三维虚拟场景时，显得非常缓慢。现在的三维场景只适用于新进人员的培训。在这种情形下，只有两种合理的选择：或是继续探求提高场景生成速度的方法，或是采用局部精细化的方法以发挥虚拟现实技术的优势。

（2）现有仿真范围基本局限于变电站设备操作和事故处理等某些孤立环节，在仿真深度上根本无法满足技术探究的需要；在仿真广度上，目前的仿真系统尚未顾及设备运行管理的信息化、流程化、标准化作业要求，仿真还停留在设备和系统的操作层面。在标准化作业成为变电生产基本模式的今天，这种现状必须尽快改变。

电力系统数字仿真软件设计技术将在以下三个方面有新的发展：① 采用先进的软件开发技术改进大型电力系统研究仿真软件；② 采用人工智能技术和先进软件设计技术开发各种用途的电力系统人员培训仿真机；③ 采用更有效的硬件与软件技术开发功能更完善的试验用的实时仿真系统。

4.2.2 设备系统精细化建模

1. 变电站仿真培训系统开发过程

变电站仿真机的培训对象主要是变电运维人员，其常规架构是：以仿真支撑系统为基础，建立变电站一次、二次设备和系统模型，在计算机仿真界面进行训练。通过在仿真机上的培训，运维人员可以提高其技术水平和应对紧急情况的能力。为更好地反映当前的工作内容变化，变电站仿真系统还需对如下环节进行优化：

（1）电网数学建模。整个电网模型按机电暂态过程建模，电磁暂态过程建模则应用在参考变电站及相邻局部电网模型，这样可使变电站运行参数更加真实，继电保护装置动作与故障录波更能反映各类事故。

在仿真算法上，国内过去普遍采用模块化交替算法，但存在精度低、稳定性差等缺点，拟采用差分方程和代数方程的联立求解技术。

在外部电网等值上，采用自适应外部电网等值技术，可自动适应电网各种运行方式下的全动态仿真要求。外网等值模型（包括正序、零序外网等值模型）由 PSASP 或 BPA 计算提供，通过接口与内部电网自动关联。

采用精确的内网和外网模型匹配技术，保证内部电网（包括所有联络线）的起始断面不受外部电网的影响，同时又动态响应外部电网的作用。

因为目前电网的调控模式与传统发生较大改变，已由单站控制模式过渡到集控站模式，并实现调控一体化。在进行变电站仿真系统开发时，必须充分考虑与变电站相关的内、外部电网调控方式及拓扑结构特点，以体现多种运行工况下电网对本站设备状况的影响。

（2）变电站设备建模。目前变电站设备建模精度与实际需求不符，反应在一次设备的结构不够“透析”，设备状态与操作画面设置固化，二次回路逻辑仿真不实，不能满足运维级项目的仿真要求。

由于变电站设备结构较为复杂并处于动态运行过程中，要实现完全的虚拟现实设备环境，设备模型应具备中短期动态过程运算精度和状态反应实时性，但在开发时间、人力、财力等受到制约的情况下难以完全实现。采用对部分设备间隔采取精细仿真的方法，对涉及各类训练案例的关键画面将进行精细仿真，并着重对反映各种工况下的二次回路逻辑进行严格设置，部分保护控制与信号传递过程采用逻辑计算的数学建模，以实现对实际工作案例过程较为真实的再现和不同工况下的灵活组态。即将目前较为古板的“定制式仿真”变为灵活的“动态仿真”。

（3）仿真机开发一般要经历如下过程：

1）确定参考变电站和内、外部电网范围；

2）收集参考变电站的原始数据；

3）对原始数据进行预处理；

4）建立参考变电站各子系统的数学模型并进行调试；

5）将各子系统的数学模型进行联调；

6）交付用户试运行，收集用户意见和建议进行必要的修改；

7）最终交付用户使用。

其中，第 3）～5）步是最为关键的步骤，也是最为耗时的步骤。目前仿真机开发过程中企业技术人员的介入不够充分，导致实现的功能与实际需求有较大差异，要真正开发出与实际工作匹配的仿真培训系统，要对第 3）～5）步进行改进，改变原有由开发人员自行完成的方式，而是广泛采用由企业现场技术人员、培训师和系统开发人员协作完成的模式。

2. 仿真机二次回路仿真模型

（1）二次回路基本构成原理是变电运维人员最薄弱、最需要强化的部分。其中数据流的途径解析是重点，如控制信号电缆在保护屏、测控屏、开关端子箱、断路器机构箱、隔离开关机构箱、电流互感器端子箱、电压互感器端子箱之间的联络关系。二次回路一般原理性构成见图 4－8。

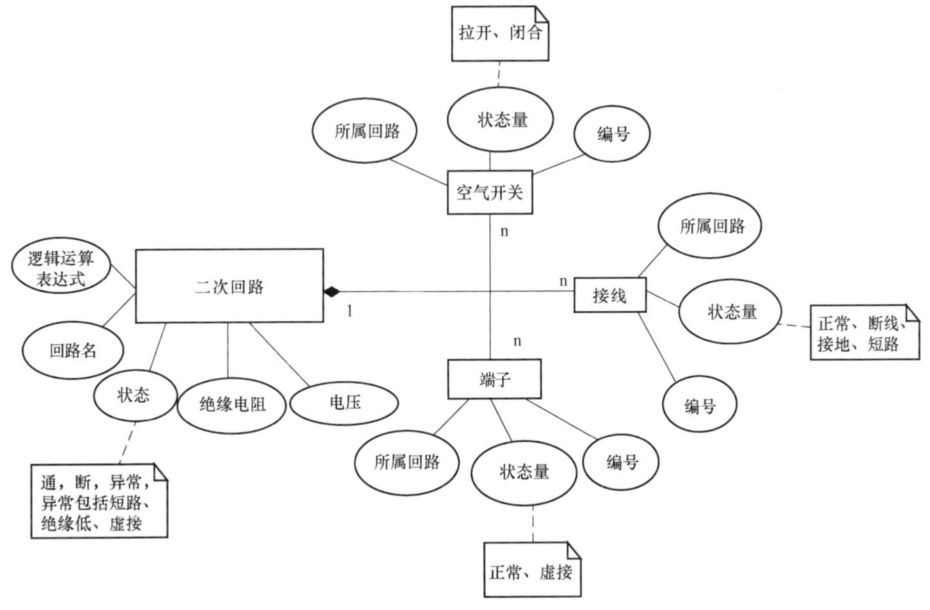

图 4－8　二次回路一般原理性构成

（2）二次回路仿真。二次回路是电力系统中的一个重要组成部分。二次回路发生故障，直接影响电气设备和电力系统的安全运行，甚至造成极其严重的后果。因此，二次回路一旦发生故障，应迅速准确做出判断，排除故障。随着电力工业的发展，电网智能化水平的提高，对运维人员的保护分析、二次事故判断等方面的能力提出了更高的要求。二次回路仿真主要目的是培训一次设备的控制原理及二次故障排除等内容，是为提高电厂、变电站二次回路运维人员的故障处理水平而出现的一个技能培训内容。

采用纯软件的方式实现对二次回路的原理仿真。由于软件方式的二次回路图形快速建模技术可以便捷地实现二次回路的搭建，设备投资较少，升级改造方便；由于继电保护装置模型采用模块化设计，配合二次回路图形快速建模技术，可以实现对多种型号的继电保护装置的培训，通用性好；由于采用软件方式实现，并可在单台计算机上运行，因此，扩展性好，可以方便地安装到多台计算机上，实现对学员的批量培训，也可用于学员自学，效率较高。仿真二次回路故障分析流程为首先构建一个二次回路故障模型；给定一个故障排查任务，教员在二次回路模型系统上设置一个二次回路故障；仿真系统根据一次系统潮流数据以及二次回路内部拓扑关系进行计算，在仿真设备盘台上给出相应的保护动作信号；学员根据仿真盘台上的结果，找出可能出现故障的保护装置二次回路；学员在二次回路图中根据回路带电着色情况进行逐级分析判断，直到找到故障位置。可以表示为图 4－9 的简单流程。

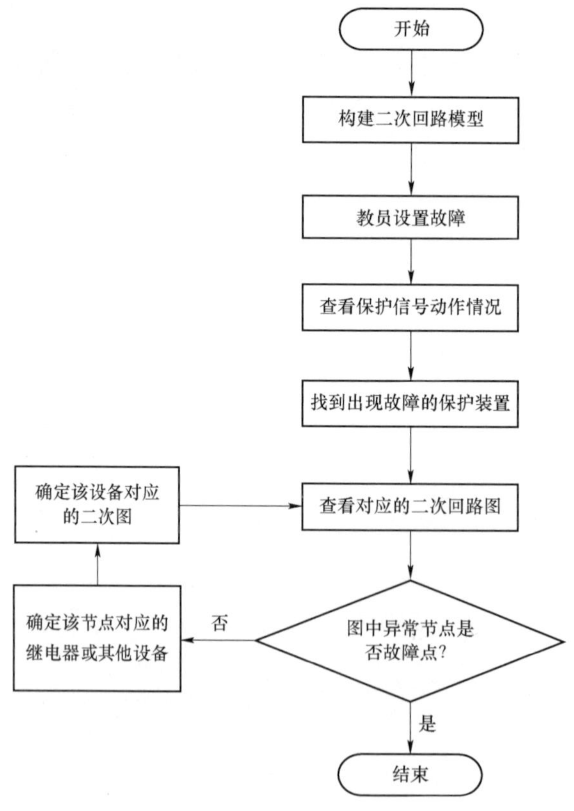

图 4－9　二次回路故障分析流程

（3）二次回路模型建立方法。采用二次回路图形快速建模技术构建二次回路模型。其核心思想是利用图形来生成设备模型和拓扑结构，使得图形和数据库模型一一对应，画图过程即建模过程，采用定制好的元件模块，相互组合，制作二次回路图，图形制作完成后，自动生成拓扑文件，建立二次回路数学模型，其逻辑关系自动体现在图形中。

4.2.3 新一代基于设备全过程管控的仿真培训系统

系统包括培训业务管理、培训过程管理、培训评估管理、系统辅助管理。仿真培训综合管理系统如图 4－10 所示。

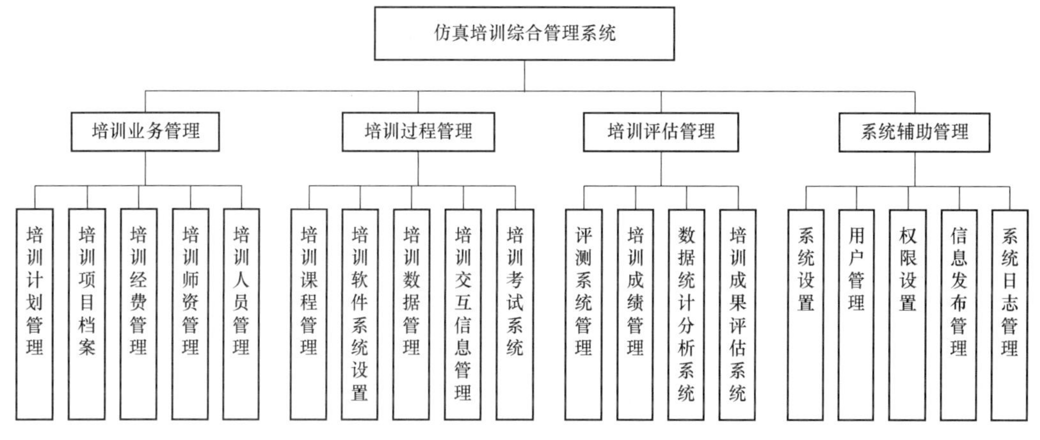

图 4－10　仿真培训综合管理系统图

1. 业务价值

仿真培训系统受训人员能在场景中漫游、运行巡视、维护、可视化操作体验，了解和学习设备名称、岗位工作生产流程，并按照自己的需要对学习环境进行个性化定制，控制学习选择和组织学习技能培训内容。

仿真培训系统还能将教学与教员监护有机地结合起来，并对学员所学习的内容进行自动跟踪，便于管理员管理、测试、考核，统计和分析，可以满足“分散培训，集中考核”的需要。系统对整个阶段培训数据进行统计和分析，应用健全的评估模型，生成完整的培训分析和培训评估结果，有效的指导培训工作的完善和持续良性发展。

整个仿真培训系统的建设与生产现场同步并适度超前，还能与已有的其他培训系统等相结合，构建一个全新的互动化、标准化、可进化的运维一体化仿真培训系统。

2. 采用的关键技术

（1）基于高层体系结构（HLA）的交互式实时协同培训仿真支撑平台及相关技术。采用高性能实时仿真计算机技术、实时仿真算法技术、并行计算技术、半实物仿真技术、组件技术、IEEE1516 系列标准高层体系结构（HLA）技术，开发交互式实时协同仿真支撑平台，不但可以全面支持全数字化交互式培训仿真系统，而且可以支持硬件在回路中（hardware-in-the-loop）的半实物培训模拟系统，全面实现将各种仿真培训系统进行有效集成和重用。

（2）基于 OpenGL 的电力系统虚拟场景三维开发引擎。基于跨平台的三维图形语言 OpenGL，开发三维图形开发引擎，提供一套适用于三维仿真程序开发的、面向对象的软件开发包，实现真实感图形显示、三维场景管理、声音管理、碰撞检测、对象交互和实时对象维护等三维仿真程序需要的功能，并且提供具有不同层次和形式的面向对象的接口，以适应不同目标、不同层次的仿真开发人员的应用需求，开发人员可以在三维开发引擎的基础上，方便快速的开发出各种三维仿真应用程序，大大降低了开发的复杂度和减少了开发周期。

三维开发引擎要充分考虑电力系统的特性，采用基于电气连接特性的场景树来组织场景，开发人员只需要根据虚拟场景的层次结构生成三维开发引擎所支持的场景树，并设置场景树的各个节点的设备模型和三维渲染状态，就可以实现三维场景的高效绘制。

三维引擎要解决影响三维渲染效率和实时交互的关键技术，实现高效率的三维渲染流程和实时交互算法，包括基于 OpenGL 的高效率三维图形绘制的算法、实体的运动模型的运动行为控制和运动行为描述、实体的碰撞检测算法和实体物理属性处理方法、实体的光照材质模型的处理、实体表面的纹理映射、视点的透视变换和视点运动控制、实体的快速可视性判断算法。

（3）可视化、组件化三维仿真建模技术。采用虚拟现实技术、组件化建模技术、图形化开发环境技术、电力系统设备三维建模技术，开发具有自主知识产权的交互式、可视化变电站、换流站一二次设备三维图形建模平台。该平台从底层设计起就要充分考虑电力输变电系统的特点，不仅提供电力系统专用的设备模型库，而且搭建过程完全不需要开发人员编写二次开发程序，只需要通过界面进行简单的配置，具有“即插即用”功能。

（4）采用虚拟现实技术的交互式三维虚拟场景系统。对变电站、换流站的一二次设备仿真和设备巡视系统采用虚拟现实仿真技术，开发变电站、换流站一次、二次设备三维交互式虚拟场景系统，实现了变电站、换流站一二次设备的三维重现，形象地反映一次、二次设备的正常、异常、事故状态及其动作过程，不但可以对虚拟场景中的设备巡视、检查、漫游，而且可以进行虚拟操作，还提供各种事故状态的事故场景，如着火、爆炸等。另外，还提供雾天、雨天、雪天等天气状况，提高系统的真实感、现场感。

（5）图形、数据库和仿真模型的一体化技术。图形、数据库和仿真模型的一体化是指画面编辑能够提供特定电气元件的计算模型，在生成画面同时，能够自动地生成或人为输入电气元件计算模型的参数，并插入到数据库相关表格中。它把作图和数据录入融为一体，极大地加快了系统建模的进程；所有电气元件都有对应的图形元件，为数据录入提供了直观的、图形化的输入工具；系统中还采取了多种有效措施，保证数据正确可靠，达到一次输入，全局共享的目的。

（6）具备详细完备模型的全动态电网仿真技术。在整个华北地区电网仿真中，采用暂态、中长期过程一体化的全动态仿真模型，实现电网从暂态到中、长期全动态过程的仿真，真实地再现电力系统动态行为。不但详细完整地考虑电源、负荷、网络元件、继电保护、自动装置等一次、二次设备的模型，还采用先进的电力系统仿真技术实现电力系统暂态、中期与长期过程的统一仿真，提高了电网系统的仿真精度，不仅可以显示系统在操作后的稳态，而且可以显示系统事故发展的全过程，使受训人员对事故有一个全面、清晰的认识。

（7）交互式全过程交直流实时仿真软件及其相关算法。在高压直流输电仿真中，基于高性能计算机、并行计算算法、综合友元法以及改进点火脉冲算法等先进技术，在微秒级步长时间里完成交直流系统的各种瞬时量的求解计算，准确的再现交直流系统的正常、异常及故障情况下的各种行为，为交直流培训模拟系统实时提供精确的数字信号；基于详细、准确的交直流输电系统中各子系统的模型，采用龙格－库塔法与梯形法相结合的数值算法，实现交直流培训仿真系统的长期稳定运行，全面再现交直流系统的各阶段的暂态过程；同时，采用输电线路任意点故障在线仿真算法，实现各类设备故障的在线交互设置而无须预先设置以重新进行初始值及稳态计算。

（8）基于 Multi－Agent 的智能化远程培训管理与评价技术。针对远程网络仿真培训系统的特点，采用人工智能技术和 Agent 技术，开发智能化的“教员机器人”系统，实现对整个远程网络仿真培训系统的运行、管理智能化和自动化。培训管理机器人系统具有完善的学员培训过程跟踪、教案调用、培训评估等功能；并且可以对培训学员提供辅导、帮助等功能，就像一个严谨“老师”随时随地的指导学员进行仿真培训，解决远程培训仿真系统的管理与培训评估的难题，实现培训管理与评价的自动化。

（9）基于 Web 的多媒体远程培训仿真技术。采用 Web 技术、流媒体技术、三维动画技术，开发变电设备、生产运行、检修、安全管理等方面多媒体远程培训软件。对不同工作岗位、不同工作级别的受训人员制订了动态培训方案，明确工作人员所应具有的知识和技能及应参加的培训内容。

（10）支持多种风格、多种类型的动态人机界面仿真技术。在监控系统的人机界面仿真中，采用动态菜单和动态图符技术生成多种监控系统的人机界面，采用人机界面服务器技术支持在一套仿真系统上同时实现多种风格、多种类型的监控系统人机界面仿真。

3. 主要内容

（1）变电运维培训系统。功能定位：开发典型变电站一、二次设备的常规检修（C、D 级检修包括例行试验、常规维护、带电检修、消缺等工作）项目内容，通过运维仿真培训，让现场运维技术人员兼备运行、常规检修的基本技能，了解二次回路原理及缺陷，掌握其维护及查找方法，实现运维作业技能一体化。

（2）专业检修培训系统。功能定位：开发一套针对检修人员的专业工作培训系统，同时也提供一套全三维场景的仿真系统供相关人员进行实际操作练习及专业考核使用。专业检修相关人员可通过此模块的培训，能够学习各种专业检修的理论及实操作知识，了解各设备 A、B 类检修工作时的标准化作业流程及各项目检修工艺，根据检修过程中发现的物理现象准确判断设置故障情况，并开展专业检修人员考核、技术比赛和技能鉴定等。

（3）输配电运检培训系统。功能定位：开发一套针对专业输配电运行检人员专业工作的培训系统，相关人员可通过此模块的培训，学习各种运行、停电检修、带电作业工作时的标准化作业流程及各项目检修工艺；同时系统也提供一套全三维场景的仿真系统供相关人员进行实际操作练习及专业考核使用。

综上所述，高效、全面、系统的专业化培训平台对岗位技能培训和应急处理能力提高有着重要影响，是进一步助推公司发展的潜在关键因素。因此需要尽快研究和开发大检修

“运维仿真培训系统”，建立高效的现场人员的培训手段，在较短的时间内培养一支适应新电网生产管理体系、专业知识丰富，操作技能熟练的高素质员工队伍，保证电网安全稳定、经济高效运行，顺利适应电网生产管理新模式。

4.3 虚拟现实技术的应用前景

虚拟现实技术融合了信息技术、计算机技术、传感技术以及人机交互技术等多领域的前沿技术，为开发全新的培训方式带来了新的契机。各类虚拟现实技术在开发针对不同工种的技能人员仿真培训系统中的应用，也有可能产生基于虚拟现实技术的电力培训新模式，为技能培训提供新思路。

4.3.1 虚拟现实技术概述

随着计算机技术的不断发展，将虚拟现实技术、全自由体感交互、动态人体识别等先进技术应用到各类虚拟互动、模拟训练中已逐渐成为世界各国研究的热点。

1. 虚拟现实技术的基本概念

虚拟现实技术是一种综合计算机图形技术、多媒体技术、传感器技术、人机交互技术、网络技术、立体显示技术以及仿真技术等多种科学技术而发展起来的计算机领域的新技术。它的技术应用是以信息数据处理为根本，创建虚拟的三维沉浸式交互环境，可以为技术体验者提供视觉、听觉以及触觉等模拟，并通过多种传感设备使用户“投入”到该环境中，实现用户与该环境直接进行自然交互，令用户感到恍如身临其境。虚拟现实技术具体包括以下三类：

（1）沉浸式虚拟现实（Virtual Reality，VR），利用计算机设备模拟生成一个三维虚拟世界，提供用户关于视、听、触等感官的模拟，并通过输入设备与虚拟环境事物实现交互。

（2）增强虚拟现实（Augmented Reality，AR），是以现实世界实体为主题，借助于虚拟信息技术帮助用户更好的探索现实世界和与之交互。

（3）混合虚拟现实（Mixed Reality，MR），它使真实和虚拟世界在一个设备中同时呈现，实现虚拟、现实和用户的自由交互。

2. 虚拟现实技术特点和发展趋势

根据实际需要，虚拟现实技术的发展趋势为两个方面，一方面是朝着桌面虚拟现实发展；另一方面是朝着高性能沉浸式虚拟现实发展。这两种类型虚拟现实系统的未来发展主要在建模与绘制方法、交互方式和系统构建等方面提出了新的要求，表现出一些新的特点和技术要求，其主要表现在以下方面：

（1）动态环境建模技术。虚拟环境的建立是 VR 技术的核心内容，动态环境建模技术的目的是获取实际环境的三维数据，并根据需要建立相应的虚拟环境模型。

（2）实时三维图形生成和显示技术。三维图形的生成技术已比较成熟，而关键是如何

“实时生成”，在不降低图形的质量和复杂程度的前提下，如何提高刷新频率将是今后重要的研究内容。此外，VR 还依赖于立体技术和传感器技术的发展，现有的虚拟设备还不能满足系统的需要，有必要开发新的三维图形生成和显示技术。

（3）新型人机交互设备的研制。虚拟现实技术实现人能够自由在虚拟世界对象进行交互，犹如身临其境，借助的输入输出设备主要有头盔显示器、数据手套、数据衣服、三维位置传感器和三维声音产生器等。但在实际应用中，它们的效果并不理想，因此，新型、便宜、鲁棒性优良的数据手套和数据服将成为未来研究的重要方向。

（4）智能化语音虚拟现实建模。虚拟现实建模是一个比较繁复的过程，需要大量的时间和精力。如果将 VR 技术与智能技术、语音识别技术结合起来，可以很好地解决这个问题。对模型的属性、方法和一般特点的描述通过语音识别技术转化建模所需要的数据，然后利用计算机图形处理技术和人工智能技术进行设计、导航以及评价，将模型用对象表示出来，并且将各种模型静态或动态地连接起来，最终形成系统模型。

（5）网络分布式虚拟现实技术的研究和应用。网络分布式虚拟现实技术是今后虚拟现实技术发展的重要方向。随着众多分布式虚拟现开发工具及其系统的出现，DVR 本身的应用也渗透到各行各业，包括医疗、工程、训练与教学以及协同设计。近年来，随着 Internet 应用的普及，一些面向 Internet 的分布式虚拟现实应用使得位于世界各地的多个用户可以进行协同的工作。将分散的虚拟现实系统或仿真器通过网络联结起来，采用协调一致的结构、标准、协议和数据库，形成一个在时间和空间上相互耦合的虚拟合成环境，参与者可自由地进行交互作用。特别是在航空航天中应用价值极为明显，因为国际空间站的参与国分布在世界不同区域，分布式 VR 训练环境不需要顾及异地生活的不适。

3. 虚拟现实技术的应用概况

美国是 VR 技术的发源地。美国 VR 研究技术的水平基本上就代表国际 VR 发展的水平。目前美国在该领域的基础研究主要集中在感知、用户界面、后台软件和硬件四个方面。美国宇航局（NASA）已经建立了航空、卫星维护 VR 训练系统，空间站 VR 训练系统，并且已经建立了可供全国使用的 VR 教育系统。Loma Linda 大学医学中心成功地将计算机图形及 VR 的设备用于探讨与神经疾病相关的问题，首创了 VR 儿科治疗法。伊利诺斯州立大学研制出在车辆设计中支持远程协作的分布式 VR 系统。从 20 世纪 90 年代初起，美国率先将虚拟现实技术用于军事领域，主要用于以下四个方面：一是虚拟战场环境；二是进行单兵模拟训练；三是实施诸军兵种联合演习；四是进行指挥员训练。

和一些发达国家相比，我国 VR 技术还有一定的差距。在紧跟国际新技术的同时，国内一些重点院校，已积极投入了这一领域的研究工作。北京航空航天大学计算机系研制了分布式虚拟环境网络，可以提供实时三维动态数据库，提供虚拟现实演示环境，提供用于飞行员训练的虚拟现实系统；清华大学计算机科学和技术系对虚拟现实和临场感的方面进行了研究；北京邮电大学自动化学院、西北工业大学 CAD/CAM 研究中心、上海交通大学图像处理模式识别研究所等单位也进行了一些研究工作和尝试。

虚拟现实应用于教育培训行业，国内仍然处于起步阶段，多是由一些数字仿真开发商和普通的计算机图形处理供应商在从事该项工作，其产品多用于功能演示，专业化、实用化的产品开发模式尚未形成，因此还没有到规模化推广阶段。

4.3.2 虚拟现实实训系统平台开发

基于 VR 的仿真实训系统核心在于三维模型的建立和 VR 平台的呈现。总体设计开发的思路是：在 Unity 开发平台上采用 3D max 或 Maya 三维建模软件根据实际电力作业场景搭建模型，并根据设备实地安装位置，确定其空间相对坐标；应用 Vray 渲染器渲染零部件，提高其金属光泽度，并采用贴图技术，增强场景真实效果；借助 Virtools for 3D max 插件将模型以.nmo 格式导入到 Virtools 当中，进行 VR 场景的开发与运算。利用各类传感技术、输入/输出设备对视觉、听觉、触觉的实时感知和综合模拟，提供一个新的、虚拟的、高度仿真的操作空间。再利用人体工程学和人机交互理论实现学员在虚拟场景里漫游及与虚拟设备上的交互。基于虚拟现实的仿真实训系统开发流程如图 4－11 所示。

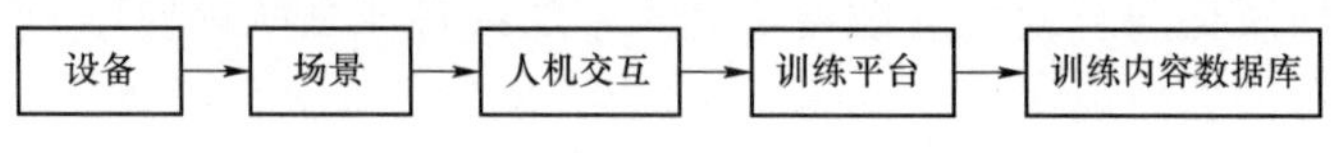

图 4－11 基于虚拟现实的仿真实训系统开发流程

基于 AR 的仿真实训系统是以大数据为基础设计的，核心在于实时数据的跟踪、分析与传递。总体设计开发的思路是：集控中心以 AR 智能眼镜为硬件载体，可视化屏幕将展示系统的软件程序，如文档、任务、数据采集，并将采集到的数据经后台软件系统分析后实时传送针对性的解决方案。

基于 MR 的仿真实训系统是虚实结合的，其关键技术在于要实现虚拟场景的创建并叠加到真实世界中去，进行真实设备的可视化操作练习。总体设计开发的思路是：利用 VR 技术创建虚拟作业环境，再利用 AR 技术将这个虚拟的空间叠加到真实世界中，使整个系统呈现的是真实的设备置于虚拟的环境中，作业人员将完全沉浸在这个虚拟世界里对真实设备进行操作。

为了保证开发平台的可持续使用，虚拟现实实训环境需具有二次开发和推演功能，即具备系统运行的底层状态逻辑管理，并具备可视化管理界面，程序人员可以通过“所见即所得”的方式对虚拟场景进行设计和调整，动态生成实训所需场景，实现定制化培训。

另外，实训环境可以通过设置，将可以将此设备的安全操作规范、注意事项等以文字、图像的方式呈现在学员眼前，说明并引导学员进行操作，实现推演式教学模式。

4.3.3 虚拟现实实训项目设计

虚拟现实的教学方式与传统培训教学方式在形式上有较大差别，特别体现在教学的互动方式、训练的内容呈现形式和考核记录的自动模式等。

1. 教学模式

虚拟现实技术引入教学培训中，将改变传统的多媒体授课方式，而是将现有的与培训相关的文字、图片、视频、语音信息导入相应软件系统进行编辑和处理，然后添加到虚拟仿真培训系统中去，利用仿真系统进行教学指导。

在沉浸式虚拟现实仿真系统中，教师和学员能够共同进入虚拟环境，通过手柄等智能设备控制，实现虚拟环境中的场地漫游、设备选择及操作等，并能够通过具体虚拟设备碰触实现相应的教学资料呈现，实现多维立体化、完全沉浸式教学指导。

在增强虚拟现实仿真系统中，主要教学形式为呈现式教学，通过智能眼镜实时跟踪学员作业状态，相应的将相关教学培训数字信息叠加在真实操作场景或设备上，直观的呈现在学员面前进行作业指导，并进一步通过语音提示指引学员的正确操作。

在混合虚拟现实仿真系统中，教师和学员同样是同时处于同一场景，利用混合现实技术实现虚实结合教学培训，或是在虚拟环境下进行真实设备操作培训，或是在真实环境下进行虚拟设备操作培训，混合现实技术的引入能够提供更逼真、完善的教学培训环境与功能。

2. 训练模式

虚拟仿真培训系统能够为学员训练提供具有沉浸感的虚拟训练环境，同时连接现有培训系统，将课程要求和操作指引可视化、流程规范化，在虚拟环境或智能眼镜上呈现，从而让理论与实践无限接近直至重叠，在逼真的虚拟环境中实现学员理论学习和实操练习的紧密并行。最终通过理论上的全面指导和反复的交互实操，掌握标准化作业流程。

学员的虚拟训练内容主要包括技术技能训练、典型事故案例训练等。其中技术技能训练主要是专业设备的虚拟训练。虚拟状态下，设备呈现于学员面前，学员可以全面了解设备的内外部构造、操作方式等，并实现与设备的交互和控制；典型事故案例训练则是通过虚拟培训系统将典型事故逼真再现，让学员通过亲身操作来了解、推演事故发生的全过程，从而使学员得到深刻的操作规范教育和安全规范教育等。

虚拟仿真培训系统的视频监控系统通过交互过程分析、多视角图像采集、视频传输、视觉算法识别等方式获取并保存学员平时训练全程与细节，经软件系统的数据分析得到其训练数据报表，并给出针对个人的、具体到步骤的改进建议。同时，系统能够积累分析数据，提前预防并纠正错误，加深学员对错误操作的记忆和警醒。另外，后台管理员老师也能够自由选择学员的第一视角了解其操作过程从而给出优化建议，进而使学员的操作不断规范化、标准化。

3. 考核模式

虚拟仿真培训系统同样集合了考核功能，自带可扩展的试题库，多名学员可同时进行考核评定。进入考核模式，可进行操作类考核以及理论类考核等。其中，操作类考核包括设备使用、故障排查以及设备检修等，学员通过智能设备在虚拟系统中进行模拟操作，系统将按照标准化规则对学员的操作步骤、质量及报警情况等方面的进行综合考核评分；理论类考核则包括选择、判断等理论题目，学员全部作答完毕，系统根据标准答案进行核对评分。同时，考核系统自带计时功能，考核时间到，自动终止考核。另外，系统具有信息记录和重演功能，学员在系统中的所有操作内容都会被记录下来并保存成档，可随时调取查看，也方便了培训管理工作。

通过虚拟技术营造的演练环境远比现实中安全，参与人员可以大胆地在虚拟环境中尝试各种演练方案，即使因操作失误也可确保受训人员人身安全万无一失，从而大幅的提高人员技能水平。根据美国电科院相关研究认为，虚拟现实技术将使整体工作效率提升

25%，设备运行时间延长 20%，误操作减少 30%，并降低作业风险。

4.3.4 虚拟现实实训应用案例

通过初步探索，按需设置虚拟现实实训项目，重点帮助运行、巡线、检修和带电作业人员开展虚拟实训项目教学和考核。

（1）虚拟现实实训环境搭建。虚拟现实实训环境可根据具体培训要求多样化，包括沉浸式虚拟教学、虚拟实习、虚拟培训、虚拟沙盘、虚拟演练等。可以通过在原有实训室的基础上通过增加虚拟现实的配套设备进行改建。对于案例再现式警示教学完全可以在原有仿真模型室的基础上搭建桌面 VR 实训系统，如图 4－12 所示，让学员带上 VR 头盔后沉浸在案例现场，身临其境地感受整个案例的发展过程，并演练应急预案。

图 4－12 桌面虚拟实训室设计图

还可以建立集虚拟实训、VR 展厅、VR 会议厅于一体的多功能虚拟实训厅，打造极具时代感的教学环境，最大限度发挥投资效率和资源利用率。设计效果如图 4－13 所示。

图 4－13 多功能虚拟实训厅设计效果图

（2）基于 VR 的仿真培训系统。基于 VR 的仿真培训系统主要利用计算机图形学构建基于实际电力设备参数的三维模型，并借助各类传感技术，如空间位置跟踪器、运动捕捉或数据手套等输入设备，立体投影、头盔显示器等输出设备，通过对视觉、听觉、触觉的实时感知和综合模拟，提供一个新的、虚拟、高度仿真的电力作业空间，使得学员完全投入到这个逼真的虚拟场景并沉浸于其中，再利用人体工程学和人机交互理论实现学员在虚拟场景里漫游及虚拟设备上的操作。这种培训系统适用于运行、巡线工种，实现全方位的变电站巡检和输电线路巡视。图 4－14 为基于 VR 技术开发的变电站仿真培训系统的虚拟场景。

图 4－14 基于 VR 技术开发的变电站仿真培训系统的虚拟场景

实施的培训项目有：

1）生产设备异常及故障典型案例推演。将典型的事故重现于系统中，让学员通过亲身操作来了解事故发生的原因。在案例中设置若干关键操作点，这些操作点可以是规章中的重点注意事项也可以是可能引发事故的原因，让学员在关键操作点的引导下推演事故发生的过程，确定引发相应事故的原因，引起学员在实际操作中的注意，规避作业安全隐患。

2）变电站运行人员培训项目。学员带上 VR 头盔显示器后，沉浸在变电站的场景中，可以在虚拟的场景里自由行走、查看、记录。既能实现全站巡视，也可以进入各小室、或走近重点巡检设备进行开箱、开柜检查与记录，遇到不懂的地方可以通过触发设备调取相应的知识讲解课件或者说明。

3）输电线路巡检人员培训项目。学员带上 VR 头盔显示器后，输电线路以虚拟场景的方式呈现在学员面前，学员可以 360°环视每一条输电线路，走进每一个杆塔进行近距离检查，同时培训系统里会有图形或文字对需要巡视的重点内容进行说明和指导。

（3）基于 AR 的仿真培训系统。基于 AR 的仿真培训系统是将计算机产生的文本、图像以及虚拟 3D 模型、视频或场景等信息实时准确地叠加到学员所感知到的真实世界、真实设备上，用这种方式将虚拟环境和真实环境连接起来，具象化地指导学员作业。这种培训系统利用附加的文字或图片等信息对周围的真实场景进行动态增强和现场解说，更适用于操作性的工作。例如二次检修人员对设备的拆装和屏柜的操作。图 4－15 为基于 AR 的变电人员检修场景。

图 4－15 基于 AR 的变电人员检修场景

实施的培训项目如检修人员培训项目。戴上 AR 智能眼镜后，对于故障设备，学员在遇到不知如何操作的情况下可以通过视频监控上传设备实时状态，多方位共享信息寻求技术帮助，在实时图像、语音的指导下按照标准化检修作业流程在真实设备上手持工器具进行拆装检修工作。

（4）基于 MR 的仿真培训系统。基于 MR 的仿真培训系统结合了 VR 技术和 AR 技术的优势，通过不同程度曝光摄像，还原人眼在特定环境下的理想工作场景。这种培训系统更适合于高空作业人员的带电作业，通过在安全距离的实训场地上构建出一个逼真的高空作业环境，真实设备呈现在这个虚拟环境中，虚实结合，让学员沉浸在虚拟环境中进行实际设备的操作，强化员工安全操作意识，降低安全事故。图 4－16 为基于 MR 的输电线路带电作业场景。

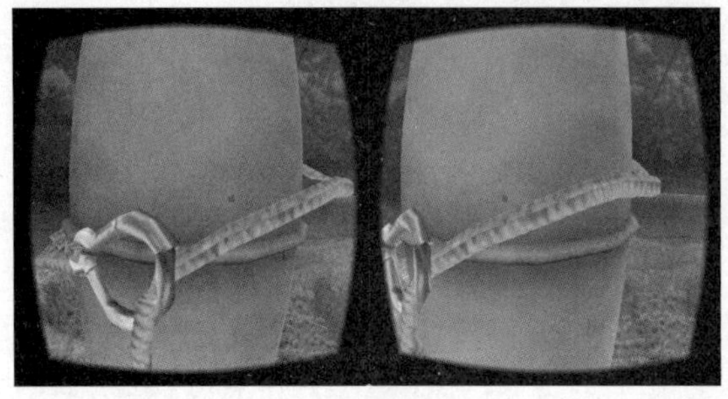

图 4－16　基于 MR 的输电线路带电作业场景

实施的培训项目如高空带电作业人员培训项目。戴上 MR 智能眼镜后，可以虚拟高危带电作业场景，为高空带电作业人员提供安全可控、高度还原实际工作场景的带电作业培训，安全可逆实操培训。当作业人员有错误操作时会及时发出错误警告，并正确指导标准操作步骤，强化培训效果。

（5）虚拟现实培训中的考核功能实现。系统在培训的基础上集合了考核功能，设置考核模式，进入该模式后学员的操作会按标准化的规则进行考核，比如对于运行人员，系统会通过设置故障点，让考生在虚拟场景中全站巡视检查故障点，最后根据找到的故障点数提供考核成绩；对于检修人员，系统会通过设置某一设备故障，让考生针对该故障进行检修操作，按标准化检修流程对考生的操作步骤进行评分，给出考核成绩。系统具有信息记录和重演功能，学员在系统中的所有操作都会被记录下来并保存，随时可以调取查看，这样既可以让学员自查，也可以提交教员检查。

4.3.5　虚拟现实生产应用案例

推动虚拟现实技术与智能生产系统的融合，借助虚拟事故演练、虚拟运维操作、虚拟作业踏勘、虚拟检修方案推演等还原真实生产环境，提升工作效率和现场作业安全水平，实现增强成本管控能力、提高生产效率、提升本质安全水平和设备管理精益化水平的目标。

1. 架空输电线路巡视与检修

（1）架空输电线路巡视。输电线路巡视虚拟系统中建立输电线路各电压等级的多种杆塔模型，具体包括导线、杆塔、绝缘子、金具、杆塔基础、拉线和接地装置等部件，等比例还原线路杆塔的结构、空间尺寸，包含线路地理位置的真实经纬坐标、周边环境、地形地貌等，能够实现 VR 场景与实际作业环境相匹配。对于重要输电通道巡视，可分为定期巡视、故障巡视、特殊巡视和夜间巡视。员工通过前期建立的线路杆塔模型，在虚拟环境中了解线路巡视过程中需查看的巡视点。定期巡视内容主要包括查看通道、本体状况，故障巡视包括查看雷击绝缘子、外破等故障点，特殊巡视主要为查看特定线路，夜间巡视包括查看连接金具的电晕、发热等情况。

（2）架空输电线路检修。在杆塔模型建立的基础上，配置杆塔高处作业环境，模拟高空环境下的距离感、风声等环境要素，给员工真实的体验感。并建立杆塔高处各部件对应的典型缺陷模型，作为检修作业的基础配置。在杆塔高处作业环境虚拟场景的基础上，根据典型缺陷模型，从而开展相应的检修项目。在检修作业过程中，区分停电检修和带电检修两类检修方式。员工能够通过虚拟场景中的智能引导标识进行学习操作，经历各项带电作业及大型检修作业的全过程，逐渐掌握各作业的注意事项，提高技能熟练程度。检修作业过程中，通过虚拟视觉、听觉等感官体验，模拟作业中的高坠、触电等安全风险，在观看、参与、体验安全风险的过程中，更加直观、真切地体验现场环境和错误操作的严重后果。

输电复杂检修作业需多人配合完成，需多套虚拟实现设备互联，模拟检修作业班组的各个工位，多名员工共同操作，明确相关工作要求和多人协同的配合要求，让团队合作更加默契。同时，旁观者可以自由选择虚拟现实系统中多个工位的操作情况进行观看和学习，实现多人员、多视角的虚拟协同操作展示和全过程录播回放。

架空输电线路虚拟实训环境效果图如图 4－17 所示。

图 4－17　架空输电线路虚拟实训环境效果图

2. 电力电缆及隧道管理

（1）电缆附件制作与检测。通过虚拟场景的构建，重现电缆隧道内中间接头及其接地系统，开展隧道内电缆接地环流测量、接头测温仿真，可拓展局部放电测量、接地系统异常处理等试验功能。通过虚拟场景还原中间接头制作过程，包括作业前隧道环境和工器具准备、带电电缆设备隔离、中间接头制作及固定、防火槽盒安装等工作。通过建立电缆隧道元件库，模拟隧道内重要附属设施结构和功能，达到附属设施操作、故障检修的目的。

（2）隧道管理。搭建电缆隧道虚拟模型，模型涵盖了高压输电电缆隧道内各类主要设备元件库，实现元件操作、异常处理、检修等功能。利用元件库等比例还原电缆隧道结构、场地布局、空间尺寸，包含电缆本体、中间接头、接地箱、消防器材、通风、排水、照明、电子井盖、配电、土建等元素，实现虚拟场景与实际作业相匹配。

依据电缆隧道出入流程，设计包含门禁管理、进隧道前检测、进隧道前准备、工作前准备、出隧道恢复等流程，还原隧道内典型作业出入操作流程。为应对隧道内突发情况，保障人身安全，借助虚拟系统还原紧急处理包括设备灭火、切断电源，电子井盖应用、逃生路径选择。通过 VR 模拟规划应急设备取用位置、逃生路径和电子井盖操作。另外在隧道内设置火灾、水淹、结构异常等特殊场景，在 VR 系统中模拟电缆隧道应急演练工作，完成方案制定、多部门联合演练、故障处理等。

3. 变电运检

（1）变电运行。搭建具有全景视角变电站 VR 模型，等比例还原变电站的结构、场地布局、空间尺寸，包含变电站地理位置的真实经纬坐标、周边环境、土建隐蔽工程、变电站辅助设施等，能够实现虚拟场景与实际作业相匹配。依据竣工图纸及现场设备的实际位置等比例布局，制作 3D 设备模型，对重要设备的主要部件进行拆解建模。收集整理设备相关资料，如运行规程、设备缺陷、设备台账、设备图纸、设备整定单等，建立现场运规数字档案，并关联到业务流程模板中，实现设备信息的伴随与应用。

在变电站虚拟现实实现平台建立常用电气设备的 3D 模型，结合系统缺陷库中常见缺陷，模拟设置电气设备不同情况下的故障点。根据装置说明书设计相应的连接片、空气开关、指示灯等功能，与设备的故障状态相匹配，并在模型上予以故障现象直观体现。另设计拆解功能，通过分离内部元器件再展示，并配上文本介绍以达到设备认知的功能。平台上的 3D 场景应能准确提供故障现象，并且提供模拟检修用工器具供人员使用。通过模拟排故提升检修人员的技术水平，为设备停电时间的合理安排提供依据。变电站内设备模型效果图如图 4－18 所示。

图 4－18　变电站内设备模型效果图

（2）变电检修。以变压器、断路器等主要设备故障检修、例行检修为案例，依据主设备检修细则，根据实际检修工程需要和变电站实际情况，利用虚拟技术实现主设备故障检修、例行检修的场景重现，实现工作知识、经验的共享。在传统的高压试验等检测项目时，由于场地处于室内，周围无带电设备和危险点，容易造成学员放松警惕。通过虚拟技术模拟真实的变电站工作环境和设备运行时发出的声音，并在走错间隔时弹出人身损伤的动画来提高学员对现场工作的专注度，为今后的安全工作打好基础。变压器内部结构示意图如图 4－19 所示。

图 4－19　变压器内部结构示意图

4. 配电运检

（1）配电运行。倒闸操作作为运行类中重点开展的项目，根据实际需求分为配电室设备倒闸操作、箱式变压器设备倒闸操作、环网柜设备倒闸操作、开关站设备倒闸操作、线路设备倒闸操作等 5 类。根据配网运维实际需求将倒闸操作场景进行分解，依次为站所环境搭建、工器具认知及使用、场景漫游、操作模拟等模块。倒闸操作中需要对各类站所中的柜体设备及开断设备进行细致的模型组建，包括断路器、隔离开关，并重点体现操作的逻辑设置。对设备附加物理属性，提高操作的自由度。

配电试验主要分为架空线路、柱上 SF_6 断路器、跌落式熔断器、电缆分支箱、构筑物及外壳、配电自动化终端等 18 类，可以分为例行试验和诊断性试验。根据配网状态检修需求将试验场景进行分解，依次为状态量跟踪、例行试验、诊断性试验、带电检查等模块，开发的主要内容包括对各类试验器具和试验对象的模型进行组建，以及安全距离的设置、试验安全阈值的划分、带电检测的事故模拟等。对设备类的试验结果进行虚拟，虚拟试验后的结果能够以一定的形式进行输出，进行合理的比对，要求使用人员进行分析数据、识别无效数据、故障原因分析等功能。

（2）配电检修。检修类中的不停电作业，其主要业务点包括普通柱上设备作业、带电柱上设备作业、带电杆身设备作业、带电一次及旁路设备作业 4 类。不停电作业的配电检修中，要求建立独立完整的工作区块，能够完成考核考评功能，并与其他项目进行串接，形成完整的任务场景。开发内容包括准备工器具、现场勘察、安全设置、工器具斗臂车操作、验电、遮蔽、现场消缺、设备检修、设备更换、现场清理等关键环节。不停电作业模块中需要对虚拟场景中的原件增加物理属性，如电磁效应、重力效应、弹性变化、绝缘遮蔽的可塑性、斗臂车的碰撞等，使系统能够自动判断带电距离、危险动作，跌落风险。

检修类中的停电作业以验收和投运为重点。主要业务场景包括电杆基坑及基础埋设、电杆组立与绝缘子安装、拉线安装、导线架设、柱上开关等设备安装、配变台区安装、接地工程、电缆土建、电缆敷设、电缆制作等十项操作。停电作业的检修应真实、准确地模拟检修工程完成后的场景，通过虚拟过程演示真实多角度地检查设备。

（3）配电抢修。中压抢修类项目可分为架空线路故障、电缆故障、变压器故障和中压环网柜故障四大类，通过虚拟抢修掌握故障隔离、应急处理、故障归类的能力。抢修类项目对虚拟设备进行故障模拟，开发虚拟抢修专用手持终端或虚拟 App，也可以开发诸如电缆故障测试仪、电缆测试车、应急发电车等大型仪器及设备的模型。针对抢修中的试验和测试过程，可调取运行类中的试验演示，或从抢修阶段直接进入检修的不停电作业消缺或停电作业后的检查、验收、投运。

5. 用电领域

利用虚拟现实仿真培训系统，可以实现计量装置安装、电能表检定、计量故障分析、抄表等内容的模拟仿真与沉浸式操作。另外通过虚拟技术构建一个完整供电营业厅的仿真，用户进入虚拟系统后，可以自由选择个人虚拟人物角色模型，完成相关任务。学员选定营销人员模型，则可以在虚拟环境中对营业厅设备，如多媒体触摸查询机、排队叫号机、多功能触控一体机等设施设备进行模拟操作，还可在系统设置虚拟客户，从而进行逼真的客户业务服务模拟。同系统支持多用户操作，因此多个学员可以同时体验营销人员及客户角色，从而更具代入感的体验真实的业务服务过程，也能够使学员从不同角色换位思考，更好地理解业务内容，并提高营销服务质量。

6. 其他功能

（1）作业勘察与方案预演。大型作业勘察根据实际检修工程需要和变电站实际情况，利用虚拟现实技术的模块化设置，实现检修工程的围栏规划、安全距离计算、区域划分、图文标签添加、人员配置、设备评价、检修工器具选择等功能。结合大型检修工程的阶段进度，建立阶段性的 VR 施工方案和列表，每个方案都能展示标准化的方案模块，从而实现综合检修方案编制及预演。例如施工内容、安全措施、组织措施、消缺信息、验收标准等。变电站检修方案编制及预演如图 4－20 所示。

（2）消防演练。建立手提式灭火器、推车式灭火器、电缆沟超细干粉灭火器、消防斧、消防锹、消防沙、SP 泡沫喷雾灭火系统、火灾报警系统、消防给水系统等模型，添加设备功能介绍，结合实际操作全方位观察、亲身体验式熟悉各类消防设施。以灭火器压力检查、消防器材外观检查、消防系统告警信号巡视为典型案例制作检查流程，使运维人员可以利用器材多人同时学习，提供典型问题语音回答模拟现场环境。消防演练项目以火灾真实场景、周围真实设备为基础，以生产业务需求、实际频发火灾设备为重点，以火灾应急预案、一事一卡一流程为指导，通过场景重现的手段达到应急演练、考核警示的作用。

图 4－20　变电站检修方案编制及预演

（3）安全警示。当前的电力安全与警示教育中，重点一般放在相关电力法规、文件通报等书面材料的培训，这些培训的内容在实际生产中的指导意义不强，缺乏实际的操作经验，很容易产生乏味、烦躁的心理，理论和实际的脱节取得的效果甚微。在电力安全培训中的除了上述理论学习之外，还多有从文字和视频中事故案例教育为主，学员难以完全体会到安全事故的可怕，工作中操作不规范的现象仍旧时有发生。

虚拟现实带来了电力安全培训新技术，能够实现教育培训内容的可视化以及教育过程的场景化，在事故还原、灾难体验等安全教育场景还原真实体验，在现实中因为安全或者设备、场地等限制无法进行的教育培训场景也能轻松进行，虚拟演练设施可以反复使用，不存在损耗、后期维护问题，无须大量重复购买，一方面有效降低教育成本，另一方面有利于学员反复演练，提高教育效果。

4.4 管理技能实训的开发与实现

管理实训是指针对管理工作中某项技能或某些技能，设置在专门化场景（或情景）的事件或活动，通过学员主动参与的方式与团队成员协作完成，整个教学过程包括参与体验、分享交流、总结提高和行动改进等，是体验式培训的主要应用。目前比较流行的管理沙盘推演、情景演练、团建拓展游戏等，都属于这个范畴。

4.4.1 管理实训开发

管理学是一门实践性很强的学科。管理学教学在要求学生掌握管理的基础理论和观点的同时，也要培养学生将理论知识运用于实际的能力，目的是使学生具备在未来工作中有承担管理工作的基本能力和素质。因此，学习管理学最好的方法就是理论与实践的有效结合，情景模拟教学法有利于实现这种理论与实践的有效结合。

与其他学科相比，管理专业的学习表现出三个明显的特征：

（1）极其重视交互性强的参与式学习。这是由管理的科学性和艺术性特征决定的；

（2）极其重视合作学习。管理工作与沟通密不可分，管理教育与合作学习也密不可分；

（3）极其重视理论与实践的密切结合。

体验式培训的团队交流与沟通、集体互助解决问题、把所得的体验和理论运用于实践无疑都反映了管理专业学习的三个特征。为了实现管理专业的学习目的，体验式培训的课程都是针对企业的需求，根据企业内部存在的问题精心设计的。它整合了企业管理的理论精华，并将其巧妙地融入各个项目的实施过程中，让学习者在快乐的体验中领悟、检验并提升管理技能。体验式培训为学习者创造了一种全新的学习环境，学习者的管理理论在现实的模拟场景中得到了充分的应用；同时，通过培训师的引导，学习者也不断整合自己的知识，并迅速将其转化为行动。培训虽然没有直接给学习者灌输知识，但训练所引发的心灵感悟却让他们受用无穷。

4.4.2 管理沙盘

1. 管理沙盘定义

沙盘模拟培训借鉴沙盘推演在军事上的成功经验，以沙盘为载体，通过模拟情景来传授管理知识和培养经营能力的培训方法。20 世纪 70 年代开始逐渐运用于企业管理培训中，最初被开发出来时主要是针对非财务人员的财务管理设计的，现在这种方法常被用于企业管理培训中训练学员如何分析外部环境、分析市场和产品、提高内部效率、核算成本等问题。

目前，应用最成熟的沙盘莫过于 ERP 管理沙盘课程，它模拟企业真实的运作环境，通过直观的沙盘形式，来模拟企业实际运行状况。在课程中，学生根据自身情况被分为若干个团队，分别担任总经理、财务总监、营销总监、生产总监以及采购总监等不同的职位。学生根据不同的岗位职责，模拟虚拟企业经营，从事企业战略经营规划、融资渠道的选择、产品和市场开发、广告投放及订单选择、生产的安排与组织、设备投资与改造、财务预算与核算等多个经营环节。最终根据每个团队第六年结束后所有者权益和综合评分状况，来客观评判每个团队的经营情况。这种体验式教学模式就是通过“体验—分享—提高—运用”，让学生在掌握大量经济管理学知识的基础上，对综合知识的运用，来提升学生分析问题，解决问题的能力。

严格意义上来说，沙盘模拟是一种“直观体验式”的培训方法，这种方法通过让学员亲身体验，拨开复杂的表象，从而直接探究企业经营的本质，并将复杂而又抽象的经营管理理论用最直观的方式呈现出来。

2. 管理沙盘的操作过程

（1）组建团队。在 ERP 管理沙盘课程中，首先涉及的就是管理团队的建立。课程中要求学生模拟的岗位职责包括：总经理、财务总监、运营总监、营销总监和采购总监等职位。通过模拟以上岗位，可以让学生明确各种岗位的岗位职责，并根据岗位职责分配工作任务。比如总经理的任务就是明确公司的六年发展规划，并且在执行过程中，协调团队成员的关系，根据经营实际情况对公司发展规划进行调整，最终实现组织的经营目标。由于各个工作岗位的内容不同，工作繁重程度不同，常常在实际教学过程会导致有些岗位（比如采购经理）无事情可做。因此，在教学设计过程中，教师可以采用轮岗、合并岗位、甚至采用多次组建团队等形式，让每个学生都能感受体验各个岗位的基本职责，提升学生的职业能力素养。

（2）熟悉规则。ERP 管理沙盘课程规则主要包括：融资规则、生产线规则、市场开拓规则、产品研发规则、原材料采购规则等。由于规则较为复杂，如果采用传统以教师为主导的填鸭式教学方法进行讲解，学生往往积极性不高。最终的结果往往导致后期在团队经营操作中学生由于不熟悉规则而导致团队经营的破产。因此教师在课程设计中，可以采用翻转式教学方式，把学生熟悉规则的时间放在课后。教师在课堂可以采用提问、规则竞赛、规则考核等多种方式，集中讲解学生可能存在的疑问，使学生能更快更好熟悉掌握规则。

（3）掌握流程。ERP 管理沙盘课程的操作流程基本包括以下一些步骤：运营方案的确定、竞争对手分析、广告投放及订单选择、生产的安排与组织、融资渠道选择及财务预算。

有条件的学校在教学实施过程中可以先采用手工沙盘让学生熟悉沙盘流程，让学生对沙盘流程有一个直观认识。

1）运营方案的确定。运营方案主要根据沙盘运营规则和市场预测来确定。在课程教学的初期，学生由于对于经营目标可能不是很明确，同时对各种方案开局的优势和劣势不清楚，因此在教学设计中，教师可以为学生准备一些开局方案并让学生讨论分析不同开局的优势。常用的包括两自两柔开局、四条自动线开局以及虚线开局等。通过这些开局形式，让学生确定自己团队的运营方案。

2）竞争对手分析。竞争对手的分析主要包括其他团队的建设情况，生产能力情况，原材料订购情况。通过对于竞争对手的分析，可以为团队准确投放广告奠定基础，从而为自己团队的决策提供依据。教师在课程设计中，可以通过开放间谍或通过询盘来让学生了解其他竞争对手的情况。通过竞争对手的分析，可以加强学生的分析能力。

3）广告投放及订单选择。在对竞争对手分析后，学生可以根据自己研发的市场情况和产能来投放广告和选择订单。

广告投放的策略可以有选择性广告投放策略和平铺广告投放策略。教师可以结合实例分析不同广告策略的优缺点，并可以通过分析销售收入和广告费用比率提高学生投放广告的效果。在很大程度上，学生投放广告的效率决定了学生管理沙盘水平的高低。

4）生产的安排与组织。ERP 管理沙盘规则中的生产线一般有手工线、半自动线、自动线、柔性线和租赁线。学生在选单完毕后可以根据选单的交货期、账期等条件来组织安排生产。教师在课程设计过程中，可以适当加入 MRP 计划的编制教学内容，以确保学生熟练掌握生产的安排和组织。

5）融资渠道选择及财务预算。ERP 管理沙盘中所涉及的融资渠道包括长期贷款、短期贷款和贴现等方式。学生在初期接触沙盘时，往往对于要贷款多少和预算的重要性没有概念。因此，教师在教学过程中可以适当让学生破产，以强化学生对于学会预算和选择止确融资方式的认识。

（4）做好预算。学生管理沙盘水平的高低，在很大程度上取决于团队是否善于做好预算。而要做好预算，就必须熟悉 ERP 管理沙盘流程和报表。实际上，在做预算时，只需要学生能够在经营初期对综合费用表和利润表进行掌握。但是很多学生在初期刚刚接触课程时，往往不熟业务流程，就导致综合费用表和利润表预估错误，企业经营过程中的现金流掌控出现偏差，从而致使团队 CEO 做出错误决策，最终导致企业经营困难甚至破产。教师在教学设计时，可以引导学生通过 Excel 表来对经营进行预算，以利于学生能准确把握预算。

（5）实战提升。ERP 管理沙盘这种体验式教学模式就是通过“体验—分享—提高—运用”来提升学生分析解决问题的能力。在教学过程中，教师可以通过多轮实战进行情景模拟，提升学生对于沙盘的掌握。在实战环节，教师可以在逐年经营模拟中，发现学生经营的问题，通过学生自评、互评和教师点评来进行教学总结，使学生达到能力的提升。

3. 实施的关键环节

（1）高度浓缩沙盘模拟企业业务流程。模拟沙盘是企业的微观缩影，要把企业开展的活动、业务流程通过还原、凝练、压缩的方式反映到沙盘中来；要把企业的主要经营单位提炼出来，映射到沙盘模拟过程中来；同时，要把国家、行业的管理规定尽量反馈到模拟过程中，以确保沙盘模拟活动与企业经营现状、社会环境的衔接，保证模拟沙盘与“真实商业环境”“真实工作岗位”的“零距离”对接，使模拟沙盘的“生命力”更强、更真。

业务流程是要按“商业周期”反复演练的，要具有严密的逻辑和流程匹配性，应经得起推敲，实现阶梯式提升学员能力和素养的培养目标。

（2）凝练沙盘的“商业周期”。模拟沙盘要通过短短几天的时间模拟企业的运营过程，这其中模拟沙盘企业的“商业周期”设计就显得尤为重要，如《企业经营管理沙盘》，“商业周期”最小单位为季度；而《酒店管理模拟沙盘》，“商业周期”最小单位为月度；为保持业务真实性，《旅行社经营管理沙盘》，“商业周期”最小单位设计到了天。“商业周期”的设计要考虑模拟企业的经营属性，更要考虑其业务属性，如旅行社开展的旅游服务活动，就是按天进行任务调度；而一些 BTB 类型的企业，其业务则是按订单展开，其周期就可长可短，按周或按月抑或是按季开展均可；因此“商业周期”的设定没有固定格式，应该取决于模拟经营企业需要。

（3）设计沙盘演练的规则。这部分内容是沙盘演练的核心，但是前面讲的部分是“顶层设计”，只有前期顶层设计做好了，这部分内容才更有意义，才更有实现的必要性；演练规则的设计就是微观上对企业部门、岗位的工作进行凝练、浓缩，当然要保证在各部门之间业务的流转具有高度的仿真、严密的逻辑。沙盘演练的规则一般是按照模拟岗位、模拟工作任务展开描述，语言尽量简洁易懂，尽量进行数据表格式说明，避免歧义。演练规则要紧扣工作内容，保持工作职业性，实现学习内容与工作内容有效衔接。

（4）设计市场环境和需求。为确保市场环境的仿真性，建议条件允许时可以通过调研行业企业的市场（销售）报告来设计模拟沙盘经营环境和市场需求。需求及需求选择环节设计，要尽量考虑现实需求，与经营现状接轨，如在《酒店管理模拟沙盘》设计中，遵循客户实际选择酒店的方式、方法进行了设计，采取了酒店评价指数（服务指数、品牌指数、硬件指数等）的方法选择订单；而在“汽车 4S 店运营模拟沙盘”设计中，采用了综合指数、主观评价＋客观评价相结合的方式选择订单。总之，此环节的设计尽量切近现实，使沙盘教学仿真性更高，与岗位的对接更加紧密。

（5）设计财务结算工作。管理沙盘教学效果体现的重要方式之一就是对决策的验证是客观、公正的，暨财务报表反映决策、经营效果。一般来讲，财务结算环节要设计管理费用表、利润表和资产负债表。学员要学习简单制作、阅读和分析财务报表，这也是管理沙盘对经营管理人才培养的重要内容之一。

（6）沙盘验证及改进。沙盘的开发，实际上就是一套完善的管理系统，因此笔者认为要经过多轮的测试、验证；其中最关键的就是项目组的测试、用户的测试两个环节，要严密组织这两轮测试，以保证系统的可靠性、用户体验的真实性和适应性。

4.4.3 情景演练

1. 定义

情景教学模式是基于建构主义教学思想，运用情景化的问题设计，系统化的内容开发、模拟化的课堂情境，让学员参与研讨的一种教学模式。情景教学模式是最近几年发展起来的教学模式，是集合建构主义的其他模式的优点而发展起来的一种高阶教学模式，也是未来电力企业教学模式发展的趋势之一。

2. 适用范围

在电网企业培训中，情景式教学作为主要教学法之一，具备其独特的优势，可以调动学员学习积极性还可以启迪学员思维。

（1）适用教学内容。就电网企业而言，工作场景中具有代表性的问题、需要学员感同身受的情感型知识、需要学员思考才能掌握的知识能力，比较适合使用情景教学。因为这些内容需要学员感同身受、设身处地地思考探究才能掌握。如组织内人员矛盾争端处理、企业消极氛围转变等。

（2）适用教学对象。从教学对象来看，新员工、各层级管理人员以及新晋管理人员等都可采用此种方法，尤其是新晋管理人员培训来说，有大量的管理知识技能的内容需要学习，情景教学方式能帮助学员在短时间内集中了解各种场景下的人物心态、问题根结等，并且能快速学习处理问题的不同方式方法。

（3）适用的教学场景。相比其他教学方法，这种教学方法因为具备较强的参与性与运用性，因此对现场学员的参与度和互动性要求非常高。这就要求我们要慎重选择培训场景。就多年实践来说，比较适合的培训项目有青年干部培训项目、科技干部培训项目、青年骨干员工或青年人才培训项目等。因为这些培训项目的学员普遍年轻化、正处于事业上升期和精力旺盛期，学习能力强、学习参与度高，因此更适合于用情景化教学模式。

3. 情境教学模式的特点

跟其他几种教学模式一样，情景教学模式都有其相似性，如真实问题、学习的研讨、深度的体验等，在此基础之上，情境教学还有其自身特点，如图 4－21 所示。

（1）案例情境化。情境教学模式依然是聚焦问题，但是情境教学模式除了聚焦问题之外，更多的是由各个问题组成了案例，即将问题有机联系起来，加工成为案例。因为这些都取自实际的工作和生活，所以这些案例具有情境性，即来于生活，高于生活。所以，情境教学的讨论和学习对象并不仅仅是单纯的问题，而是由一个个问题组成案例，然后由一个个的案例组组成情境。

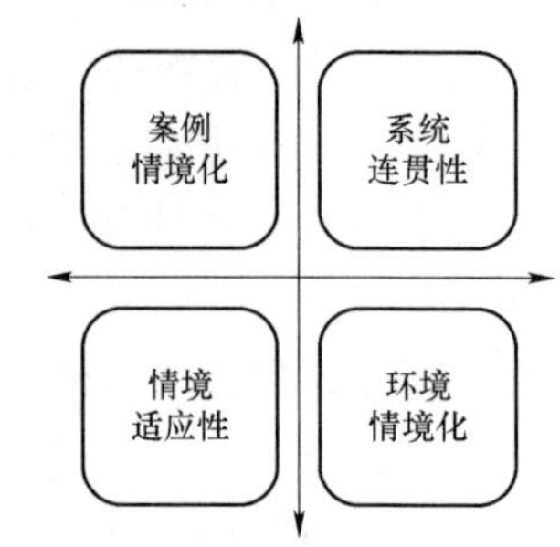

图 4－21　情境教学模式的特点

（2）系统连贯性。情境教学模式的内容具有连贯性和系统性，即这些内容相互之间是有联系的，它们依据某种内在或外在的关系将各个案例连接起来，组成完整的情境。这也是情境教学模式中情境的一个含义，也是情境教学模式最显著的特征。

（3）环境情境化。情境教学的第三个特点是教学环境的情境化，也就是仿真。体验教学模式也越来越多地采用这一点。学习环境的情境化主要表现为培训现场的场景越来越逼真，通过音响、灯光、气味、教具、装备等营造一种接近真实生活的氛围，从而促使学习更加投入环境情境教学中。这些方面在教练技术中的全封闭培训、行动学习中的现场布置等，都得到情景化实际的体现。因此，它们都具备了情境教学的一些因素。学习环境的情境化，是情境教学模式的必要环节。

（4）情境适应性。情境教学的适应性就是当教学的对象和情境发生变化的时候，其教学的内容和方法都应该有相应的变化。这就是以学员为中心的核心思想，当学员发生变化，教学的内容和方法都应该有针对性的调整。因此，情境教学模式要求每次培训都要做深入的调研，要根据学员的具体情况对课程内容做相应的设计和调整，在课程的实施环节也要有相应的变化。

4. 情境教学模式的操作步骤

情境教学模式相对其他教学方式来说，主要是在内容设置上更加复杂，而整个操作流程差别不大，其步骤如图 4－22 所示。

由此可见，情境教学模式的操作流程和其他教学模式步骤非常相似。相似地方不再重复，这里针对不同的地方进行阐述。

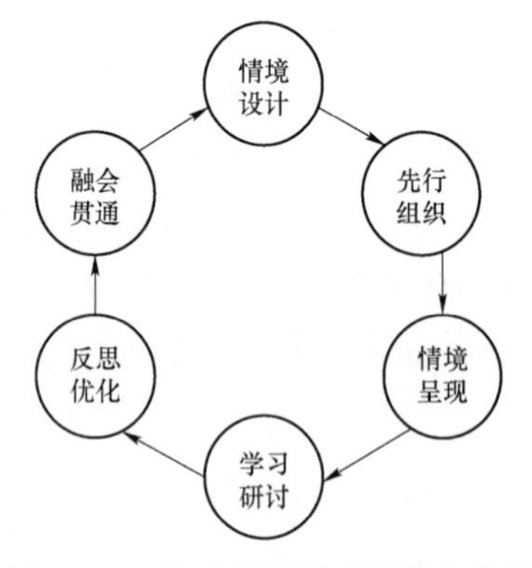

图 4－22　情境教学模式的操作步骤

（1）先行组织。全称为先行组织者策略，是指将与当下所学内容相关的一些资料在正式培训前提前发放，以便于学员更好的学习。情境教学模式为什么采用先行组织者策略呢，主要是因为情境教学模式采用了情境设置，这个情境可能是某部电影电视的某个情境片段剪辑成的一个视频，如果学员对于这个视频的背景等不清晰，那么在培训现场就无法理解这个情况。而如果现场要对这个视频做出太多的解释或播放，就会花去大量的时间，所以，这个时候就可以运用先行组织者策略对情境做介绍。

（2）反思优化。情境教学模式采用的情境模拟性在这一步可以借鉴这样的做法：在检测和评估学习效果的时候，采用一些新的方法。如“复盘”等评估技术。在完成整个过程，教师要引导学员进行总结、反思、提炼，时间设计要合理，学习目的重点要突出。

（3）融会贯通。培训师要要对整个教学把控研究，将富有价值的内容模式转移到工作中。

4.4.4 研讨式教学

1. 定义

研讨式是指围绕某个主题，运用深入的讨论、交流、探究、辩驳、反思等，找到解决方案并最终达成共识的一种教学模式。研讨式教学模式中，学员成为真正的学习中心和主体，通过自我学习和协作学习的方式，进行深入的建构。老师在这个过程中，更多是运用教练、引导、催化等技术，协助学员完成建构。研讨式教学模式是从教学策略的角度提出的，属于更高的层级，包括了很多不同的操作方式和方法。例如现在风靡全球的、在国内最近几年异常火热的学习法——行动学习法，就是一种研讨式教学模式。

研讨教学可以引发学员思考，激发学员学习热情，是以学员为中心、教师为辅助的模式，此种教学方法分类居多，包含五步研讨法、七步研讨法、世界咖啡等，在我们日常的培训中，使用最广泛、操作最便捷的便是世界咖啡和焦点讨论法（ORID），下面重点以 ORID 焦点讨论法为主详细介绍研讨方式。

2. 适用范围

研讨式教学模式是在电网企业培训中常用模式，其使用范围具有一定的特殊性，以下将以教学内容、教学对象、教学场景分别进行介绍。

研讨法可以使学员通过研究方案设计、查阅资料、社会调查等亲身实践，获得对社会的直接体验和感受；通过多方搜集资料的过程，除掌握培训教材、教学参考资料之外的多种获取信息的渠道和方法；在问题研讨过程中，因为需要与他人、与社会打交道，从而习得尊重他人、平等沟通、合作协助等社会交往能力。综上所述，研讨法培训的目的是为了提高能力，培养意识，交流信息，产生新知。故比较适宜于管理人员的训练或用于解决某些有一定难度的管理问题，同时它也可以作为一种方法灵活穿插于其他方法比如讲授法等，一同整合运用。

（1）适用教学内容。就电网企业而言，学员需要通过研究方案设计、查阅资料等亲身实践的和需要学员进行思考才能真正掌握的具有不定向答案的知识，适用于研讨法。此外，针对以发展战略、经验交流、激发灵感、探寻问题为主题教学内容，也适用于研讨法教学方式。

（2）适用教学对象。从教学对象来看，新员工、基层员工、管理人员等都可采用此种方法，尤其是对需要分析现状、制定计划的管理人员以及做规划的领导层，对于这些人员来说，一个适合的、新颖的点子是十分难得的，要想得到新的灵感，需要集中研讨，从中找寻最优的方案，一方面可以激发大脑灵活性，另一方面可以寻求解决问题的途径，此外可以相互促进学习。

（3）适用教学场景。在电力企业培训中，人员经验需要交流时可以采用研讨法，这种方法尤其特别适合于结构不良的复杂问题，一个人的经验阅历总是有限的，这就需要作为一个主题做专门的、深入的研讨，通过集体智慧来共同解决问题。生活中常见的“脑力激荡”“头脑风暴” 其实采用的就是这样的方法。

人才培养、部门绩效、业务发展等都可能是结构不良的问题，都可以运用讨论教学模式。对于个人来讲，个人的发展规划、婚姻家庭、投资理财等都属结构不良的问题，也可以运用研讨法。可以看出，讨论教学模式的运用范围非常广泛，工作、生活中很多问题都可以运用这样的方法。

3. 操作流程

通常，一个完整的研讨式学习项目需要遵循如下几个步骤（见图 4－23）。

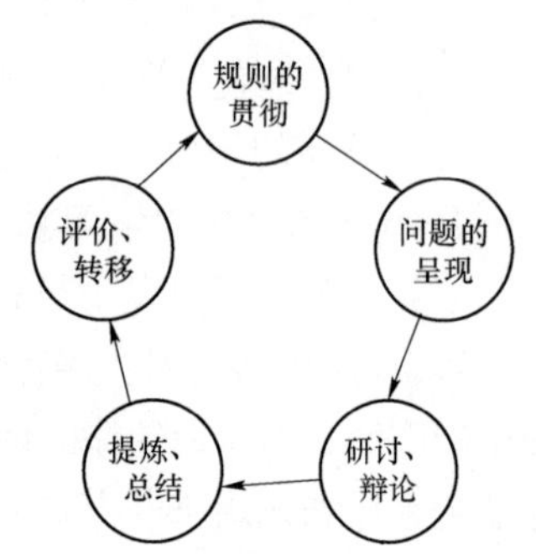

图 4－23　研讨式教学法实施流程

（1）规则的贯彻。这是研讨教学模式需要强化的点。因为研讨教学模式不同于传统的讲授型教学法，如果学习者事前不知道，可能最开始并不能接受这样的方式，甚至会质疑：老师为什么不讲课？所以在开始前，要在短时间内让大家接受并且很快参与这样的方式，以吸引大家更快地投入建构中。

这里可以采取两种方式。第一，采用先行组织者策略。在正式培训之前，把与本主题相关的内容以及学习的规则、流程等内容先行发给大家学习，这样可以在培训现场早点开始。第二，采取老师讲授的方式。要在短时间内让大家接受这样的方式，需要老师有很强的表达能力和呈现技巧。

（2）问题的呈现。在学习正式开始的时候，就要把讨论的问题呈现出来，这同样需要高超的表达能力和陈述能力。要在短时间内，介绍问题背景描述问题情景、回答学员疑问、引导学习方向等。

（3）研讨、辩论。即学习者之间的协作学习、讨论、交流、共商等。这是研讨教学模式最重要的部分，也是其最大的特色。在这个环节，可以根据主题、学员状况的不同，采用不同的研讨学习方法，因而也诞生了大量的工具。

（4）提炼、总结。即学员参与学习研讨后，要将学习研讨的成果通过讲台呈现、图画展示、实物操作等多种方式展示出来。在各种讨论教学学模式中最常见的就是各种各样的图表、图画、图形，它为课堂营造了一个良好的氛围和情境。

（5）评价、转移。学以致用是学习的根本目的，研讨教学模式也强调这一点。所以，在课程的最后，这是最重要的环节。老师和学员共同对学习状况进行评估、修正，并将学习成果顺利地迁移到实际工作中，真正做到培训的到位。

4. 研讨式教学法常用工具——ORID 焦点讨论法

（1）定义。ORID 焦点讨论是一种应用于会议或研讨活动的工具方法，是由老师引导来开展的结构化会谈，通过发掘客观事实、反映自身感受、呈现多元观点、开启新的可能四个层面的讨论内容，引导团队成员开展有意义的对话，让每个成员能够有机会贡献自己的思考，从而帮助参与者厘清问题，从多元角度汲取智慧，发掘新的可能性。具体描述为：

O——客观性层次（The Objective Level）：这个层次的问题问的是事实和外在的现状，指研讨的各种问题收集到团队中客观的讯息，包括客观的见、闻、听、体验等。

R——反应性层次（The Reflective Level）：这个层次的问题是问对于之前的事实和现状，你的即时反应和内在回应，比如情绪、感觉和内在体会等。

I——诠释性层次（The Interpretive Level）：这个层次的问题是思考，寻找意义、价值、重要性以及含义。指这些问题强调的意义与目的、信仰、焦点主题的重要性与价值以及参与者在生活中经历过的故事等。

D——决定性层次（The Decisional Level）：这个层次的问题是想找出决议，让对话画下句号，促使对方（团体）对未来下定决心。

ORID 焦点讨论相较于研讨更能有效地避免会议中徒劳无益的讨论，同时其可操作性强，应用广泛，具有很强的实效性。

（2）操作流程。

第一步：准备。场地准备设置、人员确定、时间确定、设置讨论规则等。

第二步：聚焦主题。确定清晰的讨论主题，需要时间进行考量，要多次试验确定具体程度，把握聚焦的程度是焦点讨论法的重点，如果有多于一个的理性目标或理性目标过于抽象，则说明主题过于宽泛。选定抽象或宽泛的问题会导致讨论失效。如果在聚焦主题上无法明确，可以试着先写出讨论的目标，再与主题相对照。

第三步：明确讨论的目标。我们每次引入讨论时，都要从讨论的内容和过程两个方面影响最终的产出。内容上的产出指在讨论结束时获得的知识，如理性目标。过程产出是指参与者在讨论过程中产生的内在变化，如体验目标。在确定主旨的基础上，要对内容和过程的产出结果设定目标，填在工作表格中，反复斟酌设定的各项目标，最终确定真实需求目标，再针对设定的目标设计达成目标的计划。

第四步：为客观问题设计具体起点。焦点讨论法，一般是由某个具体对象或共同经验的客观性问题开始，故问题设置要包含讨论者可以观察到的信息、简单明了、具有启发性、便于回答、目的明确、承上启下、开放式。可以采用一篇报道、一个案例、一个图片等。

第五步：列出实现目标的各种问题。写下能想到的与主题相关的问题，不用考虑先后顺序只考虑主题、理性目标和体验目标，集中头脑风暴。

第六步：选择、排序问题。回顾目标，先选出第四步中可以达成目标的关键问题，再选出与这些关键问题相关的问题。把选择的问题抄写在工作表上。调整问题顺序，直到你觉得每一个问题都可以自然地过渡到下一个问题的讨论。使用即时贴，可以来回移动问题，实现排序。具体在各个层面中需要问题的数量，要依据具体情况和需求而定。一般电力行业至少要设定四个问题，每个层面最少一个问题。客观性层面，需要足够的问题，因为阶段信息是最终结论的来源，通常两个以上，要使参与人员能抒发真实感受。诠释层面要增加问题，得到参与人员具体例子或是引发深刻思考。在决定层面，需要三个方面的问题，分别为总结内容问题、下步计划问题、分工问题。

第七步：预演讨论内容。预演内容，检查问题的过渡和衔接，可以发现薄弱环节，以及更精准的措辞等。

第八步：开场准备。邀请话术、交代背景、指明聚焦主题、说明理性目标、明确讨论方向、说明讨论进程、设定讨论规则。

第九步：讨论过程控制。依据讨论规则，控制讨论方向、进程。

第十步：结语设计。肯定团体讨论成效，说明个别重要问题。

第十一步：反馈改进。

行动计划

1. 请列举常见的技能培训方式，并简述其主要特点。
2. 请结合工作实际，设计一个互联网思维下的实训项目。

培训业务运营

在广义的定义中，通常将在提供产品或服务的过程中的一切人为干预都称之为“运营”，如果想在企业培训中得到良好的结果呈现，科学合理的业务运营过程必不可少。传统的企业培训运营思路都是以培训班的全过程管理为主，而现代的企业培训业务运营则充分吸纳项目化管理思想，将重点由传统的培训班管理转化为以项目为单位的培训项目技术运营和质量管理。企业通过采用项目化的培训运营方式，开展科学合理的培训项目统筹与运作，能够有效提高培训管理的规范性、专业性和实效性，为学员营造良好的培训学习氛围和培训组织体验，进而达到期望的培训效果。

那么什么是期望的培训效果，或者说培训业务运营的根本性的目标是什么？既不是学员完成课程，也不是学员考试通过率。事实上，培训是一种持续的项目化过程，学习不是培训的终点，而是培训的起点。培训运营工作不应只着眼于前期的需求分析、培训班组织与管理，更重要的在于培训结束后，学员实际学习成效或岗位胜任能力的持续跟踪与观察改进，即培训运营的最终目标应该是实现学习转化和培训价值的落地，进而真正实现工作绩效的改善。

5.1 培训需求分析

5.1.1 培训需求分析的概念界定

20 世纪中期，Thayer 和 McGehee（1961）一道首先创新性确立了培训需求分析（Training Needs Analysis）理论体系，主要是通过企业组织层面进行培训需求分析，组织的战略、组织中的资源及资源配置状况是重点考查的内容。20 世纪 50 年代，在国际企业管理学的发展中，员工培训逐渐发展成为人力资源建设的重要环节，培训需求分析也逐渐得到了丰富和发展。

许多学者都对“培训需求分析”的概念进行阐述，其中比较有代表性的如下。

Sleezer 的观点为培训需求分析即是对培训目标任务进行排序，对知识资源进行合理调配，利用企业现有的资源构建具有可操作性的培训体系。

Facteau 等观点的培训需求分析也就是在企业中准确定位培训对象以及培训内容，指导员工高效率完成任务，达到预设的目标，同时不断完善培训体系的构建。他是通过建立一种相关关系，这种关系主要体现在缺乏培训引起的后果与经过培训后该业绩上的改善。

总结以上定义，Arthur 等坚持认为“主要是寻找理想的绩效标准与实际绩效表现之间的差距”，而在不同的行业中“理想的绩效标准”和“实际绩效标准”的侧重点是不同的。两者之间的差距在业务流程的不同节点会有相应的变化。Sleezer 强调的概念中“将所需要的资源和实际可用的资源进行调配和整合”放在企业正常的生产经营中，因为不同生命周期的不同阶段，无论是“所需资源”还是“实际可用资源”都在不断发生着变化。

综上所述，培训需求分析是指在规划与设计每项培训活动之前，由培训部门采取各种办法和技术，对组织及成员的目标、知识、技能等方面进行系统的鉴别与分析，从而确定培训必要性及培训内容的过程。培训需求分析就是采用科学的方法弄清谁最需要培训、为什么要培训、培训什么等问题，并进行深入探索研究的过程。它具有很强的指导性，是确定培训目标、设计培训计划、有效地实施培训的前提，是现代培训活动的首要环节，是进行培训评估的基础，对企业的培训工作至关重要，是使培训工作准确、及时和有效的重要保证。

5.1.2 培训需求分析的层次

培训需求分析作为现代培训的首要与必经环节，是指通过对组织及其成员的目标、技能、知识、态度等的分析，来确定个体现有状况与应有状况的差距，以及组织与个体的未来状况。因此，现代培训需求分析有三大层次：个体层次、组织层次、战略层次，它们共同构成现代培训需求分析的内容。

1. 个人层次

培训需求分析的个体层次是以工作人员个体作为分析的对象，主要分析工作人员个体现有状况与应有状况之间的差距，在此基础上确定谁需要和应该接受培训及培训的内容。

（1）培训部门对个体的分析。在培训需求分析中，培训部门应同组织领导人员、人事部门、工作人员等加强联系，相互指导、帮助和鼓励。培训部门可以通过散发广告、布告、通知、传单等，同个体工作人员讨论各项培训选择；通过同面临各种问题的领导者一起工作，来决定培训需要解决的问题。组织健全的培训部门都有针对每一个工作人员的详细培训目录，该目录记录了每一个工作人员曾经参加的培训，并指出未来培训和开发的可能性。这对确定工作人员的培训需要是非常重要的。

（2）组织人事部门的分析。组织人事部门在组织中的特殊地位及其与工作人员的关系，决定了它也是确定谁需要及谁会获得培训的关键参与者。组织人事部门一般也是通过绩效评估的方式来了解工作人员的实际表现。

（3）工作人员对自身的分析。工作人员还通过制定个人发展计划和工作总结的方式来分析自己的现状。组织人事部门发动工作人员制定个人发展计划，但发展计划的具体内容，即发展的目标和达到目标的方法，还是由工作人员亲自制定。个人发展计划是确保工作人员不仅仅维持在一个水平上的最佳方式。同时，工作人员还通过工作总结的方式，进行自我反省，发现自己的差距与不足，从而决定通过适当的培训类型来解决自身存在的问题。个人层次培训需求分析图如图 5－1 所示。

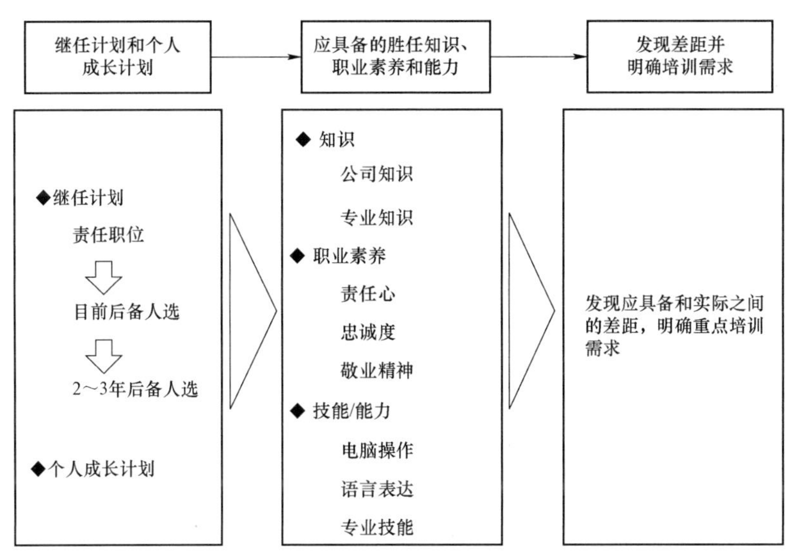

图 5－1　个人层次培训需求分析图

2. 组织层次

培训需求的组织分析有广义与狭义之分。从广义上讲，培训需求的组织分析主要是指通过对影响培训规划设计和组织绩效的组织目标、资源、环境等因素的系统分析，准确找出组织存在的问题，并确定培训是否是解决此类问题的最有效的方法及组织最需要的培训类型等。从狭义上讲培训需求的组织分析主要是指通过对完成组织任务所需要的知识、技能状况同现有状况的差距的分析，确定组织的培训需要及内容。

（1）组织目标的分析。组织目标作为一定时期内组织及其成员的行为动力和前进方向，既对组织的发展起决定性作用，也对培训规划的设计与执行起决定性作用。一般说来，组织目标决定培训目标，培训目标为组织目标的实现服务。

既然明确、清晰的组织目标有助于培训目标的确定、培训规划的设计与执行，那么当组织目标不清晰而组织绩效低下时，对于组织来说，应通过组织变革等方式首先确定组织目标，然后再决定是否是培训问题。

（2）组织气候的分析。所谓组织气候是指在组织内存在的，能够影响培训效果的诸因素的总称，包括价值观、人际关系状况、态度、制度构成、领导水平等。一般情况下，培训与组织气候的关系是辨证的，一方面，组织气候决定、影响和制约培训效果，组织气候的变化必然导致培训效果的变化；另一方面，培训效果对组织气候具有反作用。

（3）资源分析。资源分析主要包括组织人员的安排、设备类型、财政资源的描述，其中最重要的是人力资源分析。

人力资源分析主要是对组织内现有人力资源状况的分析，它往往涉及组织工作人员的数量、质量、结构等方面。一般说来，由于人们调离原单位到其他不同的组织工作、退休、在组织内部获得晋升、生产结构、工艺流程的改变导致的人员下岗，以及组织内产生新任务等，都会造成人力资源不足。这就促使组织想方设法弥补人力资源不足；或者到组织外重新雇佣一批人员，或者是迅速设计培训规划为现有工作人员提供指导，为新工作任务做准备。这些工作都必须建立在人力资源分析基础之上。

3. 战略层次

在战略分析中，有三个领域必须考虑到：组织优先权的改革、人事预测、组织态度，它们是战略分析的主要工具。

（1）组织优先权的改变。一般说来，组织优先权是指组织当前的工作重心，或组织当前必须优先考虑的问题。随着外界环境的变化，组织优先权也不断发生变化。

组织优先权的改变，说明了这样一种观点：培训部门不能仅仅考虑现在的需要和建立在过去倾向基础上的服务提供，它必须具有一定的前瞻性；它必须分析组织的未来需要，并尽量为组织未来的可能变化做准备，这就需要提前制定培训规划。

（2）人事预测。人事预测是对组织未来人力资源状况的一种预先分析，主要包括需求预测和供给预测两部分内容。需求预测主要考察一个组织所需的人员数量及这些人员必须掌握的技能。

（3）组织态度分析。在培训需求的战略分析中，收集全体人员对其工作、工资、晋升、同事等的态度和满意程度的信息是非常重要的。如果工作人员同组织之间的一致性比较差，那么强化职业生涯开发可能是适宜的。因此，在培训需求的战略分析中，对组织成员态度进行系统的分析，有助于了解组织未来的培训需求及培训内容。

三者之间的关系为：个体分析是组织分析和战略分析的基础，无论是组织分析，还是战略分析，最终均体现为工作人员个体的培训需要的确定；战略分析是个体分析和组织分析的延伸和深化，个体分析和组织分析集中于组织及其成员的现有培训需要，战略分析集中于组织及其成员的未来培训需要，都是对组织及其成员培训需要的分析。

5.1.3 培训需求分析的典型方法

（1）调研问卷法。调研问卷法是最普遍也最有效的收集资料和数据的方法之一。一般由培训部门设计一系列培训需求相关问题，以书面问卷的形式发放给培训对象，待培训对象填写之后再收回进行分析，获取培训需求的信息和数据。问卷形式包括开放式、探究式和封闭式三种，其特征与作用见表 5－1。

表 5－1　　三种问卷形式的特征与作用

类型	特　征	作用
开放式	使用“什么”“如何”“为什么”和”请”等词语，而不用“是”或“否”来回答	发掘对方的想法和观点
探究式	更加具体化，使用“多少”“多久”“谁”“哪里”“何时”等词语	缩小所能收集信息的范围
封闭式	用选择题的形式来回答，如用“是”或“否”	限制所能收集信息的范围

常用的问卷设计流程如图 5－2 所示。

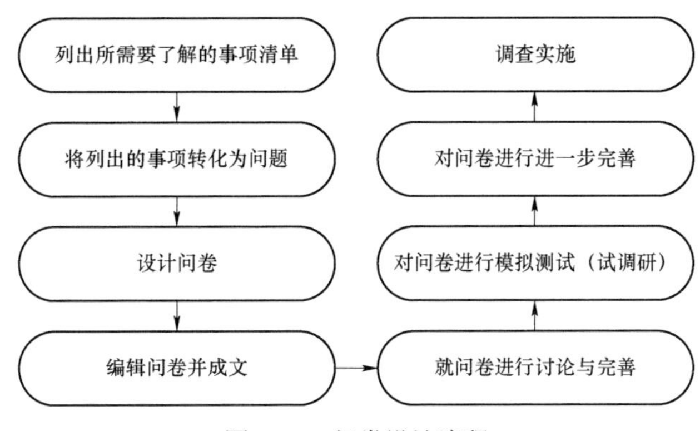

图 5－2　问卷设计流程

（2）访谈法。访谈法也是数据收集的一种重要方法。它是指为了得到培训需求的数据和信息，与访谈对象进行面对面交流的活动过程。这个过程不只是收集硬性数据，比如事实、数据等，包括印象、观点、判断等信息。根据不同层次的员工，实施访谈法的要点也不尽相同，如表 5－2 所示。

表 5－2　　不同层次员工实施访谈法关键点

培训人员类别	访谈法实施关键点
新员工	组织文化、规章制度、职业化心态等
专员级员工	岗位技能、专业技能等
主管级员工	职业化、管理技能等
经理级	管理技能、领导力提升等

（3）现场取样法。现场取样法一般较多使用于服务性行业的培训需求调查（电力企业可在营业厅进行），是通过选取培训对象现场实际工作的部分片段进行分析，以确定培训需求的一种分析方法。现场取样法主要包括两种形式：拍摄和取样。

拍摄是指在培训对象的工作环境中安装监控录影机、摄像机等拍摄设备，对培训对象的现场工作过程进行实际拍摄，事后通过录影带进行观察分析，得出培训需求结论。

取样又分两种形式：一种是“神秘访客”，即由取样人乔装成顾客，在培训对象不知情的情况下与其进行沟通、合作或者买卖活动等，事后以取样人对取样对象工作表现的评价和分析为依据，确定培训需求；另一种是客户录音取样，即选取培训对象与顾客对话的录音为需求分析的依据，总结培训需求的信息和数据。

（4）观察法。观察法多用于生产型或服务性行业，是指到培训对象的实际工作岗位上去了解其工作技能、态度、表现，以及在工作中遇到的主要问题等具体情况的一种方法，该方法的优缺点总结如图 5－3 所示。

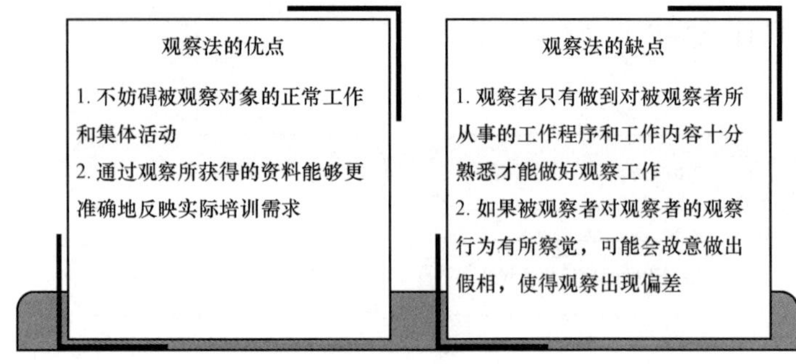

图 5－3　观察法的优缺点

使用观察法时的改进方法包括尽量使用隐蔽的方式进行观察，并进行多次、重复的观察，以提高观察结果的准确性；采用摄像或录像技术记录员工的表现，然后再观察录像，从而发现问题等。

（5）关键事件法。关键事件法是指通过分析企业内外部对员工或者客户产生较大影响的事件，以及其暴露出来的问题，确定培训需求的一种方法。常见的典型事件如顾客投诉、重大事故等。

（6）各方法优劣比较。上面提到的培训需求分析的这些方法各有优劣（如表 5－3 所示），企业可以根据自身状况自由选择。

表 5－3　　培训需求分析典型方法对比表

方法	说明	优点	缺点
调研问卷法	将有关事项转化成问题以问卷形式进行调查	成本低，信息比较齐全，可大规模开展	针对性强，很难收集具体信息，难保证回收率
访谈法	可根据访谈的对象和内容灵活变换形式	方式灵活，信息直接，易得到支持和配合	主观性强，分析难度大，需要高水平访谈员
现场取样法	包括拍摄和取样	资料直观、真实	实施设备成本高，可能以偏概全
观察法	到员工的工作岗位上了解员工的具体情况	可以得到有关工作环境的信息，所得资料与培训需求相关性较高	可能会影响观察对象的行为方式，观察结果只是表面现象
关键事件法	以影响较大的事件来收集培训需求信息	易于分析和总结	事件具有偶然性，易以偏概全

培训需求分析方法的选择主要取决于培训本身的要求，企业必须首先依据自身条件，再结合各方法的优点和缺点，最后确定培训需求的分析方法。

不同的企业使用调研分析方法的侧重点也有所不同，例如：一个 20 人的小企业通过访谈就可以知道每个员工的基本培训需求和岗位差距；而一个 2000 人的企业的培训需求调查靠访谈却很难实现，而用调研问卷法则更容易，也更能了解到普遍情况。又例如在具体方法的使用过程中，调研问卷和访谈法都是自上而下进行，由于职务、工作等缘故，被访对象反映的问题不一定是真实情况，因此就没有现场取样的方法那么直观和可靠；但是现场取样方法在使用的时候也有一定的局限性，不能覆盖企业管理的各个层面。因此，企业在实际操作中，可以结合自身特点，综合利用各种方法进行培训需求分析，得出培训需求结论。附件 4 给出了一个培训需求分析应用案例。

5.2 培训业务运营

可以说在企业开展各类培训的整个过程里的每一处都会涉及“体验”这个问题，那么到底运营工作可以分类为哪几个类别呢？应当以什么角度去拆分运营工作的类别呢？在这里，提出一个关于运营的根本性的目标，即运营的最终目标是实现培训价值的落地。那么需要先来分析下学习价值是如何一步步实现的，首先是关注学员的学习内容，而这里的学习内容不仅仅是内容本身，还有与之匹配的一整套内容产出、使用、管理的过程，可以将此理解为“知识管理”，这部分工作可以总结提炼成为“内容运营”模块；另外还要重点关注的是最终学习效果是否触发了学员的行为改变，知识是否内化转变为成果并被使用到日常工作中，这部分运营干预更加系统而全面，将通过复合的手段进行全局把控，可以总结为“项目运营”；而在互联网时代的今天，更多的学习场景和学习过程被放置到了网络上，这部分要求我们关注学员在线上学习的过程并关心学员在线学习的效果，可以将这部分工作提炼为“平台运营”模块。下面将分别对这些部分进行细节描述。

5.2.1 培训知识管理体系

1. 学习内容的定义

将内容运营放在培训工作中来看，除了对于广义内容的定义之外，有必要对学习内容进行一次定义。在此将学习内容分为三类，第一种是 UGC 内容，指原创内容，可以是一切由学员动作产生的内容；第二种是培训内容，即学习内容，通常由组织方进行有计划的投放，也可以称之为 PGC 内容；第三种是在培训过程中用于宣传推广的内容，它的表现形式一般是文案、图片、音视频或多种组合物。

2. 内容管理运营

为了更好地进行内容管理运营，需要建立内容管理机制来协助管理运营。在内容管理部分主要讨论 PGC 内容的管理，因为针对 UGC 内容的开发，作为培训工作人员，并不能主动直接的产生内容，需要做的是不断地使用一些运营手段去促进内容产生，也就是一种间接的内容开发方式，因此不做重点讨论。而针对 PGC 内容，是由培训工作者直接产生或投放的内容，必须有标准的管理机制才能够使这些内容发挥更大的作用。

内容开发体系建设。从提高资源内容、开发质量和效率出发，做好内容开发基础能力建设，开展四库一包（模板库、素材库、编码库、专家库和工具包）建设。搭建课件开发实训室，提升各类资源内容的内生能力。

内容管理体系建设。构建业务流程体系，匹配管理要素，完善相应管理办法、技术标准与操作指南，形成涵盖企业培训内容全生命周期管理体系。

为保障企业培训资源内容开发工作效率和质量，提出四大保障措施：

（1）规范开发模式。按照“技术研究—试点验证—推广实施—过程控制—综合验收—推广使用”的步骤，实施岗位培训资源开发项目，形成培训资源开发的系列标准与指南，实现一次投入，多种产出，即所开发资源同时支持线上 PC 端、移动端，线下使用。

（2）培养专家团队。组建企业培训资源建设课题组，开展技术路线与开发标准研究，实施开发过程质量控制，评估开发成果应用效果；组建专业化培训内容建设团队，形成相对固定的岗位小类资源内容建设专家，实施具体岗位培训资源建设与维护。

（3）集约内容管理。以岗位培训规范为基础，全面梳理并组织开发培训内容，实现培训内容集约化管理，通过统一规划，分步实施的工作流程，在企业范围内促进培训内容流通，实现培训内容共建共享，扩大培训内容使用的广度与深度。

（4）激励组织个人。为促进培训内容开发工作，结合企业优秀资源内容评选，制定相应激励措施与质量保障措施，鼓励员工参与资源内容建设，实现内容从工作场景中来，再用到工作场景中去。

3. 内容推广运营

这个部分主要讨论学习内容中，如何进行宣传推广内容的运营。同时，关于间接促进 UGC 内容产生也可以参考这样的推广运营模式。

（1）选题。内容推广运营首先要关注需求，由需求指向的培训选题更加具有实际意义和价值。

（2）内容采集。内容采集是真正意义上内容开始运营的第一步，可以将这个角色定位为传统报社的编辑。一个好的编辑需要在协作之前确定好采写的方向、明确采写意义等，需要将大的方向确定好再往里面输入血肉。同样，内容运营需要确定好内容的定位是什么、内容来源渠道（UGC 还是 PGC 或者其他形式）、目标人群、意义和作用等。在明确这些大方向之后就可以着手准备下一步的工作了。

（3）内容呈现。内容呈现是运营人员通过何种形式将内容编排好后呈现在用户眼前的一个过程。其中主要涉及内容的标题、排版、插图、内容本身以及投放渠道等。

（4）标题呈现。标题是呈现内容的眼睛，绝大多数读者看一眼标题就会决定是否继续下一步的动作，因此标题的制定需要具有一定的亮点、吸引力。

（5）插图呈现。关于插图必须要遵循一些准则：图文相关，不能随意放图；图片尽量用高质量图片；尺寸符合排版要求。

（6）排版呈现。排版的要求依据个人的审美有不同的需求，但是也要遵循以下准则：多分段，不要杂糅在同个段落；行距适当；字体不要花哨，大小合适即可。

（7）优质内容呈现。其实无论标题、排版、插图多么吸引眼球，最主要的还是内容本身，所以提供优质的内容对于运营人员来说是很有必要的。在现阶段，互联网瞬息变化，贴近热点的内容更加吸引读者，干货更符合用户的胃口，无论是 UGC 还是 PGC 都需要从读者的角度去考虑。

（8）内容投放渠道。内容和需求两个大方面决定了内容投放合适的渠道，具体情况需要进行具体分析，但是内容投放渠道的选择需要遵循几个原则：就近原则，指与该培训相关的内容需要相互就近出现，避免出现内容分散、丢三落四的使用场景；醒目原则，在选择培训内容投放时，需要尽量选择更加醒目和更能引起注意的地方。

5.2.2 学习地图

1. 学习地图的概念

学习地图（Learning Maps），是指以能力发展路径和职业规划为主轴而设计的一系列学习活动，是员工在企业内学习发展路径的直接体现，这些学习活动可以是传统的课程培训，也可是行动学习、在线学习等诸多新兴学习形式。通过学习地图，员工可以找到其从一名最底层的新员工进入企业开始，直至成为公司最高领导人的学习发展路径。学习地图示意图如图 5-4 所示。

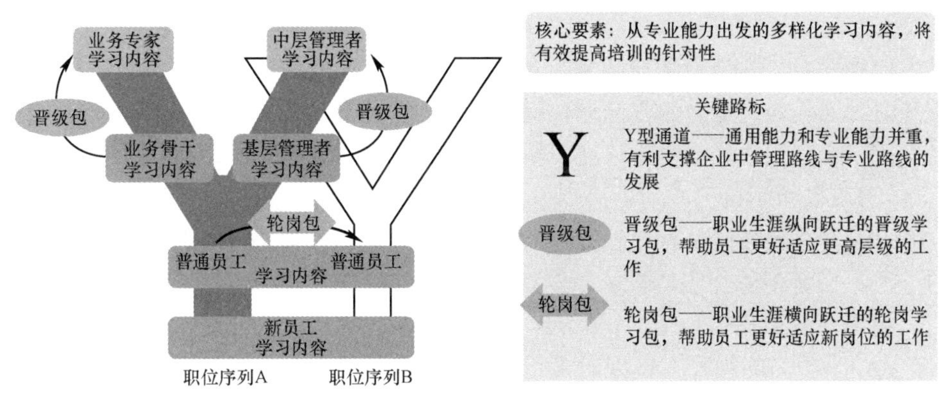

图 5-4 学习地图示意图

在学习地图中，除了给不同层级、不同岗位的员工提供具有针对性的学习内容外，有两个关键要素是值得特别关注的——晋级包和轮岗包。

晋级包：职业生涯纵向跃迁的晋级学习包，当员工的职业发展走向更高层级时，帮助员工更快、更好地适应新的工作，为员工提供晋级学习与发展课程。例如，当基层员工需要晋级成为管理人员时，将得到从专业到管理的学习内容，帮助员工提升从专业能力到管理能力，学习管理技巧及工具等。

轮岗包：职业生涯横向转换的轮岗学习包，当员工在不同的岗位、不同的部门之间发生职业生涯转换时，将为其提供转换目标所需要的必要的学习和发展内容，以求得在较短的时间内能快速掌握新岗位的工作内容。

简言之，学习地图整合了岗位能力模型、职业发展通道和企业中的学习资源，从而为员工在企业中的学习发展提供导航。

（1）为员工职业发展提供动态的能力标尺。基于能力清单的课程体系，可以让员工明确自己的学习与发展内容。但这仅仅是一种静态的框架，没有根据员工的职业发展通道形成具体的路径，没有在员工岗位转换、跃迁的时候给予相应的学习支持。

学习地图可以根据员工职业生涯发展而进行动态调整。从新员工到转正后成为普通员工，员工的学习与发展是单线条的。当成为骨干员工之后，员工需要面临的是走专家路线或是管理路线的抉择，学习地图在这里分叉，即进入“Y”型发展通道。 为员工的职业生涯发展提供不同的通道，让企业中不同特点的员工都能尽其所能，学习地图具有很强的适用性。针对每一个岗位或者是每一个亚职位族，学习地图均能提供“Y”型发展通道。当员工职业生涯发展意愿或工作安排发生变动时，还为这种选择和安排提供不同岗位的轮岗包。

（2）利于企业培训规划和员工发展。学习地图是企业培训管理的指南针，清晰地指出了培训的内容及先后次序，培训部门只需要将这些内容与员工的现状进行对比，就能够得到相应的培训需求，从而建立系统、科学的培训规划。学习地图有效地整合大量学习资源，无论是传统的课程资源还是更新颖的行动学习、e－Learning 等，从培训部门的角度看，员工在各个阶段进行学习内容的选择，而培训部门可以根据年度培训资源的情况、培训经费的多少等具体条件，确定适合的学习方式，从而提供相应的学习活动。

学习地图是员工在企业中学习发展的导航系统，清晰地告诉员工在能力发展的每个阶段应该学习什么内容，努力的方向和目标是什么，晋级和轮岗应该具备什么样的能力。一名新员工，在刚刚加入企业时，往往不辨方向，不识路途，借助学习地图中的“学习发展手册”，员工可以看到自己成功的终点以及通向成功的路途。在成功的路途中，应知、应会、应用的学习内容被清楚有序地标识出来。同时，根据学习内容的特点，也标注了最佳的学习方法，资源配置和测量标准，以及不同学习阶段的里程碑。

（3）超越一般课程体系范畴。学习地图关注的核心内容大大超越了通常意义上的课程体系，能从一个更高的视野来审视对员工学习的支持。课程在这里仅仅是诸多学习内容的载体之一，上课也仅仅是一组学习活动中的一个环节而已。

员工能力的提升需要丰富的“营养套餐”，这些学习内容需要做到针对性和多样化，并和能力需求紧密匹配。根据不同的层级涉及的不同技能知识点，为学习者配备丰富的餐点，是决定学习地图“导航性能”的关键因素。在学习地图的理念中，以学习者为中心的学习最好是“自助餐”的形式。

在学习地图中，员工可以自选适合自己学习偏好和学习需求的学习活动。学习活动是旨在完成特定学习目标而进行的各种学习操作的总和，是采用一种或多种学习方式，学习一种或多种学习内容的行为（设计）组合。与一个知识点或技能相匹配，可以在学习地图中为员工提供多种学习方式，去教室上课，或在网上自学，也可以去参加一个行动学习，或者加盟一个针对性的实践社团等。

2. 学习地图的绘制

根据企业中学习地图覆盖范围、学习主体的不同，学习地图根据对象可以分针对公司全员的、针对公司中的关键群体、针对公司中的重点岗位或重点序列建立的学习地图等类型。无论是何种学习地图，其绘制方法的关键步骤都是一样的，包括四个步骤：岗位梳理、能力分析、内容设计以及体系建立。四步骤的成果分别是岗位库及职业发展路径、能力地图或能力模型、学习内容及学习活动，最终统合为学习地图以及员工学习发展手册。学习地图绘制步骤和内容如图 5－5 所示。

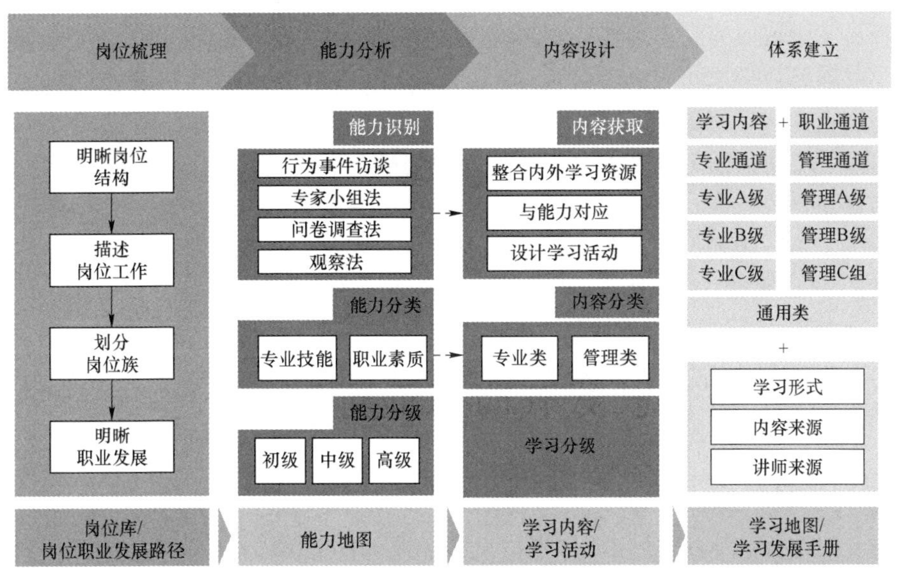

图 5－5 学习地图绘制步骤和内容

（1）岗位梳理。岗位梳理主要完成合并工作职责相近的岗位和划定职位族，降低课程库的冗余重复以及学习地图规划的复杂度。同时结合公司员工的职业发展路径，明确各岗位族的职业发展通道。

（2）能力分析。针对不同的工作岗位进行能力分析，通过行为事件访谈、战略研讨会、能力分析研讨会等方法构建出的能力地图是绘制学习地图的关键支撑。能力分析包括能力识别、能力分类以及能力分级三部分。基于能力模型的学习地图使得企业员工的学习与发展不再盲目，而是紧紧围绕企业战略所层层分解下来的能力要求。优异的企业学习地图需建立在良好的能力模型基础之上，而良好的能力模型应当具备可衡量或可观察的、全面的、独立的并且具有清晰地描述特征。

（3）内容设计。学习内容设计阶段是学习地图建立的核心阶段，基本步骤包括学习内容的获取、分类和学习分级三个步骤。

学习内容获取主要完成能力的学习内容映射，针对所建立的能力模型，一一建立对应的提升措施，可以是传统面授学习内容，也可以是在线学习学习内容，抑或是更广义概念的学习活动，例如内部研讨、读书会等。在选定能力后，首先应分析能力描述信息，挖掘该能力的关键要点；其次，确定学习内容的听众对象，不同培训对象所需求的学习内容差别很大，例如面向管理层可提供一些抽象、深层次的理论阅读材料，而面对新入职的员工则应更多地借助于多媒体的培训形式。分析能力描述信息并确定培训对象后，可检索已有的培训资源，包括企业内部、合作伙伴以及市场供应，若已有成熟学习内容，则可直接购买；若无，则可考虑进行模块化的学习单元的开发或者设计。最后，组装形成所需的学习内容，完成学习内容映射。

学习内容获取后，应当依据前阶段能力的分类与分级，相应地对学习内容进行分类与分级，形成各职位族的专业技能类学习内容以及较通用的管理培训类学习内容。

（4）体系建立。汇总所有的学习内容，根据员工不同职业发展路径的要求，将学习内容分为新员工学习内容、普通员工学习内容、管理路径学习内容、专业路径学习内容，并按照职业发展路径形成相应的晋级包，依据岗位核心工作要点形成轮岗包。至此，可形成清晰完整的企业学习地图。

学习发展手册是学习地图在员工层面应用的最佳方式。基于学习地图，学习发展手册通过更为直观化、生动化的形式和更丰富的阅读内容，将员工在企业中的学习路径娓娓道来，帮助员工不断明晰自己所处的位置和未来发展方向，不断激发员工的学习兴趣。

将岗位能力、学习资源和职业发展有机整合在一起的学习地图，对于企业学习发展以及培训管理工作而言，不仅可以在运营层面上进阶提升，更可以在战略层面上发挥卓越的功效。透过学习地图方法，可以将公司的战略地图转化为能力地图，再将能力地图转化为学习地图，从而把公司战略发展和员工能力提升紧密关联。

5.2.3 培训项目运营体系

学习发展项目的 6Ds 法则明确地把重心定在“将培训转化为商业结果”这一点上，这意味着 6Ds 法则是学习项目良好结果实现的理论路线，而 6Ds 法则也受到许多专业学者和行业引领者们的追捧，他们中的许多人直言 6Ds 法则的出现从根本上消除了他们心中“培训到底有没有效”的疑虑，在一定程度上改变了我们对于培训的理解。下面将对 6Ds 法则进行一一解读。

D1：界定业务结果（Define）。

第一条法则就是清楚地界定学习项目为企业带来的预期结果。这里的核心在于，学习是为了给企业目标提供支持。目标越明确，越容易设计出有效的战略（培训可能是或不是其中的一部分）。

D2：设计完整体验（Design）。

第二法则是许多学习和发展组织成功的秘诀。培训不仅是一场活动，更是一种完整的流程体验。这里所说的完整，是指付出设计课程所需的同等精力，有意识地提前规划和管理课程前后的活动。这样做的原因很明显：培训前后的环境，对于培训效果有着深远的影响。

D3：引导学以致用（Deliver）。

学习的第三法则认为，组织应该以鼓励实践的方式进行教学，即“以终为始”——项目结束后，学员应当在哪些方面进行调整和改善——然后有目的地选择相应策略帮助学员跨过学习和实践之间的鸿沟。

D4：推动学习转化（Drive）。

精于管理的企业，一定拥有业务目标的制定、评估、监管和奖励系统。但是，几乎所有的企业都缺少专门的学习转化机制，即使那些要求学员制定行动规划的项目也不例外。因此，无论是学员、管理员还是讲师，都把学习项目当成了一锤子买卖。课程结束后，许多企业会给学员颁发证书或奖励。这种做法完全背离了培训的初衷，就好像在暗示学员培训就是将课程完成即可。这就是第四法则要告诉我们的，实际上，培训真正的使命是实现学习转化，改善工作绩效。而这在课程结束后才开始。

D5：实施绩效支持（Deploy）。

第五法则告诉我们绩效支持往往可以让员工旗开得胜，士气大振，从而实现绩效改善目标。人们在尝试新事物的时候，总要承担一定的风险。员工在工作中面对新知识（使用新方法）与旧方案的抉择时，在一定程度上是看到企业是否提供绩效支持决定的。工作辅助、应用软件、帮助热线、在岗辅导及其他形式的绩效支持，都可以增加员工应用新技能的信心和可能性。

D6：总结培训效果（Document）。

当今商业世界已经进入了竞争的白热化阶段，没有公司能承担得起资源浪费——尤其是人力资源浪费带来的沉重代价。每一次进行投资决策的时候，企业都会彻底分析投资带来的业务和前景结果。企业领导承担着合理分配公司资源（时间、人力、金钱）的责任，而分配方式必须尽量确保公司的长远成功。因此，领导需要凭借可靠的数据来权衡各个项目的结果，这也就是第六法则要强调的总结培训效果，使公司领导根据培训效果进行资源调整，不再投资那些未能达到预期的项目。

以上，在理论层面解释了 6Ds 代表的意义，接下来，通过使用一个完整的项目发展的过程来实际说明项目运营是如何发生的。

按照时间发展顺序，将项目运营分为项目准备阶段、项目实施阶段、项目总结阶段，我们以此来分别进行说明。

1. 项目准备阶段

（1）需求调研。在做需求调研的时候通常关注两个点，一个是需要调研什么样的需求，另一个是如何来调研这些需求，所以在这里，会从需求调研类目和分别应该对应什么需求调研方式来说明。需求调研类目可以分为五个大类，分别是业务需求、绩效需求、能力需求、环境需求和动机需求。

1）业务需求。通常业务需求来源于企业高层或者业务部门的负责人，这些需求可能是因为某些代表成果的数据反馈的，也可能是因为一些质量事件或生产数据反馈的。针对这样的业务需求和需求调研对象，建议使用深度访谈的方式去获取需求。在此也给出一些可能有帮助的问题的“问法”，比如“当前企业的哪些诉求或者战略目标是由目前的问题提出的或者影响的？”“有哪些数据/证据可以说明培训要求与该业务需求相关？”“在你的企业/部门中，你认为哪些行为是应该发生的但却没有发生的？”。同时，建议也可以使用资料阅研的方式来辅助业务需求的采集，可以通过对企业战略目标或年度计划之类的资料的研究得出一些辅助性的结论。

2）绩效需求。绩效需求一般来源于业务部门负责人或者学员直接主管，这些数据可以通过表象的服务水平、领导效能、演示水平来反馈，也可以通过一些成功的故事以及一些失败的故事来反馈。针对绩效需求和对应的需求采集对象，建议通过深度访谈的方式来采集需求，同样在此给出一些可参考的问题：“学员的哪些典型行为能够支持业务目标的达成？”“学员们现在处于什么程度，可以具象地描述一下与目标之间的差距吗？”“最终期望的绩效目标是什么？现状是什么？”“除了缺乏知识技能之外，还有哪些可能阻碍员工的绩效？”“如何来衡量学员发生了改变，是哪些特定的行为可以证明，还是谁或者什么数据证据可以证明？”。这个部分的需求同样也可以使用资料阅研的方式进行辅助需求收集。

3）能力需求。能力需求的来源可以从学员直接主管或者优秀学员那里进行发掘，一般可以通过产品知识或者关于工作内容提炼的技巧来表示，也可以通过一些规范的流程、制度、礼仪来进行要求。对此建议有选择性地选取部分对象进行深度访谈调研，可以使用的问法有："如果学员达到既定的行为表现和绩效目标，他们需要掌握哪些知识和技能"，"列出的每一项知识和技能的重要程度如何排列？"，"培训结束后学员技能掌握程度应该如何衡量呢？"。同时，还建议可以在进行能力需求采集时针对比较大批对象开展一次问卷的调研，主要为了解比如技能重要程度的排列这样比较需要参考大范围感受的问题。

4）环境需求。来源于公司高层、业务部门负责人、企业培训管理者、学员这些全部对象，企业培训环境的需求受很多条件的影响，比如高层和直接主管的态度、有/无硬件条件的支持、有/无激励奖励等软件条件的支持、有/无实际投入使用的机会、同事评级之间的氛围是否良好等。关于环境需求，建议使用关键人物访谈、企业资料阅研、问卷调研三种方式结合进行，分析对环境可能有关键影响的人或部门进行深度访谈调研，对政策型行政命令型导向进行资料阅研，对需要采集大范围意见和反馈的地方开展问卷调研。可能需要考虑的问题有："培训后管理支持确保学以致用的状况是怎么样的？""领导/主管是否支持本次学习项目？""为了促进学员学习后的绩效提升，企业可以提供哪些支持（任何维度）？""学员们的工作环境是怎么样的？"

5）动机需求。来源于学员直接主管和学员们，通常可以通过一些学员过往参训感悟总结和主管对此的看法总结来表现，还可以通过学员学习风格和对参训的期望来体现。我们建议针对主管进行深度访谈调研，针对学员使用问卷调研，总体来说需要了解的问题可以是："针对这次项目，你（学员/主管）希望可以从中得到什么，或者你对此的预期是什么？""学员在这次学习开始的初始状态是怎么样的，有什么已有的背景和经验？""学员参与本次项目的动机程度如何，受哪些因素影响？""在学习偏好上有哪些关注的点（学习时间、学习节奏、学习方式等）？"

以上这些需求的采集和分析可以帮助更好地了解什么是业务结果，同时也帮助了解业务结果的标准是什么，衡量这个标准的"标准"是谁或者是什么，明确这些内容，是保证学习项目运营有效的根本和起点。

（2）学习内容构建。

1）学习内容分类。笼统来分，可以将学习内容分为线上学习内容和线下学习内容。线上学习内容现在衍生了许多的类型，主要通过媒体表现的不同来进行区分，比如有图文微课、H5 互动微课、动画微课、视频微课等；线下学习内容主要围绕着讲师授课展开，通常包含有讲师讲课 PPT、面授讲义、讲师手册、学员手册等。

2）课程体系设计。需要将各方对于学习项目的需求进行分解，归纳那些与学习内容有关的部分再进行重新组合，形成一套完整的学员需要学习的内容结构，这将是课程体系的基础。再根据这个基础进行分析，为合适的学习内容配备合适的学习方式、学习时长、学习节奏，最终得到一个包含有课程内容（大纲）和对应学习方式（线上/线下）、学习时长（学时）、学习节奏（线上下学习区间和总学习区间）的完整课程体系。

3）课程开发方式。当已经有了完整的课程体系时，需要结合课程体系的要求和企业本身环境因素来分析，应该针对课程体系中的内容分别采取何种课程开发方式，这是内容设计中不容忽视的一部分。课程开发方式有外部优选引入，它可以有效补充基础知识体系及通用技能内容；有内外协同定制开发，它可以紧密结合一线业务需求，高效投入使用；有内生长效机制建立，通过扩大培训师规模，提高培训师内容开发能力和讲课授课能力来实现。无论课程内容是什么表现形式，都可以统一规划，合理分析应该采用哪种开发方式。

4）课程开发。根据设计好的学习内容和对应的开发方式进行课程开发。无论是使用哪一种开发方式，究其根本都需要回到知识如何被转化形成电子课件或者面授课程内容，那么在这里就将这个过程总结为三个步骤，第一是内容萃取，指的是知识的解构与重构，可以分为素材收集整理、任务挑战分析、案例挑战分析、知识提炼呈现几个步骤；第二是教学设计，指的是知识解码，可以分为教学目标确定、学习者特征分析、教学内容分析、教学结构设计、教学策略制定、呈现（脚本）设计几个步骤；第三是课程制作，指的是媒体开发，最终可以开发形成面授的 PPT、讲义、手册等，也可以形成图文、H5、动画、视频等电子课件形式。

（3）学习活动构建。在学习活动设计中需要着重关注完整学习体验，之前已经强调提出过关于“体验”的重要性，学习活动是用来进行各种类型运营的重要手段。

1）学习过程。首先需要明确一件事：学习是一个过程。而这个过程在 6Ds 中把它分解为准备、学习、转化、评估四个阶段。准备指学习者、学习规划和学习环节的准备；学习指指导性学习；转化指学习转化和应用；评估指评估改善。这四个阶段影响学习者运用新知识的能力和意愿，因此影响着学习项目的有效性，也是影响绩效改善、企业学习资产应用及战略执行的关键。在项目的设计过程中，就必须从开始想好如果所学内容能够成功转化为实际工作行为，可能影响学习转化的障碍是什么，为学习转化提供哪些支持，以及如何评估既定的学习结果。在整个设计过程中，都需要对上述因素有所预设和考虑。

2）学习活动设计原则。学习活动设计应当围绕三个中心：“品牌醒目——吸引关注”，可使用易懂的名字，响亮的口号，简单的符号，共鸣的故事，鲜明的形象，庄严的仪式等；“活动有趣——学员喜欢”，体现在开局有挑战，主体有娱乐，高潮有奖励；“内容走心——体现价值”，其中 PGC 应遵循收集—加工—发布规律，UGC 应遵循引导—产生—筛选规律。

学习活动设计提升学员体验有六大方式：连接学员内在驱动力；宣传学习价值和预期收益；营造稀缺感和学习氛围；给予赞美、认可、鼓励、支持和选择；激发学员兴趣、好奇心、责任感和良性竞争；促进学员参与、时间和社交。

3）学习活动开发。当在学习过程的每一个阶段设计好一个学习活动之后，就需要对根本设计方案进行开发，通常在活动开发时，需要从三个方面入手准备。例如现在在学习准备阶段设计了一个培训开班仪式的活动，利用这个活动让学员们做好学习的准备并能以积极的心态面对培训。解读这样一个活动的开发过程，第一是物料准备，包括这次活动宣传预热时需要使用的物料和活动现场需要使用的物料，宣传预热需要的物料，比如活动宣传海报、图文，这里涉及文案和设计工作，活动现场需要的物料，例如开班仪式悬挂的开班横幅、参会名牌等；第二是人员准备，这里对于工作人员的讨论都不包含在内，主要指的是对活动有促进作用的人物，在开班仪式中，通常请到部门领导或者优秀学员代表进行一些分享；第三是渠道准备，包括活动宣传渠道和活动开展渠道（或平台场地），在这个开班仪式中，活动宣传渠道可能需要获得线下宣传窗口使用资格，或者利用网络渠道进行宣发，活动开展渠道需要提前进行场地的档期查询并获得使用许可。通过这三个部分，可以在准备阶段将活动开发工作完善好。

（4）学习机制设计。学习项目的成功离不开学习机制提供的强有力保障，有以下关键点是在设计准备阶段就必须要考虑的。

1）营销推广机制。营销推广的过程是由准确价值定位、明确用户预期、给出实现路径到触发学员行动构成的。因此需要在设计阶段就制定好符合本次学习项目需求的推广机制，第一步整体分析，需要攫取需求调研中对于推广机制建立可能产生影响的部分进行再次解读，可能需要重点解读领导态度、学员偏好等；第二步推广战略规划，需要确定在本次学习项目中的引爆点，确认好需要在哪些方面以什么话题去着重投入推广；第三步制定推广战术规划，分解本次学习项目，将其转化为一个个可以持续抛出的话题点，可以从学习内容的阶段性考虑，可以从一个个学习活动来考虑，再进行渠道的拓展、分析和选择，最后统筹决定推广的时间节点，为推广选择最合适的内容、渠道和时间；第四步制定迭代更新制度，建立起及时处理反馈信息和再设计的能力，针对项目中的反馈可以在本项目中进行二次三次反复的调整以达到推广的最佳状态。

2）考核与激励机制。考核与激励通常有密切关联，都是保障学习项目有所产出的强力手段。在设计考核与激励机制时应该首先考虑其适用性，即机制的设计不存在好坏，但是需要与企业的发展和本次学习项目的发展需求匹配，能够起到服务作用；二是系统性，机制的构建应当形成一个有闭环的有机系统，设计角度要全面；三是人性化，管理的核心需要学会如何抓好人心，无论是考核还是激励都应该以人为本，太过剥夺人性的选择或者太过纵容人性的负面都不是好的机制。

考核可以分为成绩考核、能力考核、态度考核，针对具体学习项目的需求，通常会给到这三个方面一些权重，比如实操类的学习项目考核可能会偏重于成绩考核，管理能力类的学习项目考核可能会偏重于能力考核。考核的外在变现方式也有很多种，比如针对成绩考核，我们可能通常使用试题考试、实操考试、问答等等；针对能力考核，可能使用演讲、情景模拟等方式；针对态度考核，可能采用观察、关键人员反馈等方式进行。

激励也可以分为两个大类，一是物质奖励，通常在企业中表现为绩效工资的加成，工资薪酬的升降，或者是给予职位的晋升机会；二是精神褒奖，通常在企业中表现为企业优秀荣誉的给予，包含口头的、书面的表扬。

（5）学习项目的偏向性设计。在实际的学习项目设计中，根据需求，通常会呈现出学习项目的偏向性设计，这是普遍存在且适用于现代企业培训使用的。这些偏向性设计的学习项目存在的原因是因为需求存在明显的偏向性，从而自然而然地形成了不同表征的项目。

如果需求集中在学习上，会在设计时放置比较大比重的内容在“培训”上，它的重点在于如何更好地开展培训，达到学习目的是培训学习项目的重点。

如果需求集中在评价上，这个学习项目会最终被设计成为一个人才评价项目，它的重点在于结果评价，学习过程不会设计得太过复杂，需要做的是设计好评价标准，给处在不同程度的学员给予不同的等级称呼。

如果需求集中在进行学习结果排名上，那么这样的项目会被设计呈现为竞赛考试项目，学员们进行可能仅仅是自学或者是比较简单的培训，重点在于最后考试结果的排名，项目根据结果选取一定比例的最靠前的学员进行表彰，这样项目的设计亮点可能在于考试方式的设计、竞赛氛围的包装、竞赛结果的呈现和项目价值成果的延伸上。

总结来说，在项目设计阶段，也可以说是项目准备阶段，其实已经完成了大部分工作，即所有理论部分的工作，对应到 6Ds 法则中，是完成了 D1 界定业务结果和 D2 设计完成体验，而接下去的运营实施只需要按照设计好的内容，以时间推进为依据，一步一步开展实现就可以了。

2. 项目实施阶段

根据 6Ds 法则，在项目实施阶段，需要关注的是 D3 引导学以致用、D4 推动学习转化和 D5 实施绩效支持。而在实际项目操作时，通常按照时间顺序将实施分为实施前期，实施中期和实施后期。而在一个整体的大项目中可能还会拆分为很多小的环节项目，大的项目有自己的实施前中后期，其中的小环节项目也有它们的实施前中后期，它们并不冲突，在这里将一起进行讨论。

（1）实施前期。泛指一个事项的开始期，通常在这期间会做一些准备工作，这些工作都是为这个事项的关键动作做准备的。例如，针对一个大的培训项目来说，项目实施的前期，需要发布大量信息，比如下发有关培训的通知，包含培训的时间地点相关安排；将培训的考核激励详情通过各个渠道进行宣传；与培训相关负责人、讲师等人员确认工作安排等，为“培训的发生”做好准备。而针对一个小的事项，比如针对一个学习活动，我们还是以“开班仪式”作为例子，这个小的事项的实施前期，我们也是主要在做准备工作，比如通知学员和其他参与人员，做最后确认；准备现场需要的物料，做好场务工作等。因此，实施前期相当于一个动作发出的准备动作，就像是运动之前需要做热身准备，确保主要环节顺利是实施前期工作的主要核心。

（2）实施中期。泛指一个事项关键环节的整个过程，这个过程通常是这个事项的灵魂和重点。例如，针对一个培训项目，狭义的“培训”就是项目的关键环节，而在这个环节中，作为培训工作者，除了“按下启动键”，即让安排好的事情按时间发生之外，还需要进行观察和记录学员在这个过程中的学习情况、感受、反馈等，一方面是可以在实施过程中进行积极调整，另一方面是可以作为实践经验累积为下一次培训工作提供宝贵参考。而针对一个小的事项，比如开展线下拓展活动，需要在拓展活动开始到结束的时间内，做好维护工作，同时利用文字或照片影像等方式记录活动过程。这样来看，实施中期是一个动作的本身，可以说没有这个阶段就没有这个动作了，因此维护好这个阶段，保障阶段完整，同时观察和记录是一个优秀的培训工作者应该做的。

（3）实施后期。泛指一个事项的关键动作结束后的归纳总结分析阶段，这个过程可以说是事项的收尾工作。针对大的培训项目来说，这个阶段通常进行针对学员端的项目总结和发布，将培训结果进行一些公示，宣布培训项目的完结。针对小的事项，比如在评选优秀学员这个小的事项中，实施后期，工作集中在结果颁布，相关奖励的发放，优秀学员信息的登记和整理等。这个阶段中，培训工作者应当关注到事项的完整性，主要表现在使学员端感受完整，为培训项目画上完整的句号。

实施过程中三个法则的实现要求我们严格按照设计方案极致实行，通过对实施阶段的前中后期划分，可以更好地帮助我们有效实施和执行设计好的培训方案。在实际操作过程中，建议将整体项目按照实施前中后期制作实施执行表，同时在这个过程中涉及的每一个小的事项也按照时间顺序编排好实施前中后期的工作事项，这样一来，就可以按照执行表开展执行工作，确保实施力度和效果，最后需要提醒的是，如果遇到一些意外的状况，则可能需要一些及时地调整，因此在实施执行表制作的时候，将备用方案写在其中也十分有必要。

目前，国网浙江培训中心已全面开展 ISO 10015 培训质量管理体系标准化建设与认证，明确培训管理工作目标和质量要求，持续进行培训项目实施管理流程和标准的优化与细化，结合自身培训管理工作经验与特点，打造出了一套标准化、程序化、常态化的项目规范运营管理模式。附件 5 展示了国网浙江培训中心培训项目通用实施管理流程图及通用培训实施管理步骤说明。

3. 项目总结阶段

项目的总结必不可少，它的意义并不仅仅针对一次已经实施完成的项目，更加重要的是针对长期的培训工作具有实践价值。

在这个阶段的总结主要针对培训工作项目组内人员进行，建议进行一次完整的项目复盘工作，将过程中观察和记录到的有关于培训任何方面的问题进行一次公开的讨论和意见整合。可以从项目操作性、项目效果、学员反馈、绩效改善情况等维度出发，逐一对本次项目进行评定和问题分析，对本次发生的问题下一个偶发或稳定问题的定义，并制定解决方案。

提升解决实际问题能力、提高工作实效是培训的出发点和落脚点。国网浙江培训中心多年来探索实践问题解决式培训运营模式，其主要特点为以解决工作现场疑难问题为目标，通过现场问题收集、提炼、解决方案设计来开发培训解决方案，在教学中围绕问题解决方案探究来训练学员解决问题能力，并通过评估反馈不断改进。自 2014 年起，在技术技能、管理等各个专业领域大力推行问题解决式培训项目，有效促进了培训方式内容与企业需求的匹配度，培训效果受到企业及员工普遍欢迎。该项创新得到省公司领导及国网公司高度认同和重视。附件 6 详细介绍了国网浙江培训中心探索实践的问题解决式培训运营模式。

5.2.4 平台运营

随着技术环境的不断改善和人工嫁接的尝试，越来越多的企业在培训工作中将平台（多数指互联网在线平台）建立作为企业培训工作中的重要一块。比如更多企业开始建立自己的企业大学在线学习平台，在初期的 PC 端尝试取得一定成效后，同时在移动终端技术成熟之后，很多企业也开始同步建设 App 端的在线学习平台，随着微信社交的逐步孵化成熟，在线学习还开始以定制的微信公众号为平台开展。于是很多传统的对于学习平台（指广义的平台）的建设工作也开始发生迁移，比如过去对于培训教室的建设有部分转移到对在线学习平台功能的研究与开发上。因此，平台运营成为现代企业培训工作中无可避免的重要一环。

在这里，将从两个大的部分来介绍一下关于培训平台的运营。

1. 功能推广

首先是关于功能推广，因为任何成熟的平台和成熟的功能都必须要经过学员的试用，如果一个功能没有人使用，连开端都没能发生，那将是它最大的败笔，也是运营最大的败笔。但任何平台的功能都不是一蹴而就的，往往无法一次性做到完美，开发出最适合学员使用的功能，明确这一点之后，需要知道功能的推广可能遭到阻碍或者不被认可，但这个过程并不会没有意义。

接下来分析如何进行功能推广，需要推广就需要建立起良好的用户触达渠道，在这一点上，一方面需要维护好各个触达学员用户的渠道以保证信息的精准传达；另一方面需要维护住一批忠实的核心用户以保证在功能推广初期一些活动能够得到及时的反馈并能在更广泛的学员用户群中折射出一些效果。

不同渠道有不同的运营方式，在此选择几种比较常见的方式进行分析。

（1）微信。这里的微信指的是企业培训工作或直接在线培训平台的官方微信号。微信的运营相比别的渠道更加注重内容，在内容传递上，应该要发布有趣且可以传播的、用户关心的、与功能实操相关的内容。而如果推广的功能中有一些亮点部分，可以利用这些亮点部分做一些“文章”，通过推广功能的亮点来实现功能的推广使用。这是微信平台运营时常使用的并且是比较有效的一些方法。

（2）系统内通知。在企业培训工作中，关于系统内下达通知每个企业都有自己的方法，有的可能通过邮件统一告知，有的可能先下达部门，再由部门下达个人，也有的通过组织针对对象固有的渠道（比如社群）来进行直接通知。这都是系统内通知的一些实现手段，这里统一地给系统内通知一些建议：首先是通知的内容要简单合理，很容易让学员用户理解清楚，并且在内容的编写上下一些功夫，尽量写一些能够吸引大家注意力的好内容；再者是在发布通知的节奏上需要进行规划和把控，不要过于频繁和随意的发布，要有意识地制定一些时间间隔；如果发布的内容是一些可能引起学员用户反弹的“不利消息”，可以选择先部分发布再进行全部发布，减缓反弹程度。

（3）核心用户的运营。功能推广的第二个关键动作就是做好核心用户运营。无论我们需要运营的东西是什么，我们都需要有意识地去发掘和发展一些对平台比较认可的核心用户。这些用户要么是本身对任何活动都保有积极参与的心态，或者是针对活动的设计和奖励可能产出兴趣而进行积极地参与，所以把握这些核心用户的心态十分重要。当发现了一些可能的核心用户之后，需要再花费更多的时间去经营；对于这些用户需要经常给予一些参与活动或体验的奖励，比如某些功能的“尝鲜权”等，让这些用户意识到他们是核心用户。总结来说，让核心用户产出超出预期的体验是维系和他们之间关系的关键点，掌握这个根本原理可以帮助在今后的核心用户运营中游刃有余。

2. 功能优化

在平台运营中，第二个大的部分就是功能优化。功能推广不是终点，只进行功能推广并不能让平台发展运营得更好。简单来理解运营两字，只有更迭只有不断地趋向于更好才能称之为运营，它必然是一个动态的过程，因此我们得出，在功能推广的下一步关键就是进行功能优化。

关于功能优化需要将优化的意义从两个角度去分析，是从使用者的角度来划分，一类是学员用户使用角度，另一类是管理运营者使用角度。

（1）用户使用角度。在用户的角度来思考，当使用了一个新的功能之后，发现了一些问题，它可能是关于内容品质与功能定位不匹配；它可能是功能的“人机关系”设计不合理等。当用户遇到这样的问题时，需要问题可以被快速有效地解决，时间的滞后、问题解决程度是最大的两个决定用户是否能够继续在该功能上停留并使用的因素，这是进行功能优化的第一考虑要素。

而当这些要素没有能够被很好地把控时，需要额外做一些动作来进行弥补，使用户给予更多的时间和宽容允许平台继续进行调整。这时候我们通常从物质和精神两方面进行补偿，物质方面可能提供一些小奖励，虚拟的或者现实的都可以；精神方面用户更加需要的不是无止境地拖延和逃避，用户需要运营者给予比较正面和正向的说明，直接说明情况，解释特殊原因以消除用户的不确定感和不安全感。

（2）运营者使用角度。在这里额外的提出运营者使用角度，这是一个比较新鲜的角度，因为目前市面上的培训在线平台，比较少有在功能设计和定位时考虑到如何更好地满足运营者的需求。比较严重的问题有数据统计分析功能的缺失、统一管理功能的缺失、运营动作/活动露出渠道的缺失。这归根于功能设计时就没有考虑运营者使用角度，因此在功能优化时，必须收集运营者的使用反馈意见进行优化，只有这样才能相互促进，以更有效的运营手段带动更好的在线学习，也以更精准的学习反馈调整运营动作。

3. 平台运营方式

互联网平台运营已经累积许多有效经验，这里将改良一种来自互联网 App 用户运营的用户增长漏斗模型——AARRR 模型，并将此运用到企业培训的平台运营中去。原本的 AARRR 漏斗模型的意思是获取用户（Acquisition）、提高活跃度（Activation）、提高留存率（Retention）、获取收入（Revenue）和自传播（Refer）五个层面，而且随着每一层的递进，就像漏斗形状一样，用户数量越往下越少。因为在企业培训中大多数不存在用户层面的消费和对外传播，因此，通过改良，提炼形成“吸引关注—触发活跃行为—持续关注—转化应用”的递进模型。

（1）吸引关注。吸引关注对应着学员用户获取，没有用户，就谈不上运营了。在企业培训中，可能不存在用户关注成本很高的现象，但是用户关注却可能从一开始就决定了最终培训效果，因此，必须要针对吸引用户关注展开一系列的运营动作。这里将互联网运营手段“本土化”解读，总结了一些适合企业培训中使用的运营方式。

1）官方发布推广。通过培训管理部门的官方渠道发布相关的培训信息和安排，以由上而下的方式从行政角度上引起学员用户的关注和重视。

2）相关部门合作。找到学员用户的直接业务管理部门或者绩效薪酬奖励管理部门一起合作，让学员用户直接利益相关的部门和培训部门同步发布相关的培训信息，在学员用户可能更加关注的渠道发布消息加强其重视程度。

3）社群推广。组建培训针对用户的微信群/QQ 群，在社群中进行有技巧的推广行为，注意要避免直接生硬的打广告形式。具体如：社群名称：培训项目＋名字；每天进行社群签到，提高活跃度和曝光率；经常跟群里的学员进行交流，适当引出话题，引导学员关注你需要推广的内容并参与其中。

4）培养学员用户 KOL。KOL 即意见领袖，在学员用户群体中培养最积极和具有带动性的 KOL 是很好的平台运营手段，因为项目内的用户对用户的影响明显更能引起用户的共鸣，激发参与和竞争的欲望。我们通过包装 KOL 在培训项目的表现，给予更多曝光机会和更多的奖励激励树立 KOL 形象，再通过 KOL 输出内容影响其他一般学员用户。

（2）触发活跃行为。在培训项目引起用户足够的关注之后，需要更进一步地让学员用户在各个阶段全身心参与进来并且能够活跃地发出行为动作，用户在培训项目中活跃参与是培训项目设计效果能够落地的保障之一。同样，在这里我们也将提供一些方式供大家参考。

1）策划活动。活动是活跃用户比较好的一种方式，不管是线上或者线下。活动的内容形式也都是可以多样化，可以根据重要节假日、根据热点进行活动策划，也可以通过日常性的活动进行用户活跃。日常性活动比如签到、登录后获取积分、奖品礼品兑换等。

2）投放用户激励。用户激励是平台运营工作中非常重要的一部分，甚至可以说，平台运营就是通过各种方法激励用户，以使其做出符合运营预期的行为。投放的用户激励，可以从物质激励、精神激励等方面进行制定。

3）周期性任务运营。发布一些周期性的任务性质的指令，比如可以从每天学习时长、登录次数、交互次数、获得点赞留言数等入手，组合设置每天的学习任务，培养学员用户每天完成任务的习惯，提升用户活跃度，保障学习效果。

（3）持续关注。如何使用户不在短时间内失去对于培训项目的关注参与热度是培训工作者值得思考的关键点。这里从两个大的方面给出一些建议，一方面是项目设计层面，另一方面是运营动作层面。

在项目设计层面来说，第一点，关注项目设计的参与便捷程度，一般来说，项目规则设置的简单易行能够更好地使学员用户持续关注并产生行为，如果项目设置的过于复杂，很容易使用户中途放弃。第二点，我们主张关注学员用户反馈，在培训开展的过程中，应该时刻挂住学员用户反馈的新需求，然后针对性地去解决问题，提高其参与感和受关注度。

在运营动作层面来说，第一点，应当开展精细化、个性化、定制化的运营动作。运营越来越讲究精细化，如何让绝大多数用户感受到自己正在享受定制化对待十分重要，这就需要培训工作者不断收集消化学员用户信息数据，并投其所好抓住用户的心。第二点，当用户产生流失情况的时候，应该使用各种运营手段召回用户，可以通过一些活动，在连接直接利益的渠道中发布，使用户重新关注培训项目并持续参与。

（4）转化应用。学员用户在培训项目给予了充分关注、变现出活跃的行为、并有一段长时间的投入之后，时机成熟，我们需要考虑引导学员用户在学习之后进行转化应用。通常这一步会被很多培训工作者忽略，但实际上这一步才是最有价值的一步，我们提倡在合适的时机给用户创造实践学习内容的场景，给用户表达产出练习的机会，这样可以直接反馈出学员用户的学习效果，可以给到学员用户自己和培训工作者更多正向引导，有利于学员用户良好心态和积极行为的养成。

这是一个体验为王的时代，尤其在互联网环境中，用户体验成为产业、项目是否成功的关键因素。而在培训开展中我们同样注意到这一点，学员用户开始参与培训项目，并非事情的终点，恰恰相反，当学员用户开始参与到培训中，体验之旅才刚刚开始，而用户在其中是否愉快，将直接影响培训最终效果，并且持续性影响培训工作的开展可信度。下面关于学员用户体验给出几点建议：

1）用户体验的核心是用户需求。很多培训工作者很容易在培训工作开展中陷入的一个误区就是过于执着于培训设计的业务逻辑。他们通常是这方面的专家，于是他们可能在培训技术展现、先进培训理念传播上过于用力，这就很可能导致他们忘了从学员用户角度出发。几乎所有的企业或多或少的存在培训工作，而学员用户并不知道人力资源管理理论，也不熟悉资源构建过程，他们只是可能感觉课件在学习时非常引人入胜，整体培训节奏舒适。所以我们应当理解，培训工作者不应该过于从自己出发，犯教育用户的错误，学员用户的习惯是你需要观察适应的，而不应该让培训项目成为教育用户的老师，而应该通过交互让学员用户主动学习。因此，关注点应锁定在学员用户需求上。

2）要超出用户预期，给用户带来惊喜。超出用户预期才叫作体验。如果培训项目千篇一律，那不叫体验而是走过场。看到有好的培训设计之后就照搬做一个只能让用户达到预期的效果，而不会形成真正的体验。

3）好的体验要能够让其有所感知。学员的用户体验应该是贯穿在用户参与培训的全过程中的，做得好就可以成为培训效果良好产出的制胜关键。在培训开展中，干谈企业战略是没有意义的，企业战略不能永远在云端，所有的企业战略一定要具体到培训项目设计是如何解决学员用户问题上，如何让其感受到愉悦，这是非常重要的培训设计观。举个例子，如何告知学员用户他的学习进度不太好，将学习进度以完成率的数字形式呈现，我国深受应试教育影响，学员用户虽然痛恨考试但是对于得分十分渴望，当学习进度明确显示在 20%、40%时，会感觉焦虑和不开心，于是开始努力提升百分比，就可以改善学习进度的问题。当用户自己不能感知的时候，我们需要学会创造感知。

4）好的用户体验是从细节开始，并贯穿于每一个细节。所谓的创新就是从用户出发，从用户体验的细节出发，从很多细微之处出发，能够对用户体验做出持续的改进。经常进行换位思考，我们可以发现企业培训工作中仍有大量细节可以改善，这些都是提升学员用户体验的机会。在任何企业的培训工作中，技术革命的影响都是长期的、平等的，在技术条件相差不大的时候，我们就要通过用户体验设计，有效提升学员用户体验的满意度，让其更愉悦、更有价值，这是可以使培训效果更大化的必要条件之一。

5.3 培训效果评估

5.3.1 培训效果评估的几种模型

培训效果的评估和改进是培训过程四个环节中的核心。它的有效开展可对培训项目实施的全过程做出科学、准确的分析和判断。通过对已完成培训项目的评估，总结培训组织管理中的成功经验，发现存在的问题和不足，提出改进意见，从而使新的培训项目更加完善、更具有针对性和有效性。

当前对培训效果评估进行系统总结的模型是唐・柯克帕特里克（Donald.Kirkpatrick）的柯氏四级评估模型，当然也有不少研究者针对其不足提出自己的模型，主要有：Kaufman的五层次评估、CIRO 方法、CIPP 模型等。

1. 柯氏四级培训评估模式

柯氏四级培训评估模式分为反应评估（Reaction）、学习评估（Learning）、行为评估（Behavior）和成果评估（Result）四个层次，简称“4R”。

反应评估（一级）的目的是了解学员对项目及课程的满意度。其主要内容包括培训内容、师资水平、教学服务和后勤服务等；评估方式主要采用问卷调查、反馈表等。每个培训项目结束时，都必须进行反应评估，并形成《培训项目反应评估和改进意见书》。

学习评估（二级）的目的是衡量学员在知识、技能、态度和行为上对培训内容的理解和掌握程度。主要内容是对培训大纲的知识点和行为点的掌握程度进行测试。评估主要采用考试、考核的方式，在培训结束时进行，形成《课程成绩单》《培训项目学习评估和改进意见书》。

行为评估（三级）的目的是衡量学员在培训后运用所学内容使其行为改善的程度。主要内容包括所学知识技能实际应用的范围、使用频率、可衡量的工作成就和绩效改进情况，用人单位的满意度和支持度。三级评估一般在培训结束 3～6 个月后进行，形成学员《培训项目行为评估和改进意见书》和《培训项目行为评估和改进意见书》。

成果评估（四级）的目的是衡量培训对企业安全生产、经营管理、科技进步等方面的综合影响。主要内容是培训前后有关数据的分析比较、培训成本和绩效分析等。四级评估一般在培训结束 6～12 个月后进行，形成《培训项目效益评估和改进意见书》。

各类培训班必须进行一级评估。凡颁发培训管理部门验证的培训证书的项目都要进行二级评估。重点培训项目要进行三级评估，三级评估在二级评估的基础上进行。对生产经营和科技进步影响较大、培训成本较高的培训项目，要进行四级评估，四级评估在三级评估基础上进行。

一般而言，一级、二级评估由培训机构组织实施；三级、四级评估由培训管理部门或其授权的有关机构实施。培训效果评估后，评估组织者将形成的《培训项目评估报告和改进意见书》反馈培训项目的主管部门，相关内容反馈给培训机构、培训师和学员本人，由其提出改进意见并实施。

2. Kaufman 评估模型

Kaufman 的五层次评估认为，培训能否成功，培训前各种资源的获得至关重要，因而应该在模型中加上这一层次的评估，并且培训所产生的效果不应该仅仅对本组织有益，它最终会作用于组织所处的环境，从而给组织带来效益。

3. CIRO 评估模型

该模型的设计者是奥尔（Warr.P）、伯德（Bird.M）和莱克哈姆（Rackham）。CIRO 方法认为，评估必须从情境、投入、反应和结果四个方面进行。包含四项评估活动，分别是：

（1）背景评估。旨在确认培训的必要性。主要任务有二：其一，收集和分析有关人力资源开发的信息；其二，分析和确定培训需求与培训目标。

（2）输入评估。主要在确定培训的可能性，其主要任务是：其一，收集和汇总可利用的培训资源信息。其二，评估和选择培训资源二对可利用的培训资源进行利弊分析；与此同时，确定人力资源培训的实施战略与方法。

（3）反应评估。其关键任务是，收集和分析学员的反馈信息，改进人力资源培训的运作程序。

（4）输出评估。旨在检验培训的结果，其一，收集和分析同培训结果相关的信息。其二，评价与确定培训的结果。培训结果的评价与确认可以按照层次来进行，也就是说，可以对应前述的培训目标来检验、评定培训结果是否真正有效或有益。

4. CIPP 评估模型

1966 年，美国的 D.L.Stufflebean 提出了 CIPP 评估模型。它和四级评估、CIRO 评估模型一样，都是以结果为基础的培训评估方法。CIPP 评估模型包含以下四项评估活动，分别是：

（1）背景评价。评定客体的综合地位、鉴定客体的不足、集中并整理能用来纠正其不足之处的因素，并诊断哪些方法能提高该客体的素质。

（2）输入评价。对前后关系评价后制定的改进计划能否实施进行现状调查；同时对实施过程中可能出现的各种障碍做出估计；修订改进计划，避免盲目实施，以避免失败和浪费时间、人力、物力。

（3）过程评价。向计划人员和具体操作人员提供实施改进计划过程中的反馈信息，为不断修正改进计划提供信息；定期评定改进计划实施的深度以及实施对象接受的程度；详细描述在实施过程中的各种价值，以及旁观和参与者对总体实施质量的评判。

（4）成果评价。测量、判断改进计划实施结果的目标达到程度。

5.3.2 评估实施的一般步骤与任务

1. 评估实施的一般步骤

培训效果评估的实施一般分为预评估和再评估两步。

（1）预评估。预评估通常是被评估对象的自我评估。被评估者对自己的情况最为熟悉，因此他们提供的自评材料是后续评估的基础信息。自我评估的过程就是被评估者自我反省、自我诊断、自我提高的过程，不仅对评估工作具有重要意义，而且对促进和提高培训工作的水平具有实质性的作用。

（2）再评估。再评估也称为确定性评估，一般是由专门的专家组对被评估对象进行的评估。其作用在于提高评估的可靠性，提高评估结论的客观性和权威性，使被评估对象了解自己的相对水平，明确努力方向。

2. 评估实施阶段的主要任务

（1）进行评估的动员与宣传。这是实施阶段带有战略性意义的工作，它不仅为全面地检查问题提供信息、提供条件，而且也为以后的评估结果反馈奠定了基础。只有使被评估对象深刻地理解评估的意义、内容，得到他们的支持和响应，才能实现评估工作的预期目标，才能使评估的作用得到全面地发挥。

（2）收集信息。在收集信息过程中，应把握全面与重点相结合的原则。全面的信息是做出科学判断的基础，因此信息力求翔实准确。但为了突出评估的重点，反映事物的本质特征，不能平均地分配人力和物力，要重点收集与评估目标直接相关的重要信息。即全面又有重点地抓住评估对象的主流特征。

（3）评分。这是评估活动的关键性工作任务之一，结论是否符合被评估对象的实际情况，将对被评估对象下一步工作发生影响。因此，在评分时要慎重从事，讲求科学，同时还要力求简便，方便被评估者的理解和使用。

（4）汇集整理有关资料。迅速而又准确地汇集整理资料是评估活动的带有全局性意义的工作，在这一环节发生的误差有可能使前面的工作功亏一篑，造成不良后果。迅速地汇总资料，是为了保证信息的时效性，有利于尽快纠正工作中的问题。准确地汇总资料，可以使工作减少误差，有利于评估工作的真实性和可信度。

5.3.3 培训效果评估实施方法

培训效果评估的方法或手段，可以从评估过程的两个阶段来分类。

1. 资料收集阶段

这是评估过程的第一阶段，主要任务是获取有关培训的信息、数据和资料。这一阶段的方法主要有：

（1）资料收集法。通过收集有关培训的文字、录音、录像资料等来全面了解培训实施情况。

（2）观察法。通过直接观察评估对象的行为表现来获取相关信息。比如观察教师授课、观察学员在特定情形下的行为表现等。

（3）访谈法。评估人员深入到培训实践中，通过和参与培训活动的领导、管理者、培训师、学员等面对面访谈听取有关部门及人员的反映。

（4）问卷调查法。即以书面的形式，拟定若干题目请有关人员填写、回答。

（5）测验法。通过笔试、口试、模拟操作或现场操作测验的形式进行考试、考核，并评定分数。实践中，对学员学习效果的评估，经常采用这一做法。

（6）总结法。即由培训工作者和学员进行自我工作总结或学习总结，评估者可从中获得信息、数据。

（7）追踪法。即对评估对象在不同环境、不同时间里的状态连续不断地考察。比如在某一学员返回工作岗位后，对其进行定期或不定期走访、询问、测试等。

2. 具体评估方法

具体评估阶段，是评估过程的第二阶段。它是在完成第一阶段任务之后开始的，主要方法有：

（1）终结性与形成性评估法所谓终结性评估方法，就是对培训实践结果，或对培训师、学员的教学与学习效果的最终判定。它的目的在于对被评估对象做出某种“资格”或“等级”的认定。如学员能否结业、培训师是否有较高的教学水平。再如，通过评估，对培训机构的资质水平进行判定等。

形成性评估方法，是一种对培训教学过程状态及效果影响的评估方法。目的在于利用反馈机制调整或促进培训过程的优化。比如，教学内容、教学方法等是否得当。

经验表明，将上面两种评估方法结合起来运用，可以更有效地发挥评估的作用。

（2）纵向与横向评估法。所谓纵向评估，是指对被评估客体自身历史发展不同阶段的前后变化进行比较、判定。如某一培训机构当年培训管理水平与前一年相比有多大程度的提高；学员经过该培训，在原有基础上有多大的发展或变化等。

横向评估法，即在一定的时空条件下，培训机构与培训机构之间，学员与学员之间进行比较、分析以判定某方面差异或共同之处。

（3）单项与全方位评估法。单项评估即侧重或集中某一方面对评估对象进行分析、判定。比如，对一个培训机构办学条件、办学水平或办学方向的评估；对学员技术水平、职业道德、工作态度某一方面的评估，就属于单项评估。全方位评估即从不同角度、不同方面对被评估对象进行综合全面的评估。

（4）定性与定量评估法。培训过程及结果有许多因素是难以用量来衡量或测定的，如人的思想、品德、态度、情感、意志、品格、个性特征兴趣爱好、创造意识等就需要从性质上给予分析、判定。而对于某些知识掌握、理解、运用的程度则能以量的形式（如分数高低）进行评定。实践证明，定性与定量评估结合起来运用，有利于保持评估的全面性和评估结果的准确性。

（5）个体评估和集体讨论评估。个体评估法侧重个体对培训|评估的作用，通常选择具有一定素质、具有一定代表性的个体，组织他们分别对评估对象进行评估。所选择的个体可以是培训人员，也可以是受训人员；可以是局外人，也可以是局内人。

集体讨论法是采取集体评议、群体表决等方式，对评估对象做出评估的方法。其具体做法是由评估工作领导部门的成员和有关评估工作业务人员参加，适当邀请有关人员按照评估指标体系对评估对象进行评定。

附件 7 给出了一个培训效果评估的实施案例。

5.3.4 大数据下的培训效果评估

大数据时代，显而易见的单纯以人工收集数据的方法已经并不完全适用，随着大数据技术的深入发展，培训也应当充分利用大数据技术红利，通过大数据平台建设，及时采集学员学习行为、过程数据、学习效果反馈等信息数据，进而实现更加精准、可靠的培训效果评估。

近年来，国网浙江培训中心采用大数据搭建了系统云平台，有效提升了培训效果评估的作用，提高了参培学员选择的有效性，令学员更加清晰、直观的了解自身岗位能力的优势及缺失，同时通过输出所需大数据的分析整合，也进一步提高了培训内容设置的有效性。

（1）运用云平台技术，接入大数据。目前，系统通过公司大数据平台，主要接入了ERP、绩效管理、培训管理等信息系统数据，主要涵盖组织架构、员工主数据、绩效信息、培训记录等结构化数据。以员工主数据为例，目前，若仅以 ERP 系统为数据源，则缺乏劳务派遣人员主数据，若仅以绩效系统为数据源，则全民职工数据不够全面，因此，以公司大数据平台为基础，接入多套信息系统数据，能够有效解决当前人力资源管理信息系统较为分散、信息未统一存储管理的问题。通过接入多套信息系统数据并规定权威数据源，确保了数据应用时的准确性及完整性，为学员岗位能力评估提供坚实的数据基础，进而有效推进培训效果评估与人力资源管理业务融合。基于大数据的岗位能力评估体系业务架构如图 5－6 所示。

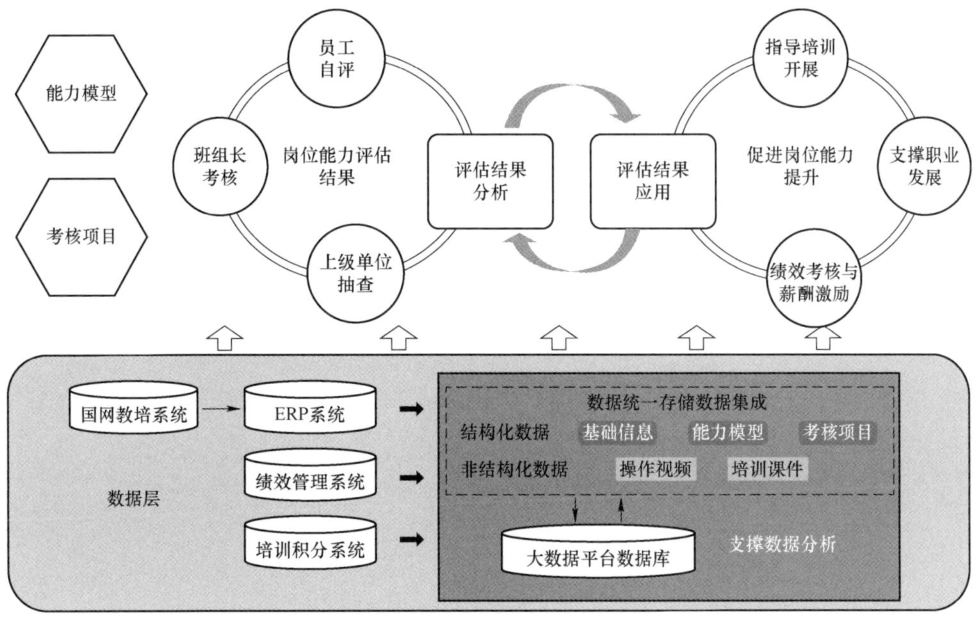

图 5－6　基于大数据的岗位能力评估体系业务架构

（2）通过系统平台的应用，计算大数据。系统平台权限由项目组统一整理后配置，再根据学员的个人技能水平、综合素质分配能力等级、岗位分类，在系统中形成真实统一的组织架构。学员通过系统平台的应用，对现需掌握的岗位能力考核项目逐一自评；班组长通过项目、口试、实际操作、仿真操作、日常工作等方式进行现场评估；上级单位通过不定期地对学员进行督促检验。每个层级的评估均以百分制分值方式体现，项目组通过评估数据采集得到学员培训效果评估的平均分。

（3）运用云平台技术，输出大数据。通过数据分析挖掘，不断推动人力资源管理各业务领域的有效衔接，有效促进学员能力素质提升。可通过大数据分析平台，对培训效果评估结果、各岗位能力项得分情况等大量数据进行多维度分析，精确定位薄弱能力项，培训管理人员及专业部门负责人在分析培训需求、编制培训储备及制定培训计划时可参考评估结果分析报告，有针对性地开展各类培训，有效提升员工岗位能力水平，从而做到“缺什么，补什么”；可通过对学员工作积分结果的分析，在实际工作中进一步检验学员岗位能力水平；可通过分析学员技能掌握情况，个性化推送培训课件，让学员利用碎片化时间进行学习以提升岗位技能；可通过数据分析结果，制定合理的绩效考核和薪酬激励制度，加强评估结果的影响力和约束作用，有效促进员工技能提升的积极性。

大数据时代，给培训，特别是培训效果评估带来了巨大的机遇，同时也给培训管理者带来了更大的挑战。在这一时代背景下，培训管理者应具备大数据思维和大数据收集、处理能力，充分利用大数据更好地为培训管理服务。

行动计划

1. 培训需求分析的常用方法有哪些？
2. 请结合工作实际，进行学习地图的绘制。
3. 请结合工作实际，设计一个培训效果评估案例。

第6章 培训方式新趋势

从当前行业新形势出发，泛在电力物联网建设规划的提出对电网企业人才培训提出了更多新的挑战和要求。

尽管以面授为核心的传统培训已经非常成熟，培训从业者也已经稳步走向细分专业化的道路。但移动互联网时代的到来打破了培训领域的稳定与平衡。学员不再满足于传统的线下培训，而越来越多倾向于线上移动学习，由原来固定时间、固定地点学习发展为学习时间和地点的不固定性，因而智慧培训生态圈建设将成为培训方式发展的新方向。

新形势下对企业培训的要求主要有以下四个方面：

第一，培训要跟上时代和战略，移动互联网时代对很多企业产生了影响，很多企业也都在做战略调整，在这个大环境下，我们的培训有没有跟上企业发展是一大问题；

第二，从效果上来看能否解决实际问题，大部分人其实不太关心培训是否专业，而是更加关注它能否达到目标并解决问题；

第三，培训覆盖的广度和深度——广度覆盖、深度影响。需要培训的人能否覆盖到，需要重点培训的人能不能得到足够的影响；

第四，要产出真人才——通过我们的培训，有没有产出所需的核心人才。企业培训背后的核心目的之一是要用人，培训需要从这个角度去支持。

另外一方面，作为学员，其要求也主要有四点：

一是有用，能用于实战。通过培训能不能解决工作中碰到的实际问题。以前，即使很多培训不够实战，学员也可能欢迎，他们能够从中收获知识或获得愉悦，也会觉得不错。但是，随着互联网时代的到来，信息爆炸造成了人们的负担，知识本身的价值也在下降。新时代的学员并不需要培训提供大量的内容，而更希望得到精准地、有用的东西。

二是有兴趣，不枯燥。这与上一点是叠加整合关系，有一点特别强就能在很大程度上提高学员的学习积极性。

三是体验好，以人为本。当代的学员，尤其是 85 后和 90 后，都成长和生活在卓越产品的时代，他们不管是日常生活还是在信息交互和社交等方面，都习惯于用体验非常棒的产品。无论是微博、微信还是淘宝、支付宝，都是全国乃至全球顶尖团队设计出来的产品，所以他们接受不了体验差的产品，如果不能创造好的体验，那么就会不受欢迎甚至被抛弃。同时，培训也不能平白无故地给学员带来过重的负担和麻烦，以往很多企业采用的量产培训已经成为过度负担。

四是培训要有利于个人增值，与个人的发展相关联。学员也在乎参加培训能否给自己真正增值，参加培训与不参加培训能够体现出其个人发展的明显提升。

上述要求同时也是培训所面临的挑战。我们关注的是从专业性来看，培训能否应对这些挑战，以及怎样应对这些挑战？

6.1 “互联网+”培训

在移动互联时代，企业的生存法则，就是看有没有互联网思维，有没有和互联网进行有机融合，有没有在互联网浪潮中适时转型与创新。“互联网+”既给所有行业带来全新的机会，同时也带来了全新的挑战，企业培训也不能例外。

6.1.1 “互联网+”时代面临的挑战

目前的职业培训基本上是采用补充学习的方式，这种方式一方面，对于培训的精准需求信息，培训主管机构很难获取，导致培训不具备一定得针对性，同时在培训的安排上具有一定的盲从性；另一方面，因为学员要承受一定的工作压力，而产生对培训的抗拒心理。由于无法满足对知识的需求，更倾向于自我获取知识，这样更加凸显了教与学的矛盾。而互联网不仅将传统产业的版图改写，同时也进一步促进和重构了传统的行业，对包括培训行业在内的各个行业产生了深远的影响。利用互联网技术的低成本、大数据和全天候，会很轻松地解决培训过程中面临的诸多问题，培训管理“互联网+”对培训行业将带来深刻的变革。

（1）“互联网+”对企业培训课程开发速度与内容更新的挑战。“互联网+”造成产品更新换代提速，它迫切要求相应的思维模式、培训体系以及经验案例必须加快同步更新，这必然给企业培训课程开发带来了挑战。一般而言，培训课程开发及内容必须与时俱进，如超过半年其适用性就会大打折扣。以往培训师开发新课程时间为2～3个月，使用超过1年的，速度就已跟不上企业发展的速度；有的等你按部就班开发好已过时了。那种一门课程讲几年的时代已经彻底过去了。

（2）“互联网+”对培训师的知识与资源优势形成的挑战。互联网的本质是打破时空等条件限制，使信息透明化。过去那种依靠信息不对称当家的行业将受到严重影响，培训恰恰是这样的行业。本质上讲，讲师的知识与资源优势是因为他们比学员懂得多、知识广，但移动互联时代，百度、微博、微信、公众号等直接扩展了信息化传播渠道，学员用手机便可快速获取所需信息与案例，专业技术类课程面临同样的挑战，如：网易公开课、云学堂，思科等领域的专家授课等。这一切对传统的培训模式形成了难以抗拒的冲击。

（3）“互联网+”对学员课堂专注力的挑战。现在学员一到培训室，最关心 WiFi 密码、充电插口在哪儿，讲师上面授课，学员下面看微信、刷朋友圈、玩手机成了“新常态”。互联网用户更多关注的是产品是否满足了自我实现的心理需求，同样，培训的转型定位也应该围绕学员需求，立足成就学员。如何因势利导，把握主动，在移动互联中让学习变得便捷、简单、快乐，这也是所有企业培训面临的共同课题。

（4）“互联网＋”对企业培训地位与重视程度的挑战。线上培训的丰富，并不能必然带来线下培训的繁荣。在移动互联条件下，一些企业的管理者片面地认为，员工获取信息、知识与经验的渠道丰富了，再耗时费力集中培训已可有可无，加上部分培训管理者缺乏证明集中培训在企业仍然是必须的、有用的证据链。相反，一些所谓“培训无用论”的反向证据链的案例倒时有所闻，如摩托罗拉、诺基亚等培训抵挡不住被淘汰的典型。这种观念具有一定普遍性、典型性，这是“互联网＋”形势下培训遇到困境和挑战！

（5）“互联网＋”对培训运营管理智能化程度的挑战。以往企业培训注重：讲师级别、学员人数、培训纪律，而互联网时代的培训则注重：教员运用数字化多媒体的水平与技巧，激发学员的投入度，培训组织者能否帮学员建立一个群持续互动；面对“互联网＋”给培训带来的一系列挑战，唯有主动自觉地推动转型才是应对挑战的根本出路与不二法门。

6.1.2 面向“互联网＋”的培训业务转型

企业如何对线上线下的资源进行整合，传统企业如何从线下转战线上，电力企业如何在培训管理“互联网＋”脱颖而出，这是职业培训行业亟待解决的课题。目前，职业培训的现状和特点是，还不能真正地将学历补充的定位摆脱。首先，在职学员主要是职业培训的对象，他们主要是利用有限的业余的精力和时间进行学习。其次，大部分在职学员具有一定的专业基础和工作经验，进行系统的学习和强化专业的是深度，是他们学习的主要动机。职业培训应提供基于“互联网＋”的培训课程，不再受时间和空间的限制。对企业员工终身培训的需求给予满足。最后，职业培训应与经济发展相适应。

从应对“互联网＋”必须实现的转型看有几方面：

（1）培训定位的战略化转型。培训的首要问题不是课程设计、讲师级别、体系搭建问题，而是定位问题。培训的核心定位就是围绕企业发展战略，认准目标整体联动，给组织与个人注入新动力。发现流程有问题，优化流程；渠道有问题，调整渠道；岗位不匹配，提升能力等；“互联网＋”时代培训定位的战略化转型是关键。

（2）课程体系的迭代化转。课程体系必须具有系统性、完整性、超前性。一个课程体系一旦形成，就不只属于某个讲师，而是属于公司、部门及员工的资源。把课程体系视为软件系统，实现内容的快速迭代，是未来的发展方向。目前一些先进的企业已经做到培训课程迭代了，课程优化不得超过一周时间，实现课程迭代速度与产品更新、员工培训需求基本保持同步。

（3）课程内容的简约化转型。移动互联时代，应把“企业发展、员工需求”的理念引入培训，摒弃传统的大而全，广而杂的理念。检验培训成效不是讲得多、讲得好、讲得热闹，而是学员能记住多少，吸收多少，应用多少。凡是智能终端可以储存与检索的东西，都大刀阔斧地精简，把人们从记忆中解放出来，留出更多的精力与时间去破解新问题，课程内容注重简约实用。

遵循“用户至上”的培训理念，设计更加简约化的课程内容。学以致用是培训的目标。受训者是培训的主体，而非讲师、课程和 PPT。在企业的培训过程中，植入“用户至上的理念”非常关键。所设计的课程内容要简约、通俗易懂，即便是一个案例、一个观点，也能发挥对裂变式的转化效应的促进作用。

（4）课程组织的机动化转型。大数据、快节奏、多变化、高强度是互联网时代的一大特征，传统的短期培训已难以适应这一特征。为此，课程机动化，碎片化，聚焦某一个特定知识点，发挥网络课堂的作用，实现了双向互动。与时俱进、胜任岗位是所有培训的出发点，培训的价值就是解决在这一过程中遇到的新问题。未来应有越来越多的培训从线下转到线上。

利用碎片化方式，使用移动互联网支撑培训。互联网时代的特征，是具有较大的工作强度和较快的节奏。传统的多天培训的方式，对于快速转化培训效果，无法提供保障，同时也很难集中学员的精力和注意力。为了能使这个问题得到很好的解决，应尝试设计微项目和微课，以便能快速地传播知识。微课具备以下特点：时间短，内容精而少，让学习者参与进来。

增加培训体验感，对社区化的学习氛围进行营造。实践证明，学员之间的碰撞，要远远大于老师和学生之间的互动。可通过诸如“问答社区”“企业群组”等的建立，能实时的评论这门微课。为了相互学习和碰撞，可向企业所有管理者开放。而培训管理“互联网+”下未来企业的讲师，也并非是来自各级专家评审、人力资源部推荐和部门选拔，而更多的是来自社区。社区往往对“高手在民间”的价值观进行推崇，在社区内，个个都是高手，人人都是讲师。这样在将讲师和学员的距离拉近的同时，更多的使学员的成就感、参与感和存在感增强。

（5）培训师的普及化转型。互联网体现的精神是开放、平等、协作、分享。因此，“互联网+”带来未来企业培训师不再仅仅来自推荐、选拔及专家评审，而来基层一线。基层一线是竞争与创新实践的广阔天地，他们扎根基层，源于业务，乐于分享知识、案例和经验，并逐步形成课程所需要迭代的素材；大家都做讲师，人人可以讲课，体验做讲师的感觉，拉近了学员和讲师的距离，让每个员工都成为新理念新知识新经验的传播者、分享者与实践者。

（6）促进培训成果的转化，使培训对象能全员参与。通过开展行动式学习，将两种人作为重点的受训对象。一种被赋予重要的职责，是企业所认定的发展人才。他们的参与不单单能促进自身迅速转化培训效果，还会带动其他学员积极参与；另一种是入职新员工，企业往往希望他们能很好地适应工作，并对岗位技能迅速地掌握。

实施行之有效的管理方法，使学习效果进一步提高。为了保证学习效果，除了创新学习模式外，还应在项目实践中采取有效和有力的管理方法。为促进培训的转化，不可或缺的是采取适当的奖励措施，在培训前激发受训者的转化愿望。培训开发者应通过对互联网思维设计的运用，采取诸如积分制设计等和课程相匹配的激励措施，对全部学员采取积分激励制。学员们对课程、发言、讨论和视频微课的观看，都能转化为看得见的积分。最后，针对积分，划分等级，适当与薪酬增长、提升与奖惩相挂钩。

企业培训模式在移动互联网时代，将面临全新的突破和转型。立足新时代员工的特点和所面临的竞争环境，应积极转变培训方式和学习习惯，开发新型的培训课程，实现企业效益质的飞跃，提高企业的竞争力水平，并与国家战略的企业部署相适应。

6.2 培训模式的升级

6.2.1 线上线下结合的培训模式

面对现代人才学习特点，学习获取技术的快速更迭，培训供给者除了不断创新线下传统教学模式，还需要不断尝试探索应用线上移动学习，提高学习获取的效率，改善学习的便捷性。

像移动学习这样的新学习方法和学习技术，到底应该如何使用才能有效。这要从培训整体模式的角度，系统地来看。我们要吸取以前 e-learning 及其他培训方式在应用和推广当中的教训。任何一项学习方式或学习技术，都不是包治百病的灵丹妙言，没有任何一次新的学习方式或技术的出现带来过“一用就灵”的实际结果。我们要善于发现和发扬新方式的优势，看到并规避其劣势，并合理地将其融入整体的培训模式当中去，从而使得培训工作的整体效能得以提升。

在新常态下，我们需要新的培训方式，打破传统课堂讲解式教学的单一，引入场景化、场域化和碎片化的新方式，也要规避对学习方式贪多、玩花样的浮夸追求，找到培训整体有效提升价值和效能的道路。移动互联网和人工智能时代，提升培训整体效能的新模式，如图 6-1 所示。

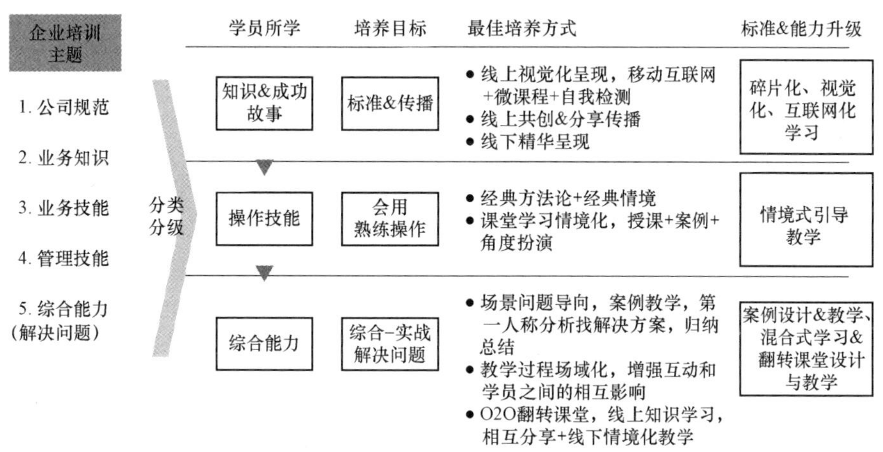

图 6-1　新常态下的培训新模式

企业培训的内容大致可以分成五个模块：公司规范、业务知识、业务技能、管理技能和解决问题的综合能力。从学员的角度来看，这些内容可以重新分成三阶。第一阶是知识性内容，包括公司规范、业务知识及成功故事，学员知道、理解并记忆到一定程度即可。第二阶是操作技能，包括业务技能和管理技能，学员要熟练操作业务技能、会用简单的管理技能。第三阶是综合能力，综合能力是否具备，并不是看学员学会了多少知识，而是看他能不能解决某个具体问题。以往培训界常常将第二阶和第三阶混为一谈，笼统地称之为能力（competency）。但二者之间存在一定差异，而这些差异就导致培训需要用不同的方式去支持。举个例子。反馈（Feedback）是一项技能，通常可以用 STAR 流程来做，其本质是通用管理领域的一种操作技能。学会了使用 STAR 法则，自然就会了反馈技能。而“在公司变革期给不适应变化的负面情绪员工做绩效反馈”，这就是一项综合能力，是不能通过学习几个方法论或流程工具就会的。

针对这三种不同的学习内容，可以采取不同的培养方式：

第一阶知识性内容，线上视觉化呈现或线下精华呈现，互联网快速传播。这一阶的知识性内容，用标准的传播即可，而无须耗费大量成本用面授的方法，比如在线上把知识和故事做成视觉化的微课程和空中课堂，结合线下的经验精华分享。这部分也是最适合使用移动学习的快速传递、大范围传播、碎片化、信息通畅等优势，是移动学习大展拳脚、发挥独特优势的阵地。

第二阶操作技能方面，经典成人教学法的施展空间。现有的培训以及其背后的成人学习设计原理，就是解决这一阶内容的教学，也都可以完成操作技能的培训，通过重点知识点、方法论和工具学习，结合以情境案例分析，配套以学员互动演练，可以让学员们会用和熟练使用各项技能。

第三阶综合能力，翻转课堂，创造场景和挑战，从培训到学习。如果某一项培训的目的是帮助学员提升综合能力，那么仅凭经典面授培训或其他标准培训，都无法提升学员的综合能力。因为综合能力是不能被培训的，但是它可以被学习。我们需要做的，就是给学员一个场景，场景就是实战场景，问题就是要解决的综合问题。学习者需要以第一人称，融入场景中，自己去练、去思考、去交互碰撞、去寻求解决方案。这也是哈佛高管培训一定要案例教学的原因。目前，没有比这更好的正式学习方法：重点的问题采取情景问题导向，案例教学、第一人称分析、找解决方案，最后归纳出解决方法。在学习过程中，通过教学过程场域化，增强互动和学员之间的相互影响，可以提升学习的效果和延续性。翻转课堂模式如图 6-2 所示。

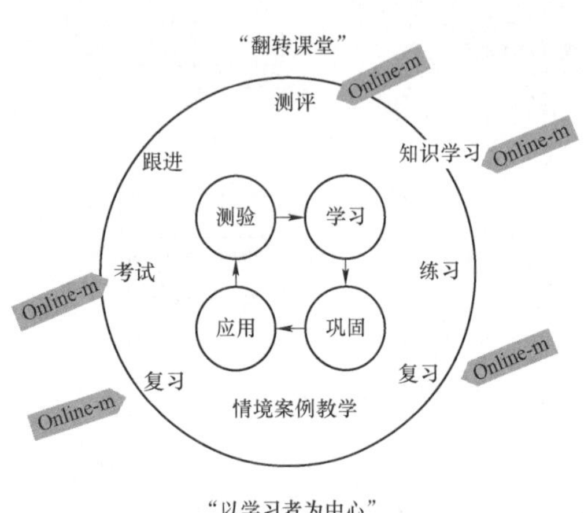

图 6-2　翻转课堂模式

如果某一个培训项目的目的很综合，既要提升综合能力，又要补充知识或技能，那么则可以采取翻转课堂的形式。即在线上学习和分享，在线下进行场景化的分析情景、研讨问题。这样就分别发挥了移动互联网学习和线下学习的优势，这样的组合才能提升总体的培训效能。

课堂式授课的培训形式对于员工来说普遍不具备吸引力，尤其是新生代员工，但是面对面的知识传递效果又使得这种方式还不可被替代。转型中的企业大学需要思考如何通过组合式的培训方式日益复杂的培训需求：一方面可以从如何优化设计面授现场的组织安排入手，在面授老师选择、班级组织等方面提高对培训效率；另一方面可以组合考虑采用翻转课堂、移动学习等方式丰富学习途径。

新时代人才的培养需要摆脱传统课堂式教学，一方面，强调分享与互动研讨，将讲师定位为“分享者”而非“专业讲师”，注重案例教学和行动学习设计；另一方面，人才的培养充分考虑到互联网时代元素，将面授与成熟的移动学习平台融合，扩充学习方式，通过优化线上与线下的学习设计，为学员构建新的互联网培训体验。

6.2.2 可移动的培训课程

学员群体移动化、碎片化与社会化的属性使得传统培训对课程的定义需要重新审视。学员学习的随时随地性和碎片化，要求学习内容足够短小精悍、足够有趣有用，社会化则要求学习内容能够不断成为学员传播与产生更多内容的引子，课程已不再是单纯的课程。

部门在过去安排集中面授时往往会听到员工抱怨培训占用时间，没有时间学习。然而在抱怨同时，多数员工又有着强烈的嵌入式即时学习需求，即在拜访客户、撰写报告、管理团队等工作场景时亟须解决问题的方法与资源支撑。同时，智能手机普及以及新生代员工快速成长又加剧了碎片化学习诉求。

根据“90 后移动互联网调研报告”显示，六成 90 后患有严重的“手机依赖症”，每天手机上网时间超过 3h，近半数的 90 后用户患有“手机恐慌症”，不到 15 min 就查看一次手机。据一项研究数据表明，超八成网民使用手机上网经常浏览新闻，近四成网民选择阅读电子书进行学习。随着现代人生活节奏的加快、工作压力增大及互联网技术的发展，很多知识是通过利用碎片时间获得的。

“微课”的诞生即为了适应从集中培训到碎片化学习的转变。“微课”的定义是指“一段能在 5 分钟之内看完的学习材料”。然而“微课”与常规课程的差别绝不仅仅是压缩了时长这么简单。一个合格的微课，一般满足以下三原则：有趣、有料、有结构。有趣指微课必须在 10s 内吸引学员，否则在信息爆炸时代多数学员将直接关掉课程且不再回头。因此要求开篇务必告知课程“锚点”，即告知学员课程要聚焦的问题是什么，且需要通过情境导入、案例引出、设置悬念等方法激发学员兴趣。有料是指微课务必要有干货，能够对学员思维或行为改变产生促进作用，最好提供实用的实践工具或步骤方法。有结构则指微课需要叙事结构清晰，要有问题、有方法或步骤、有总结，避免含混不清。

以前培训机构在开发课程时会很注重课程的系统性，通过逻辑的层层分解，从理论到实践，还要反复修改完善，直到课程完美无缺时才开始进行试讲。这样的课程往往开发周期较长，且需要较多的人力投入。但对于迫切需要解决的问题这种方式显然不再适用，需要予以创新，将培训内容进行极致压缩，快速提炼出培训课程的干货，及时准确的捕捉到员工的“痛点”，将培训内容“对症下药”，用最短的时间传播最实用最有价值的知识。

案例：京东一线人员由于工作节奏快，工作压力大，一些员工会被工作累垮，京东大学发现员工这个“痛点”后，希望开发一个叫作“满血复活”的学习产品，就像游戏中的人物一样，打着打着，发现血快耗完了，就赶快找个地方缓口气，补充个“药包”之类的。但市场上类似的课基本都是三天，对于一线人员来说显然时间太长，因此经过多次学习考察后，将课程内容核心进行提炼压缩，开发了一门只需要 2.5h 的课程。

6.2.3 培训产品化

1. 内容实用化

在企业面临新的商业时代到来的时候，我们原来所储备的培训内容体系会受到时代变迁的挑战。新商业和企业经营模式引发了很多新的经营和业务知识、方法、技能和经验，而这些内容大多不在原来的培训内容体系中，需要我们重新寻找和建设。此外，我们原来很多经典的培训内容，在新的时代环境和假设条件下，可能会不成立甚至是过时。

移动互联网时代带来的变化，严重挑战着沿用多年的经典内容。当下，我们正遭遇两大变化：一是外部时代变化，随着移动互联网的发展，在面对同行竞争的同时，企业更要应对新轨道的竞争，通过战略转型和组织变革来降低自己被颠覆的可能性。二是内部阶段变化，根据经典理论——企业生命周期理论，很多企业从成熟期走向转型或者衰退，要么改变自己要么被他人颠覆。

商业社会走入“互联网 +”，要求培训增加新的内容主题。外部环境的变化，引发企业经营、业务模式、技术、运营、管理等多方面的新做法，这些都是上一个时代所没有的，这就催生出了对培训内容的新需求。例如，互联网时代，大部分企业都需要互联网营销、数字化营销的人才，也需要这方面的培训。但我们已有的培训内容是服务于上个时代，所以内容库里是没有这些的，这就要求我们升级内容。

如图 6–3 所示，外部新时代要求我们新建的内容包括：新媒体、大数据、云计算等新技术的应用；互联网 +、电商人才、O2O；供应链的柔性化定制，实现 C2B 的生产模式；爆品开发、用户为中心的迭代改善等。

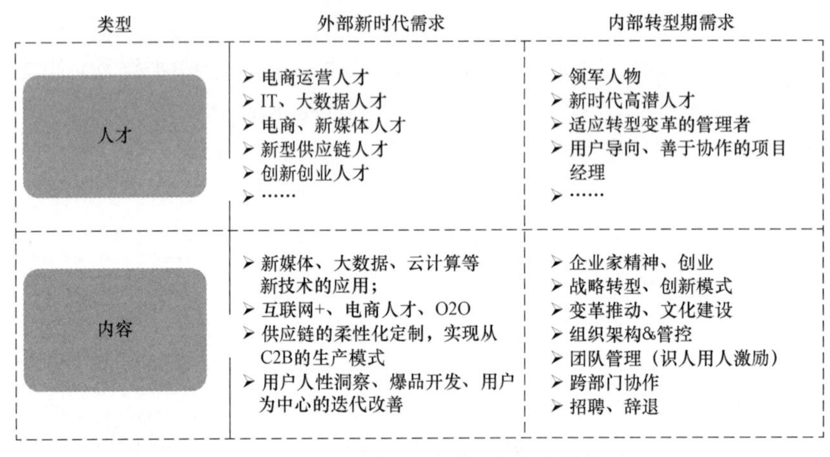

图 6–3 新时代下内外部变化的挑战

要求培训从经典内容体系向转型期内容切换。近年来，大部分企业都开始了变革转型之路。但是，我们发现，目前经典的管理理论都源于对处于成熟发展期的大型企业的研究，是通过研究通用、GE 等标杆企业得出的。换言之，这些理论和课程都是大企业在好时候的成功做法。那么现在问题出现了，很多企业目前已度过了成熟发展期，进入转型变革期，步入新时期后还要学成熟期的经验吗，答案是不言而喻的。

2. 培训产品化

我们所做的培训，对于企业和学员来讲都是我们产出的产品，客户和用户为之所用。在移动互联网时代，我们要向互联网企业学习，用产品化思维打造培训项目，用产品思维去设计培训、经营培训，关注学员的感受和体验，才真正做到了“以学员为中心”。

产品化要求我们有很强的用户导向，首先要认真了解、洞察和识别用户的真实需求。产品化导向的培训工作者，不仅仅是在办公室勤勤恳恳工作的人，而更是经常去业务部门、去一线了解业务实时动向和发展需求的人，是那些时时与人沟通、关心并挖掘别人“痛点”的人。

产品化要求我们要全面设计培训产品的三大方面，从平台、内容到运营，站在用户整体体验的角度去思考。当前，仅凭课程内容去吸引学员已经远远不够，培训项目的包装和运营会对最终效果产生举足轻重的影响。

案例：银联学院——经营培训，让人们愿意来、感觉好、有人干。在银联支付学院，培训项目采用产品经理制，把课程当作产品来经营，关注客户体验，在培训中把学员当作客户来对待。在学院的团队来看，只有卖出去的培训才是能满足需求的好培训，价值才会真正得到提高。从精品项目做起，做出口碑就能吸引更多的人对银联支付学院产生良好印象，甚至可以产生一定程度的向往和依赖。在培训中引入竞争机制，用金币来激励大家投入学习、完成任务。通过有趣的活动吸引想学的人参与进来，在训前就对学员做筛选，通过活动让大家在训前就有了互动，彼此熟悉。

3. 内容场景化

场景设计优先于内容设计，培训内容基于学习者所面临的场景和他们使用的场景。人们常常抱怨培训不能应用于实战、不能应用于实际，但我们提供的培训大多都是非常经典的内容，包括方法论、工具、成功经验等。有此反差主要是因为，培训走入专业化后，逐渐脱离真实的实践场景。做培训，需要去了解其他业务部门在做什么，我们能不能去解决销售第一线碰到的问题？这些问题是如何发生的？然后，才能将方法工具与场景结合，才能让学习者将所学与所用的环境联系上，培训方能支持实战。

正是由于这样的原因，以哈佛商学院为代表的世界上最牛的商学院，上百年雷打不动地应用经典案例教学的方式。未来，培训领域将不单单以能力模型为逻辑架构，而是补充以场景为逻辑架构。

案例：招银大学——全案例课程助力招银大学新任经理扬帆“管理启航”。“管理启航”项目是招银大学自主研发设计的新任管理人学习项目，旨在帮助新任管理者在上任初期迅速适应角色，从容面对新岗位带来的挑战，带领团队高效完成工作。全案例课程包含《新任管理者角色认知》《打造高绩效团队》《高效执行》《项目管理》等课程，用案例教学的形式，以贴近组织真实管理情景，符合实际业务逻辑的管理案例帮助学员迅速适应管理角色，掌握基本管理技能。教学设计不仅区别于传统讲授式的管理课程，更加符合成人学习习惯，更通过案例的体验研讨，帮助学员完成知识到实践的最后一步转化。课程设计灵活，通用性与定制性结合，符合不同组织对教学的不同需求。

4. 过程场域化

过程场域化即创建和共建学习场，加强学员与学员、学员与讲师、学员与上级的相互影响，让大家形成强关系。学习过程实际上是一个多方综合影响的过程，提升相互影响的场域强度就能有效提升培训成效。比如，以往我们常说课堂上学的内容用不上，主要原因之一就是在工作场所没有应用所学的场域。学员自己学了新东西，但是回到工作场所后，老板不理解、同时不配合，这只能让学员回到原来的老路上。如果我们有办法增强场域，让学员所学的好东西被他的上级、同事等也了解，甚至是与他相互学习尝试，那么就形成了学习场域中人与人的强关系，所学自然容易成为所用。

案例：星巴克，咖啡文化纽带，伙伴教学。星巴克作为咖啡连锁行业的翘楚，其学习场域化与人际强关系起到了巨大的作用。星巴克强调对人的关怀，每位员工都是公司的伙伴。星巴克重人文、轻系统，重谈话、轻过程，强调伙伴之间要频繁沟通、真诚对话。通过对话加强公司内部员工之间的连接。星巴克选拔出公司最优秀的员工来担任“伙伴教授”，帮助伙伴发展，责任共担。无论是管理层级还是认证机制，每个层级（等级）的人，都有责任去辅导其他人，进行文化传承。对员工的培训和辅导是层层下达、通过“人”来实现的。以新品推广为例，公司推出新品后，大区经理集中辅导门店经理，再由每个门店经理辅导其店员。门店经理负责辅导店里所有员工的学习和发展，他们除了日常辅导以外，对员工所参加的星巴克大学所教授的内容也非常了解，保证培训回来后能够应用于门店实际。更难得的是，星巴克的企业文化，作为最强大的“场域”，让每个人在一个共同的追求和学习氛围中相互影响。不管走到哪里，每个地方的星巴克员工看上去都很像，听他们谈论自己的企业文化就可以感受到他们对星巴克发自内心的热爱。

5. 工具平台化、移动互联网化

最后一个是工具的改变：工具移动互联网化，使学习工具更加简单、方便，方便社交化学习与传播。运用互联网思维综合多方资源，打造互联网学习平台，鼓励多方参与，共同丰富平台资源；积累早期用户，借推手推广营销。

培训部门不能埋头自己做培训，而是要把培训做成一个有制度、有激励、规范化的平台，让业务部门自己决定、创造课程内容和培训活动，这样更能调动大家的积极性，让更多的人都参与到培训中来。

随着移动设备和互联网的发展，碎片化学习成为大势所趋。毋庸置疑，微课程迎合了员工的学习习惯。把大课变成微课，把面授学习变成移动学习，改变的是学习的形式，不变的是学习内涵。

案例：京东大学的平台级产品。京东的培训部门本身不产生内容，而是创造一个机制、一个平台让更多人参与，营造一种场域、氛围和环境，这个看似与你无关，但你却切实参与搭建了。平台建设遵循以下原则：以搜索为核心、以社交为生态、以积分为激励、以营销为索引、以平台为工具、以内容为服务。京东 Talk 和京东 TV 都是京东大学引以为傲的培训平台：让业务专家在这个平台上分享他们的知识和经验，把京东平台做成舞台，加强与外面的交流分享，让专家们愿意来讲课。再把这套工具和方法教给各个区域，用弹性奖励制度来激励他们。京东大学的平台上以微课程为主，碎片化本身不是目的，其目的是传送知识。现有 900 多门微课程，其中有 300 门领导力课程是外部采购的，其余都是自主开发，课程一般是 15min 以内，线上考试用 e－Learning 来实现，学完就可以有自测。

6.3 培训产品创新案例

企业在移动互联网发展过程，积极应对技术变化，学习借鉴互联网思维开展培训创新，涌现出了诸多极具代表和参考意义的实践案例与模式。凯洛格在白皮书研究过程中，调查和研究了国内数十家企业创新做法，提炼了自媒体、移动学习与绩效支持、翻转课堂、TED、以及 MOOC 等多种典型模式，以供从业人员参考借鉴。

6.3.1 自媒体模式

随着微信的兴起与普及，诸多企业利用了微信公众号开展培训微课推送，采用“自媒体模式”扩大培训覆盖面、提升用户接触频度。中国南方航空公司培训中心从 2013 年 10 月启用“南航学习在线”微信公众号，每天推送微学习内容，主要服务对象为乘务人员，包括服务注意事项、英语语言学习、企业文化宣贯以及服务技巧与处理程序等。南航在制作微课上强调内容选择“及时、有效”，内容设计确保“良好的学习体验”。及时、有效的微课内容能够帮助受众员工即学即用、解决问题并快速传播，例如通过微信公众平台适时推出“应急复训Ⅱ类考试注意事项”“乘务岗位英语能力三级测试全攻略”等帮助学员考前准备工作，受到学员欢迎。在内容设计上，南航则强调微课一定要清晰阐明学习目标，标题要点明目标、简短精练，更需要通过可视化、图表化和动态化突出良好学习体验。截至目前，南航学习在线已获取超过 8000 人的关注粉丝，切实为学员群体传递知识、解决问题。

上海通用汽车则针对经销商群体推出“经销商微动课堂”微信公众号，定期推送精心开发的汽车销售系列微课，包括销售流程步骤、汽车卖点、投诉处理技巧、销售晨会、夕会开法以及销售实战案例分析等。内容精炼，源于实战接地气，因此受到粉丝群体好评与欢迎。同时，微动课堂依据学员功能需求，持续推出培训公告、微信下发、已报名课程查询、成绩查询等贴心功能，帮助小伙伴们随时掌握培训进度。

基于微信或其他平台推出的“自媒体模式”启动速度快、操作简单、成本低，在微信发展初期容易受到学员关注与喜爱，容易打响培训创新品牌。然而在发展过程中，也逐步突显出功能受限、体验受限、内容安全受限等障碍，诸多企业也在微信公众号之外逐步推出了移动学习 App，以区别不用的用户使用场景与功能诉求。

6.3.2 移动学习与绩效支持模式

App 应用已成诸多企业开展移动学习以及培训创新的主战场，仅 2014 年上半年，思酷已帮助上百家企业开通自有的掌上学院，如耐世特汽车掌院、复地地产掌院、宝钢掌院、华夏幸福基业掌上营销学院、方太掌院、携程掌院、强生掌院等。通过“平台＋内容＋运营”三位一体模式能够帮助企业快速开通基于 App 应用的移动学习产品。其中方太、携程、现代都市建筑设计院等更将全体管理人员或销售人员纳入掌院学习，开展移动学习新体验。

移动学习 App 可实现微课学习、课程评论、问答社区、群组互动、案例讨论、培训通知推送、内容更新消息推送以及考试、练习、调研等功能。同时，企业还可通过闯关游戏等功能开发，将碎片化学习升级为系统化的“通关学习”。移动学习 App 的应用示例如图 6－4 和图 6－5 所示。

微课学习　　问答社区　　案例讨论

图 6－4　移动学习 App 应用示例（一）

闯关路径　　闯关案例　　闯关微课　　闯关结果

图 6－5　移动学习 App 应用示例（二）

学习 App 构建的学习平台，能够快速推送精彩微课，引发学员互动反馈与讨论，营造社会化学习氛围。同时也能够通过微考试、微测评获取学员在某个知识点的掌握程度。

此外，由于精心设计和开发的微课都是针对绩效问题解决或者一线最佳实践案例的提炼，因此移动学习 App 更像是绩效支持工具，便于员工随时随地获取工具解决问题。

大学更通过移动学习技术，利用 iPad 实现培训前的准备和培训后的评估反馈工作，让培训有效性更加显性化。过往三五天的面授培训后往往缺乏培训效果跟进，现在利用 iPad 将个人的学习内容、学习效果评估结果及培训后的应用与其销售达成率做出对比。例如通过产品知识培训后在 iPad 上进行考试，然后通过 iPad 后台数据分析，证实了考试通过情况与销售达成率两者间存在相关关系，从而对销售内容进行更加具体的管理。

6.3.3 翻转课堂模式

翻转课堂的模式是，通过设置课前预习，将知识输入前置，如此一来，原本需要花 70% 的课堂时间用于讲授的内容，只需要 30% 就可以完成，而 70% 的时间都用于教学的深层互动，包括集中讨论与交流或个性化辅导。翻转课堂的本质在于，促进了针对性的学习反思与一定频次的有效互动。

例如，凯洛格与中国银联合作的“O2O 翻转课堂”项目，针对 50 名新晋升的新经理人员，引入手机端的思酷“经理荟”App，再结合三天线下的凯洛格《启航》面授课程，设置 O2O（线上＋线下）学习模式，提供系统、针对性、持续性和即用即学的学习。通过课前预习，课中研讨、课后复习的方式翻转课堂，将以往课堂上讲授与演练 7:3 的比例变成 3:7 的比例，提高了学员的参与度，达到真正的学以致用和干货学习。

培训之后，后台统计数据显示，100% 的学员都在课前登录了经理荟 App，其中 81% 的学员有利用经理荟进行课前预习或课后复习。授课期间，平均每天有 90% 的学员登录经理荟学习。结课后两周内，超过 2/3 的学员仍然坚持上线持续学习，且微课程的在线学习有上升趋势，平均每日的人均在线时长达到 31min，学习 5.9 个微课程。

这种结合的方式，就算从成本投入来看，也不需要学员投入很大的时间和精力，因为移动微课长度均不超过 5min，仅仅利用好碎片化时间，就能起到巩固知识的作用；培训管理者也不需要费心地组织和督促学员学习，还能给公司省钱。

6.3.4 TED 模式

TED 是 2002 年由克里斯•安德森接手改造的一个非盈利性组织，定期邀请各领域精英进行简短精彩的演讲（通常不超过 18min），现场录影后在网络上免费传播，每天的浏览量约 300 万次，在全世界范围内引发广大影响。

TED 抛弃传统会议讲台，不出钱请演讲者，各行各业的精英需要在 18min 内将自己的最核心观点、最深刻体验、最有影响洞察分享给台下及全世界观众。TED 模式推出后广受欢迎，不少企业纷纷借鉴引入形成内部有影响力的创新学习品牌和平台。京东大学的京东 Talk，已经成为京东内部小有名气的品牌学习项目。京东 Talk 的形式即模仿 TED 大会，演讲现场有一个圆形的舞台，铺上红地毯，舞台周边还装了灯箱。在演讲者脚下，有两个屏幕，一个是倒计时，一个是 PPT，这样演讲者可以很自如地演讲。

京东 Talk 邀请来进行演讲秀的都是专业领域的顶尖高手。为了吸引更多的人观看，通常采取“一带三”或者“一带四”的模式——从行业里找一个大牛人，再从公司内部找三四个小牛人。现场听众虽然只能容纳几十个人，但是摄像师会将整个演讲都录下来，之后放到京东的视频平台上去传播。京东 Talk 不属于培训班，更像是一台节目，但它是个有学习价值的节目。在这个舞台上，涌现出了不少专业明星。京东大学校长马成功谈道："有了京东 Talk，我们发现其实不需要开发课程，选对人和主题就行了。"

企业培训过去往往推崇外界专家，对内部的经验智慧挖掘不够。然后，随着企业实践发展越来越快，应对的挑战越来越新，企业界也慢慢发现，外界或学界的理论、经验跟自身企业实践有脱节之处。企业培训越是看重务实、有用，就越需要注重发掘内部经验。而挖掘内部资源的最好方法，就是借鉴互联网的平台思维，培训部门负责搭建一个开放、共享、共赢的平台。搭台，让学生能把问题问出来，让知者能把智慧经验给出来。万达学院认为：一万个学生里面就有各种各样的知者，具有各种各样的知识，关键是能不能找到知者，让知者把所知分享出来。这就要求学院能够搭建一个平台，让学生能把问题问出来，让知者能把智慧经验给出来。万达学院要给大家平台，一个鼓励你说话的平台，所以学院要做很多结构流程的策划设计工作，鼓励学员们去说，敢说、能说、会说、实说，说了就有价值，就有贡献。

6.3.5 MOOC 模式

MOOC 模式是一种新型的教育模式，全称为大规模在线课程（Massive Online Open Course），比较有名的平台包括网易公开课、清华学堂在线、国外的 coursera、EDX 等。MOOC 课程具备完整的教学环节包括开课、上课、作业、反馈、讨论、评价、考核、证书，很适合自学。与过去的国家精品课程及其他网络课程的不同之处在于：MOOC 是著名教师为所有的听课者上课，而非听课者看教师给他的学生上课；网络上同修这门课的同学可以一起交流、相互结成小组、批改作业、留言，共同进步；课程学习结束并完成作业，能够获得老师签字的结业证书；课程安排自由，一周内自定步调学习，自由安排。

目前企业 MOOC 仍在发展初期，但也出现了越来越多的成功案例，成为一种新的创新模式选择。不少企业还尝试与 MOOC 专业网站合作开发平台与课程，以面向合作伙伴、开发者和大学生等社会群体提供教育服务。例如 SAP 构建的 opensap 项目、美国银行与可汗学院合作构建的理财学习平台 BetterMoneyHabits.com 等。

中国支付学院（银联培训中心）为帮助员工进一步全面掌握银行卡产业知识，提升工作绩效，联合中国金融培训中心开展面向银联员工的"银行卡从业人员专业认证"培训项目，该项目采用了"E-Learning 在线学习+主观题作业+在线考试"模式进行，学习阵地为"银联网络学院"。为了让学员既能摆脱传统的在线学习的枯燥，又能激情洋溢地完成三大认证任务，最终采用"团队学习+个人学习"的以任务为导向的 MOOC 模式。历时一个多月，除 1 名学员因工作原因中途退出外，最终其余 299 名学员都参加了在线客观题考试，完成率大大超过了以往的任何一期网络学习的完成率。

6.3.6 SPOC 模式

SPOC 模式同样也是"互联网+教育"模式下的产物，全称为小规模在线课程（Small Private Online Course），学生规模一般在几十人到几百人，学生准入条件具有一定的限制性，达到要求的申请者才能被纳入 SPOC 课程。对于符合准入条件的 SPOC 课程在线学习者，有学习强度和时间、参与在线讨论、完成作业和考试要求，合格后获得证书。

SPOC 模式可看作是一种将 MOOC 资源应用于小规模、特定人群的教学解决方案，是对 MOOC 模式的发展和补充，简单的可以理解为：SPOC＝MOOC＋课堂，是一种融合了实体课堂与在线教育的混合教学模式，它既融合了 MOOC 的优点，又弥补了传统教育的不足是。SPOC 模式的主要教学过程是：教师根据教学大纲，每周定期发布视频教学材料，布置作业和组织网上讨论。学生在学习清单的引导下按照时间点完成视频观看、作业和参加讨论。在课堂上教师进行课堂授课，处理网络课程答疑，并进行课堂测试。SPOC 模式利用 MOOC 技术支持教师将时间和精力转向更高价值的活动中，如讨论、任务协作、和面对面交流互动等，在进行 SPOC 模式的教学设计时，需要注意的是网络教学平台只是知识传授的载体，课堂授课才是巩固教学效果和掌握教学节奏的关键。

2013 年，加州大学伯克利分校的福克斯教授团队组织联合四所大学开展了 SPOC 模式推广实验，结果表明四所大学的 SPOC 课程都取得了明显的成效，反馈包括：课程讲座视频的信息含量丰富、密集，学生可以暂停、回顾任何一个知识点，课堂上的讨论答疑和测试针对性强、知识吸收快，因此是一种非常高效的信息传递方式；学生对自己能接触到的专业最新技术和最前沿的开发方法感到兴奋；课程给优秀学生带来其他课堂所没有的挑战；学生（通过讲座视频）接收到世界一流的教学并且能够迎接顶级专业院校同样课程的挑战等。

行动计划

1. 面向“互联网＋”时代，如何进行培训业务的转型？
2. 请结合工作实际，探索自媒体模式的应用。

附件1 课程内容设计案例——《先进典型选树》(节选)

关键任务	子任务、步骤	关键知识点（态度、知识、工作技能）
选	1. 主题引入	1. 定义和价值 2. 类型：个人、组织或专业 3. 选树范围和方式 4. 选树流程 5. 选树工具和方法（模型）
	2. 确定标准 德、能、勤、绩、廉	1. 标准定义 2. 标准的要点及衡量指标 3. 标准的出处、如何产生 4. 标准解读和告知的方法
	3. 推荐人选 民主推荐—确定候选名单—投票选举—申报	1. 民主的定义 2. 确定候选人名单的注意事项 3. 投票方法及注意事项 4. 准备申报材料
	4. 评审确定 公示—党政联席会评审—确定先进典型名单	1. 公示的具体要求：范围、时间、方式 2. 异常情况调查 3. 联席会议上会材料准备
树	1. 素材收集 本人—同事—家人—领导—客户	1. 确定素材收集方式：计划、执行人 2. 素材收集方向 3. 素材成果要求及整理方法
	2. 总结提炼 事迹报告 视频（事迹工作场景） 采访视频 画册 展板 经验分享材料	1. 先进典型的分类、亮点 2. 选择合适的事迹提炼人 3. 提取关键思想行为和先进典型核心要素（针对不同人群提炼不同的特定场景） 4. 验证提取亮点是否得当 5. 先进事迹典型的内容和呈现形式的设计与制作
推	推广运用 演讲（本人） 宣讲团（他人） 微电影 论文、文章 外界媒体推广（北京榜样等） 先进事迹论坛 示范引领（十大电力之星、劳模、先进人物）	1. 确定推广的方式方法 2. 选择适合的方式方法（辅助工具的使用、网络新媒体、借助媒体优势和资源） 3. 明确推广计划、推广周期（注意各项工作的时间节点） （1）12月底职代会的先进工作者和先进集体 （2）1月份专业先进 （3）3月份全国两会保障先进 （4）4月份劳模和团青先进 （5）5月份七一优秀共产党员、优秀党务工作者、先进基层党组织 （6）10～11月份，专项工作先进个人和专项先进单位 注意事项：推选前，与上一级主管和本单位领导沟通事迹和人选
评	验证评估 政治效益 社会效益 经济效益 文化效益 奖励和激励 物质和精神奖励、岗位晋升、福利旅游 要收集到奖励的具体方法的解释内容	1. 得到更高一层级的奖励和嘉奖 2. 向群众和兄弟单位推广学习 3. 专业先进典型：改良工作方法，提高工作效率 4. **创新工作室、工作法、典型经验、合理化建议的推广应用 5. 奖励方式：个人和团体 6. 绩效奖励：岗位薪点积分

附件 2 “调度自动化运维”核心模块分析表

能力维度		能力项	内 容 要 求
大类	小类		
理论知识	基础知识	1. 电力系统运行与分析	Ⅰ级：① 熟悉单相和三相正弦交流电的基本知识。② 掌握电力系统的基本概念。③ 掌握电力系统各元件的参数和等值电路知识
			Ⅱ级：① 掌握电力系统的无功功率和电压调整的基本概念。② 掌握电力系统的有功功率和频率调整的基本概念
			Ⅲ级：① 掌握电力网络的数学模型。② 掌握电力系统潮流计算。③ 掌握短路计算的基本知识。④ 掌握电力系统运行稳定性的基本概念
		2. 电气设备及运行	Ⅰ级：① 掌握发电厂、变电站及电力系统概述。② 熟悉电力系统接地的概念及人身安全防护知识
			Ⅱ级：① 熟悉中性点运行方式的基本知识。② 熟悉互感器和操作电源的基本知识
			Ⅲ级：熟悉补偿设备的基本知识
		3. 变电站综合自动化	Ⅰ级：① 掌握变电站综合自动化的基本概念。② 掌握变电站综合自动化系统的基本功能。③ 掌握变电站综合自动化系统的体系结构
			Ⅱ级：① 熟悉变电站综合自动化系统信息的策略和采集。② 熟悉变电站综合自动化系统中的通信技术。③ 熟悉变电站综合自动化的智能设备和监控系统基本知识
			Ⅲ级：① 熟悉变电站综合自动化的运行、维护和调试知识。② 熟悉变电站综合自动化的新技术及提高可靠性的措施
		4. 电力系统继电保护	Ⅰ级：了解电网的电流保护的基本原理
			Ⅱ级：① 熟悉电网的距离保护、母线保护及断路器保护的基本知识。② 熟悉自动重合闸的基本知识
			Ⅲ级：了解变压器保护及自动装置设备的基本知识
		5. 智能变电站技术	Ⅰ级：① 了解智能变电站基本结构特点。② 了解 IEC 61850 标准内容及特点
			Ⅱ级：① 了解 IEC 61850 分层信息模型概念。② 了解 IEC 61850 分层模型定义。③ 了解 IEC 61850 配置方式与配置文件
			Ⅲ级：① 了解智能变电站 MMS 服务与典型报文分析。② 了解智能变电站 GOOSE、SV 及对时服务及典型报文分析
		6. 电力安全工作知识	Ⅰ级：① 国家安全生产相关法律法规。② 掌握国家电网公司和省公司安全生产规章制度
			Ⅱ级：① 掌握调度自动化专业现场作业安措及标准化作业。② 熟悉调度自动化专业作业安全风险管控及安全监督规定
			Ⅲ级：① 掌握作业安全风险辨识、评估和控制措施。② 掌握现场处置方案
		7. 新知识、新技术、新工艺的应用	Ⅰ级：及时了解调度自动化专业新知识、新技术、新工艺发展现状
			Ⅱ级：能正确应用新知识、新技术、新工艺
			Ⅲ级：能够对技术革新、新工艺的应用进行总结概括，具有创新能力

<table>
<tr><th colspan="2">能力维度</th><th rowspan="2">能力项</th><th rowspan="2">内 容 要 求</th></tr>
<tr><th>大类</th><th>小类</th></tr>
<tr><td rowspan="21">理论知识</td><td rowspan="21">专业知识</td><td rowspan="3">1. 能量管理系统 EMS 技术</td><td>Ⅰ级：① 了解电力系统的分层控制。② 掌握电网调度自动化系统的概念与作用。③ 掌握电网调度自动化系统的结构与功能。④ 掌握 EMS 的体系结构。⑤ 掌握 EMS 主要子系统的功能</td></tr>
<tr><td>Ⅱ级：① 掌握自动化通信终端的功能。② 掌握自动化通信的基本知识。③ 掌握电网建模、状态估计、潮流计算、负荷预测的概念和基本概念。④ 掌握自动发电控制 AGC、电力市场交易系统、DTS 的概念和基本结构</td></tr>
<tr><td>Ⅲ级：① 掌握 EMS 相关技术的最新发展。② 了解 IEC 61970 标准与模型</td></tr>
<tr><td rowspan="3">2. 网络及调度数据网技术</td><td>Ⅰ级：① 掌握网络的定义、组成和分类。② 掌握计算机网络的体系结构（OSI、TCP/IP）。③ 掌握常见传输介质及网络接口。④ 掌握 MAC 地址和 IP 地址的概念和分类。⑤ 掌握数据网网络结构原理及应用</td></tr>
<tr><td>Ⅱ级：① 熟悉 IEEE 802.3 标准以及太网。② 熟悉子网规划；熟悉网桥、集线器、交换机和路由器基础知识。③ 熟悉 TCP、UDP、IP 协议；熟悉因特网控制协议。④ 熟悉常见应用层协议。⑤ 熟悉常见应用层协议。⑥ 熟悉局域网设计</td></tr>
<tr><td>Ⅲ级：① 熟悉内部网关协议（RIP、OSPF、IGRP、IS-SI）。② 熟悉外部网关协议。③ 熟悉 VPN；熟悉 MPLS 技术。④ 熟悉数据网规划及设计</td></tr>
<tr><td rowspan="3">3. 二次系统安全防护技术</td><td>Ⅰ级：熟悉二次系统的安全分区的划分原则、防护的基础原则和策略</td></tr>
<tr><td>Ⅱ级：熟悉二次系统安全防护技术及设备的介绍</td></tr>
<tr><td>Ⅲ级：掌握二次系统安全防护方案的规划、设计</td></tr>
<tr><td rowspan="3">4. 电网高级应用软件技术</td><td>Ⅰ级：① AGC 系统原理与结构。② AVC 系统原理与结构。③ DTS 系统原理与结构</td></tr>
<tr><td>Ⅱ级：① 网络拓扑技术与原理。② 网络等值技术与原理。③ 状态估计技术与原理</td></tr>
<tr><td>Ⅲ级：① 负荷预测技术与原理。② 调度员潮流技术与原理。③ 静态安全分析技术与原理。④ 短路电力技术与原理。⑤ 灵敏度分析技术与原理</td></tr>
<tr><td rowspan="3">5. 数据通信规约技术</td><td>Ⅰ级：① 掌握远动通信规约的概念。② 掌握问答式远动规约的简介。③ 掌握循环式和问答式通信规约的区别</td></tr>
<tr><td>Ⅱ级：① 掌握常见运动通信中的差错控制原理。② 能解读 CDT、IEC 101、IEC 104、DL 476 远动规约报文。③ 熟悉 CDT、IEC 101、IEC 104、DL 476 远动规约的传输规则</td></tr>
<tr><td>Ⅲ级：① 掌握 TASE2 协议的基本原理。② 能对照规约文本解读 IEC 102、IEC 103 远动规约报文。③ 熟悉 IEC 102、IEC 103 远动规约的传输规则</td></tr>
<tr><td rowspan="3">6. 数据库、操作系统及服务器技术</td><td>Ⅰ级：① 掌握关系型数据库结构。② 了解典型服务器结构。③ 掌握 Unix 操作系统基本原理。④ 掌握 Unix 操作系统常规命令</td></tr>
<tr><td>Ⅱ级：① 掌握数据库 SDL 语言使用。② 掌握服务器磁盘冗余技术。③ 掌握 Unix 操作系统 VI 编辑器使用方法</td></tr>
<tr><td>Ⅲ级：① 掌握 ORACLE 数据库操作方法。② 掌握刀片式服务器与磁盘阵列的维护知识</td></tr>
<tr><td rowspan="3">7. 电能量计量系统技术</td><td>Ⅰ级：① 掌握电能量计量系统主站的体系结构。② 掌握电能量计量系统的功能</td></tr>
<tr><td>Ⅱ级：① 掌握电能量计量系统厂站端的基本原理。② 掌握电能量计量系统的数据处理流程</td></tr>
<tr><td>Ⅲ级：了解电能系统计量系统数据的高级应用</td></tr>
</table>

续表

能力维度		能力项	内　容　要　求
大类	小类		
理论知识	专业知识	8. 调度自动化辅助系统技术	Ⅰ级：① 掌握不间断电源（UPS）基础知识。② 掌握不间断电源工作原理。③ 掌握时间同步系统（GPS 或北斗系统）基础知识。④ 掌握 KVM 系统结构
			Ⅱ级：① 掌握不间断电源主要技术指标。② 掌握 UPS 系统工作方式与配置原则。③ 了解机房环境及动力监控要求
			Ⅲ级：掌握时间同步系统（GPS 或北斗系统）对时方式、接口标准与报文解读
		9. 自动化相关规程、标准	Ⅰ级：① 掌握《电网调度自动化系统运行管理规程》。② 掌握《全国电力二次系统安全防护总体方案》
			Ⅱ级：① 掌握《电网调度自动化系统实用化验收及复查细则》。② 掌握《电力应用软件基本功能实用化验收及复查细则。③ 掌握国家电网有限公司及省公司现场作业其他相关规定
			Ⅲ级：① 掌握《电力系统调度自动化设计规程》。② 掌握《电网和电厂计算机监控系统及调度数据网络安全防护规定》。③ 掌握调度自动化专业其他重要规程和标准
操作技能	基本技能	1. 安全操作系统应用及操作	Ⅰ级：① 能熟练计算机网络工具和命令。② 能熟练使用 Unix 操作系统
			Ⅱ级：能熟练使用 SQL 语言进行数据库查询
			Ⅲ级：熟练使用 VI 编辑器进行操作
		2. 专业仪器、仪表及工具的使用	Ⅰ级：掌握万能表、钳形表的使用
			Ⅱ级：① 掌握网线测试仪的使用。② 掌握示波器的使用
			Ⅲ级：掌握光功率计使用方法
		3. 线缆制作	Ⅰ级：掌握 RJ－45J 接头制作
			Ⅱ级：掌握 RS－232 接头的焊接
			Ⅲ级：掌握 2M 线缆接头的制作
		4. 工作票填写及使用	Ⅰ级：了解调度自动化各类工作票的相关要求
			Ⅱ级：能熟练填写调度自动化各类工作票
			Ⅲ级：能审核复杂工作票
		5. 运行值班例行工作	Ⅰ级：① 掌握调度自动化机房环境要求。② 掌握调度自动化专业术语。③ 掌握调度管理信息系统自动化值班日志模块的使用方法
			Ⅱ级：掌握不同故障及缺陷的汇报与处置流程
			Ⅲ级：掌握复杂故障及缺陷的现场处理与人员协调工作
		6. 安全用具的使用及触电急救	Ⅰ级：① 熟悉电力安全工器具的使用和管理规定。② 了解安全防护技术及其应用。③ 熟悉触电伤害及具备现场急救能力
			Ⅱ级：掌握组织指挥事故现场的处理能力
			Ⅲ级：掌握编制现场应急处置方案能力
		7. 沟通协调与团队建设	Ⅰ级：① 掌握团队的定义、种类、作用和团队建设的原则。② 了解团队的各类角色及团队发展的各个阶段。③ 熟悉沟通的概念及技巧
			Ⅱ级：① 了解团队合作及彼此信任对团队建设的意义。② 了解团队建设常见的四类问题。③ 掌握有效合作的前提、彼此信任的内涵和团队内部协调
			Ⅲ级：① 掌握团队的特点、建立高绩效团队的条件和企业领导应采取的正确做法，建设高绩效的团队。② 掌握冲突的概念及解决技巧

续表

能力维度		能力项	内容要求
大类	小类		
操作技能	专业技能	1. 主站系统应用操作	Ⅰ级：① EMS 平台操作。② SCADA 的应用操作
			Ⅱ级：① PAS、DTS 的应用操作。② 电能量计量系统应用操作。③ 调度管理信息系统应用操作。④ 运行监视系统应用操作。⑤ 主站、厂站联合调试
			Ⅲ级：① 应用的切换。② 各类应用关键进程查看
		2. 主站系统维护	Ⅰ级：① SCADA 维护。② PAS 维护。③ DTS 维护
			Ⅱ级：① 电能量计量系统维护。② 运行监视系统维护
			Ⅲ级：① UPS 维护。② 时间同步系统维护。③ 主站系统性能测试
		3. 主站系统安装及调试	Ⅰ级：① 主站系统软硬件平台安装。② SCADA 的安装调试
			Ⅱ级：① PAS 的安装调试。② DTS 的安装调试。③ 电能量计量系统安装调试
			Ⅲ级：① 调度管理信息系统安装调试。② 运行监视系统安装调试
		4. 主站系统异常处理	Ⅰ级：① 厂站及通道工况异常处理。② EMS 的异常处理
			Ⅱ级：① 电能量计量系统异常处理。② 调度管理信息系统异常处理。③ 运行监视系统异常及缺陷处理
			Ⅲ级：① UPS 及机房配电系统异常处理。② 时间同步系统异常处理。③ EMS 应急处理预案的编制
		5. 网络及安全防护系统安装与调试	Ⅰ级：① 交换机的安装与调试。② 路由器安装与调试
			Ⅱ级：① 能够进行访问控制列表的配置和调试。② 能够进行主机加固设置。③ 防火墙安装与调试。④ 纵向加密装置安装与调试。⑤ 隔离装置安装与调试
			Ⅲ级：① 能够制定二次系统安全防护策略。② 能够制定二次系统安全防护的管理措施
		6. 网络及安全防护系统异常处理	Ⅰ级：能够通过网管、应用设备通信状态、网络设备指示灯、安防设备指示灯等查看网络设备运行状态
			Ⅱ级：① 熟悉数据网设备及工作原理。② 能够处理线缆连接错误引起的通信故障。③ 能够更换硬件设备模块
			Ⅲ级：① 能够处理系统参数设置引起的故障。② 能够处理系统进程缺失引起的系统故障
		7. 通信规约与报文解读	Ⅰ级：① 能够解读 CDT、IEC 101 各类报文。② 能够在线制造和获取 CDT、IEC 101 典型通信状况下完整过程报文
			Ⅱ级：① 能够解读 IEC 104 各类报文。② 能够在线制造和获取 IEC 104 典型通信状况下完整过程报文
			Ⅲ级：① 能够解读 IEC 61850 各类报文。② 能够在线制造和获取 IEC 61850 各类典型完整报文
说明			Ⅲ级包含Ⅱ级和Ⅰ级内容，Ⅱ级包含Ⅰ级内容

附件3　班组长胜任力模型定义（节选）

胜任力	胜任力定义	胜任力分级描述
计划执行	理解上级意图，形成目标并制定出具体可操作的行动方案，并且通过有效组织各类资源，保证计划的高效、顺利实施	Ⅰ级：能够明确工作目标，将工作目标分解为若干的关键可操作性步骤，设立优先次序，形成工作计划。 Ⅱ级：能够准确理解上级意图，明确工作目标，并且准确评估实现工作目标所需的人、财、物等资源，做出资源配置的可行性工作方案。 Ⅲ级：能够科学制定工作目标、工作方案，并且建立监控和反馈机制，从整体上把握计划实施的进程
系统思维	把复杂事物分解、分门别类、找出前因后果和逻辑关系、预见性地发现变化发展的趋势，从现象中归纳总结出规律的能力	Ⅰ级：看问题全面，能够依据逻辑关系分解复杂事物，找到其中组成成分，并根据逻辑关系进行重组或排序，从而分析问题的各个方面。 Ⅱ级：根据一定的规则把事物分类，预见性地发现事物发展的趋势，运用复杂的概念分析问题。 Ⅲ级：深入到现象背后，发现趋势以及驱动因素和前提条件；同时，善于将复杂的事物简化，深入浅出地解析复杂问题
员工关怀	关心和照顾员工，使员工迅速摆脱心理负担并积极投入工作	Ⅰ级：当得知员工因工作的持续压力而感到焦虑或遇到不利情况而心情低落时，及时给予回应，对于工作范围内遇到的问题，尽可能为员工解决。 Ⅱ级：通过员工的情绪变化和行为倾向，正确判断员工遇到的问题，给予关心和关怀，并通过员工家人、朋友、同事等多种渠道，为员工解决遇到的问题。 Ⅲ级：时刻关注员工的思想动态、情绪变化、行为倾向等，定期与员工沟通，尽可能多地了解员工的真实想法和体会，并及时通过员工家人、朋友、同事等多种渠道，为员工解决遇到的问题
下属激励、沟通能力、创新能力、责任意识、感召力、安全意识、追求卓越、抗压能力、应变能力、……	…… …… …… …… …… …… …… …… …… ……	…… …… …… …… …… …… …… …… …… ……

附件4　培训需求分析应用案例

以国网浙江培训中心输电线路带电作业 “问题解决式培训” 开发为例，需求分析采用的方法为调研问卷法和访谈法。

（1）调研问卷法。输电线路带电作业“问题解决式培训”项目组向多家供电公司发出了问卷调查表，收集现场实际问题，现将部分调查情况列出：

单位	×××供电公司
所在部门	×××（部）室
1. 您具体从事过哪些输电线路带电作业内容？请列举主要作业项目。	
2. 请结合您的实际工作，说说在进行上述这些带电作业时，遇到过哪些需要解决的问题？	
3. 除了上述遇到的困难，您在长期的带电作业工作中，还有哪些困惑和问题，希望能通过培训得到解决办法的？	

（2）需求访谈。国网浙江培训中心输电线路带电作业“问题解决式培训”项目组成员在前期对多个地市局开展问卷调查的基础上，选择几家有代表性的供电公司进行现场实地调研。

通过问卷调查和现场访谈，项目组获得了现场中亟须解决的近百个问题，完成了需求分析报告，最终形成了培训方案、教材和课件，为培训效果的取得打下了坚实的基础。

附件5 培训实施管理流程

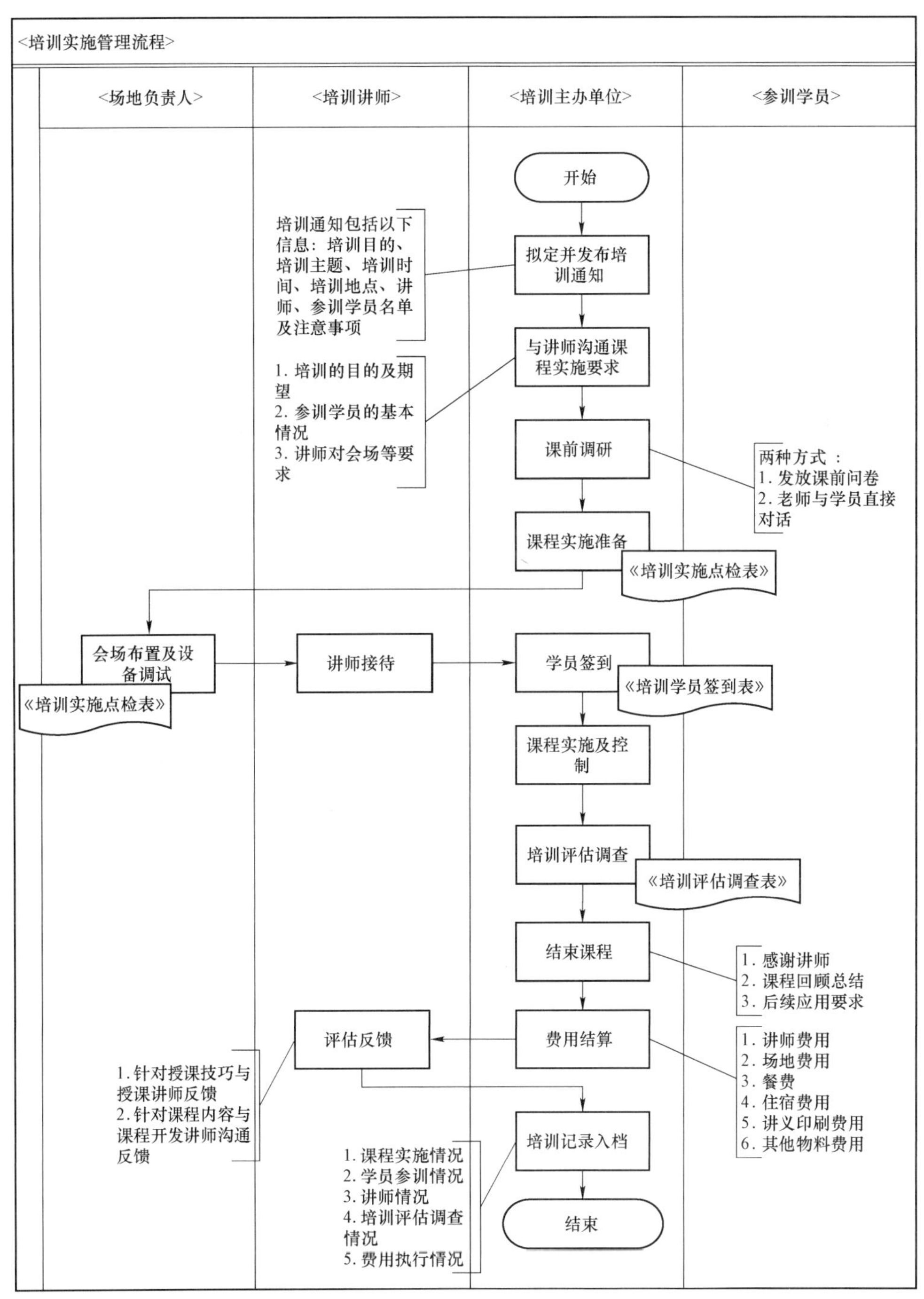

附件 6　基于问题导向的培训模式

“问题解决式培训”指针对某一定特定问题、特定人群、特定行为进行有意识的专项培训，它是有效实现培训目标的重要手段及方式。“问题解决式培训”是以具体的“问题”为出发点，针对不同的岗位和专业特点，制订具体的解决方案，有目的进行问题解决的一种有效培训模式。它以问题导向（发现问题——剖析问题——解决问题）为培训出发点和落脚点，开展培训需求分析、培训方案设计、培训教材开发、互动研讨式教学实施、培训考核、培训效果评估、培训项目化管理。由于培训内容为培训师赴现场收集的问题，也是现场一线人员最急待解决的问题或是当前广泛关注的。

国网浙江培训中心在 2014 年，就探索开办了 7 期问题解决式培训，包括“营业与电费电价培训”“500kV 运维培训”“一般业务外包中常见问题分析与诊断培训”“供电所指标管控能力提升培训”“GIS 培训”“人力资源管理人员培训”“ 配电自动化终端运行及维护培训”。 在此过程中，通过反复调研、研讨和实践，逐步摸索出问题解决式培训的 8S 模式流程。

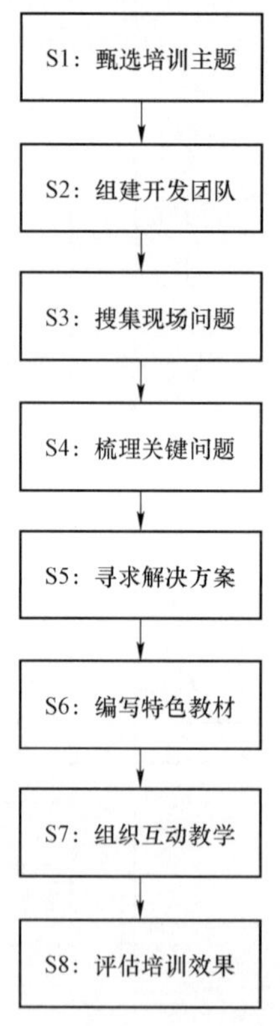

问题解决式培训 8S 流程图

附件7　培训效果评估实施样表

以柯式四级培训评估模式为例，目前培训采用四级评估中一、二级的比较多，三级评估通常选取个别培训时间长的重点班级进行；四级评估一般在培训结束6～12个月后进行，需综合衡量培训对公司安全生产、经营管理、科技进步等方面的影响，以及工作效率、盈利水平、服务满意度的变动等，评估起来颇有难度。以国网浙江培训中心培训班的评估反馈样表如下。

培训反应评估及改进意见书（一级）

项目名称：　　　　　　　　　　　　　　　　　　　　　　　　评估日期：

评价项目 \ 评价等级		非常满意	满意	基本满意	不满意
培训师授课（25%）	理论知识水平				
	联系实际的能力				
	讲解的条理性和逻辑性				
	教学过程的控制能力				
	课件（讲义）制作质量和效果				
教学组织管理（25%）	培训时间安排				
	场地设施安排				
	教学组织秩序				
	培训师教学态度				
	学员的受益程度				
课程设置（20%）	课程安排的合理性				
	教学内容的充分性				
	培训教材的实用性				
	案例和习题的适宜性				
班主任（15%）	培训组织及接待				
	各方面协调能力				
	服务态度				
培训服务（15%）	住宿条件及服务				
	餐饮质量及服务				
	学习环境及日常服务				
意见和建议					

备注：1. 本表为学员使用。2. 请根据您的实际感受在对应的栏目中画“√”。

培训学习评估及改进意见书（二级）

项目名称：　　　　　　　　　　　　　　编制人：　　　　　　　　编制时间：

序号	评估点	最低得分	最高得分	平均得分	合格率	掌握度及原因分析
1	知识点（行为点）1					
2	知识点（行为点）2					
3	知识点（行为点）3					
4	……					
…	……	……				

总体评价（培训内容、教师、教材、培训设施和培训目标达到程度等）

培训改进建议

综合评分

培训行为评估及改进意见书（三级）

——培训学员填写

项目名称：　　　　　　　　　　　　　　　　　学员姓名：　　　　　　　填写时间：

培训内容应用情况调查，主要内容：						
1	所学知识技能对实际工作的帮助	大	较大	一般	较小	小
2	所学知识技能在实际工作的使用频率	高	较高	一般	较低	低
3	所学知识技能对工作效率的提高	提高很大	提高较大	有一定提高	提高很小	没有提高
4	所学知识技能在单位得到的支持程度	支持	比较支持	一般	不太支持	不支持

培训目标达到程度评价

培训改进建议

综合评分

培训行为评估及改进意见书（三级）

——学员所在部门或班组负责人填写

项目名称：　　　　　　　　　　　　　　　负责人：　　　　　　填写时间：

培训内容应用情况调查，主要内容：

1	本次培训的知识技能在工作中的使用频率	很高	比较高	一般	比较低	很低
2	所学知识技能为学员解决工作中的问题提供的实际帮助	大	比较大	一般	比较小	很小
3	所学知识技能对学员的工作效率的提高	提高很大	提高较大	有一定提高	提高很小	没有提高
4	单位的制度与文化对学员使用所学的知识技能的支持度	支持	比较支持	一般	不太支持	不支持

对培训目标达到的程度评价

对这次培训的改进意见和建议

综合评分

参 考 文 献

［1］课思课程中心. 培训运营体系设计全案（第 2 版）［M］. 北京：人民邮电出版社，2018.

［2］课思课程中心. 培训课程开发模型与工具大全（第 2 版）［M］. 北京：人民邮电出版社，2018.

［3］课思课程中心. 培训课程体系设计方案与模板（第 2 版）［M］. 北京：人民邮电出版社，2018.

［4］课思课程中心. 培训课程开发与设计案例集（第 2 版）［M］. 北京：人民邮电出版社，2018.

［5］张俊娟，韩伟静. 企业培训体系设计全案［M］. 北京：人民邮电出版社，2011.

［6］伊莱恩・碧柯. 顾立民，等，译. ATD 学习发展指南［M］. 北京：电子工业出版社，2016.

［7］赵慧. 创新人才培养的新视角［M］. 北京：科学出版社，2016.

［8］杨河清. 人才开发概论［M］. 北京：中国人事出版社，2014.

［9］盖瑞・凯朗特. 曹淮扬，译. 培训探秘/培训师指导手册（第 2 版）［M］. 北京：企业管理出版社，2007.

［10］贾晓兰. 企业教育培训和人才评价工作的思考［J］. 中国高新科技，2018，（21）：118－120.

［11］周晓新，全立云. 新时代国有企业人才分类评价体系构建与应用［J］. 中国人事科学，2018，（03）：56－65.

［12］罗伊・波洛克，安德鲁・杰斐逊，卡尔霍恩・威克. 刘美风，等，译. 将培训转化为商业结果（第 3 版）［M］. 北京：电子工业出版社，2018.

［13］课思课程中心. 培训体系设计与课程开发［M］. 北京：中国电力出版社，2015.

［14］方德琳. 电力企业人才评价体系与能力管理研究［J］. 中国电力教育，2013，（08）：123－124＋139.

［15］周平，范歆蓉. 培训课程开发与设计［M］. 北京：北京联合出版有限责任公司，2015.

［16］吴翔. 企业人才培养战略的分析与思考［J］. 人力资源管理，2017，（09）：147－148.

［17］Ian Roffe. Sustainability of curriculum development for enterprise education［J］. Education＋Training，2010，52（2）.

［18］刘水，王海群，王致杰，等. 电力系统全数字实时仿真技术［J］. 科技与创新，2017，（18）：20－22.

［19］王磊. 论电力系统数字仿真技术的现状与发展［J］. 企业导报，2011，（16）：296.

［20］徐庚保，曾莲芝. 数字仿真发展趋势［J］. 计算机仿真，2013，30（05）：1－3＋35.

［21］庞国锋，沈旭昆，马明琮，等. 虚拟现实的 10 堂课［M］. 北京：电子工业出版社，2018.

［22］刘光然. 虚拟现实技术［M］. 北京：清华大学出版社，2011.

［23］殷宏，慕秀利，廖湘琳，等. 虚拟现实技术及应用［M］. 北京：国防工业出版社，2018.

［24］Kathy Reno. Management skill training：The top 10 lessons learned［J］. Nurse Leader，2004，3（1）.

［25］刘宝存，钟祖荣，刘强. 国外人才培养与开发［M］. 北京：党建读物出版社，2016.

［26］陈龙海，陈赣峰. 企业管理培训案例全书［M］. 北京：地震出版社，2012.

［27］Burdea，Grigore Coiffet，Philippe，jt Auth.Virtual reality technology［M］. New York：J Wiley&Sons，1994.

［28］罗伯特・乔勒斯. 杨洪军，陈秋萍，译. 培训师进阶指南：研讨式工作坊运营手册［M］. 北京：电子工业出版社，2018.

［29］王学栋，张义忠，秦勇. 现代培训需求分析的内涵及作用［J］. 中国培训，2001，(04)：20－21.
［30］胡星. 培训需求分析：成人教育质量提升的新路径［J］. 东北师大学报（哲学社会科学版），2017，(04)：216－220.
［31］宋玉芬. 双维导向的培训需求分析及其技术路径［J］. 中国人力资源开发，2013，(21)：56－62＋111.
［32］罗伊·波洛克，安德鲁·杰斐逊，刘美凤. 培训师的三堂必修课：学习方式、教学设计、工具和清单［M］. 北京：电子工业出版社，2017.
［33］陈东，何湘宁，李仙琪. 基于岗位胜任能力的学习地图研究与构建［J］. 中国电力教育，2018，(04)：44－47.
［34］史定军，陈岑. 利用学习地图构建卓越培训体系［J］. 人力资源管理，2014，(04)：122－124.
［35］唐纳德·L·柯克帕特里克，詹姆斯·D·柯克帕特里克. 林祝君，冯学东，译. 如何做好培训评估：柯式四级评估法（第3版）［M］. 北京：电子工业出版社，2015.
［36］陈澄波，张雷. 移动学习：企业培训的“风口”［M］. 北京：机械工业出版社，2015.
［37］李海平.“互联网＋培训”体系在电力企业中的构建与实践［J］. 中国电力教育，2017，(12)：44－47.
［38］胡鹏飞. 论“互联网＋”时代的企业培训探究［J］. 中国商论，2019，(04)：237－239.
［39］Zhang Rui，Li Hongyan，Fan Junhui，Ren Huixia. Curriculum reformation of ecommerce based on MOOC［J］. SHS Web of Conferences，2016，25.
［40］Sherbino Jonathan，Chan Teresa，Schiff Karen. The reverse classroom：lectures on your own and homework with faculty.［J］. CJEM，2013，15（3）.
［41］Giuseppina Scotto di Carlo. New trends in knowledge dissemination：TED Talks［J］. Acta Scientiarum ：Language and Culture，2014，36（2）.
［42］王晓玲，王伟红. 国有企业“互联网＋”培训模式创新［J］. 中国电力企业管理，2018，(05)：68－69.
［43］杨洁，宋文英，柏峰. 现场培训方式创新与实践［J］. 科技创新导报，2016，13（27）：110－111.
［44］曾明星，李桂平，周清平，等. 从MOOC到SPOC：一种深度学习模式建构［J］. 中国电化教育，2015，(11)：28－34＋53.
［45］张大成，林俊. 让企业培训更有效：首席培训官的第一堂课［M］. 北京：中国财富出版社，2016.